细说博弈

双边匹配

TWO-SIDED

MATCHING

A STUDY IN GAME-THEORETIC

MODELING AND ANALYSIS

埃尔文·E. 罗斯
(Alvin E. Roth)
马里尔达·A. 奥利维拉·索托马约尔
(Marilda A. Oliveira Sotomayor) 著
姚东旻 王麒植 译
李军林 校

中国人民大学出版社
·北京·

图书在版编目（CIP）数据

双边匹配 /（美）埃尔文·E. 罗斯，（巴西）马里尔达·A. 奥利维拉·索托马约尔著；姚东旻，王麒植译.
北京：中国人民大学出版社，2025.5. --（细说博弈）.
ISBN 978-7-300-33646-6
Ⅰ. F244.32
中国国家版本馆 CIP 数据核字第 2025PQ7735 号

细说博弈
双边匹配
埃尔文·E. 罗斯
马里尔达·A. 奥利维拉·索托马约尔 著
姚东旻　王麒植　译
李军林　校
Shuangbian Pipei

出版发行	中国人民大学出版社		
社　　址	北京中关村大街 31 号	**邮政编码**	100080
电　　话	010－62511242（总编室）		010－62511770（质管部）
	010－82501766（邮购部）		010－62514148（门市部）
	010－62511173（发行公司）		010－62515275（盗版举报）
网　　址	http://www.crup.com.cn		
经　　销	新华书店		
印　　刷	北京昌联印刷有限公司		
开　　本	720 mm×1000 mm　1/16	**版　　次**	2025 年 5 月第 1 版
印　　张	16	**印　　次**	2025 年 5 月第 1 次印刷
字　　数	259 000	**定　　价**	79.00 元

“细说博弈”丛书总序

博弈论改变了社会科学的分析方法

张维迎　中国经济学家

自20世纪50年代以来，整个社会科学最大的变化或许就是博弈论的引入。作为一种分析方法，博弈论首先改变了经济学，继而正在改变整个社会科学。博弈论的主要开创者是美国数学家约翰·纳什（John Nash），博弈论最重要的概念和分析工具是纳什均衡。以纳什为界，经济学可以划分为纳什之前的经济学和纳什之后的经济学。当然，这个转变持续了数十年，大约到20世纪末才基本完成。

经济学是亚当·斯密创立的。在纳什之前，经济学基本上可以被定义为有关资源配置的理论，主要研究物质财富如何生产、如何交换、如何分配，它的核心是价格理论。我们过去说，懂不懂经济学就看你懂不懂价格理论。社会关系本来是人与人之间的关系，但在新古典经济学的市场中，每个人做决策时面临的是非人格化的参数，不是其他同样做决策的人，人与人之间的关系完全通过价格来间接体现。给定价格参数，每个消费者均做出使自己效用最大化的选择，于是就形成了需求函数；每个生产者均做出使自己利润最大化的选择，于是就形成了供给函数。这种思维进一步简化就变成了成本-收益分析，或者叫供求分析。在市场当中，似乎总有一只“无形之手”来使需求和供给相等，从而达到所谓的均衡。这种思维应用于宏观经济学，就是总需求和总供给分析。这就是传统经济学的基本理论。所以，保罗·萨缪尔森在他的教科书里有一句隐喻："你可以让鹦鹉变成经济学家，只要它会说需求和供给。"

新古典经济学家在发展出这套非常成熟的价格理论之后所构建的数学模型确实逻辑严谨、形式优美。但当我们用这样的理论去分析社会问题时，就会面临很多困难。其中一个困难就是大量的行为其实是没有价格的。最简单的例子是，政治谈判和竞选就没有价格，这里的没有价格是指没有用货币表示的价格。另外，人们在实际决策中不仅关心物质利益，还关心非物质利益。比如，我找工作的时候并不只关心工资，我还关心其他方面，如工作环境、影响未来职业发展的因素、这个职业的社会声誉等等。有些职业的工资可能不高，但是它使从业者有成就感。比如媒体记者的工资不算高，但是为什么很多人愿意从事这一行呢？因为它有着很高的成就感。经济学家其实也是这样。这是价格理论难以分析的。

更为重要的是，人在做决策时面临的不一定只是非人格化的参数，还面临其他人的决策。这时候，他做还是不做某件事，依赖于其他人做还是不做；或者他的选择，依赖于其他人的选择，而不是简单地只面临价格或收入等非人格化的参数。比如，两个人讨价还价时，一个人采用什么样的策略、价码是多少，依赖于他认为对方的价码是多少，而不是在给定的价格参数下机械地选择。即便应用于最简单的例子——去地摊上买东西，传统价格理论的局限也很大。

传统经济学假定，一个生产者在做决策时，要素价格给定、产品价格给定、生产技术给定，然后最小化成本，选择最优要素投入组合，再选择最优产量。但在现实竞争中并非如此。比如寡头企业做决策时，价格不是给定的，它不仅取决于己方，还取决于对方。这时就没有办法用传统价格理论进行分析。

当然，传统经济学的这些局限性并没有阻碍经济学家试图把传统价格理论应用于非经济问题的研究，这方面的典型是诺贝尔经济学奖得主、芝加哥大学教授加里·贝克尔（Gary Becker）。他试图用经济学方法去分析所有的人类行为。另外我们知道，法经济学也试图用成本-收益方法来阐述法律制度。

现在来看，这些研究总体上并不令人满意，这时就迫切需要一种新的更为一般化的分析方法来克服前面所讲的价格理论的缺陷：它可以用于分析非价格、非物质的东西，可以用于分析人与人之间的相互关系或直接互动的情况。这种方法就是博弈论。

在约翰·纳什于1950年发表他的经典论文之前，也有其他学者提出过博弈论思维，比较有名的是19世纪法国数学家安东尼·古诺和约瑟·伯特兰，以及20世纪计算机的发明人冯·诺依曼及其合作者奥斯卡·摩根斯坦。但博弈论真正成型还要归功于纳什。所以我们一般认为，博弈论的创始人就是纳什。纳什对博弈论的贡献，在某种意义上就像亚当·斯密对经济学的贡献。在斯密之前也有很多经济学理论，但他是第一个把它们整合成系统理论的经济学家。

博弈论是分析人与人之间的互动决策的一般理论。所谓"互动"，是指一个人的所得（如效用、利润等）不仅依赖于自己做什么，也依赖于其他人做什么。因此，他做什么选择依赖于他预测别人会做什么选择。纳什对博弈论的最大贡献是定义了后来被称为"纳什均衡"的概念。它是博弈论最重要的分析工具，其他均衡概念都是它的变种或修正版。假定每个人独立做决策，什么样的结果最可能出现？纳什均衡就是理性人博弈中最可能出现的结果，或者说最可能出现的一种策略或策略组合。如果博弈的不同参与人的策略（选择）组合构成纳什均衡，这就意味着给定别人的选择，没有任何人有积极性单方面改变自己的选择。比如，如果一个制度是纳什均衡，这就意味着给定别人遵守它的条件，每个人都愿意遵守它。反之，如果一个制度不是纳什均衡，这就意味着至少有一部分人不会遵守它，也可能所有人都不会遵守它。

2005年诺贝尔经济学奖得主罗伯特·奥曼（Robert Aumann）和博弈论专家塞尔久·哈特（Sergiu Hart）在一篇文章里说，博弈论可以被视为社会科学中理性一脉的罩伞，或者说为其提供了一个"统一场"理论。这里的"社会"，可以做宽泛的理解，既包括由人类个人组成的社会，也包括由各种参与人组成的群体，如国家、公司、动物、植物、计算机等。博弈论不像经济学或政治学等学科的分析工具那样，采用不同的、就事论事的框架来对各种具体问题进行分析，如完全竞争、垄断、寡头、国际贸易、税收、选举、遏制、动物行为等等。相反，博弈论先提出在原理上适用于一切互动情形的方法，然后考察这些方法在具体应用上会产生何种结果。

2007年诺贝尔经济学奖得主罗杰·迈尔森（Roger Myerson）教授曾说，发现纳什均衡的意义可以和生命科学中发现DNA双螺旋结构的意义相媲美，纳什构造了经济分析新语言的基本词汇。博弈论语言越来越多地变成了经济学语言。现在讲的社会科学的纯理论就是指博弈论，这种评价并非言过其实。

有了博弈论，经济分析就从传统的资源配置理论转变成了研究人类合作或者说激励机制的理论。经博弈论改造后的经济学不再是简单的价格理论，而是可以用于分析各种各样制度的理论。传统经济学只可以用于分析市场制度（也不尽如人意），而博弈论不仅可以用于分析市场制度，也可以用于分析非市场制度；传统经济学只可以用于分析物质财富的生产和分配，而博弈论不仅可以用于分析物质问题，也可以用于分析非物质问题；传统经济学只可以用于分析经济问题，而博弈论不仅可以用于分析经济问题，也可以用于分析社会、政治、文化问题以及它们之间的相互关系。此外，博弈论还可以用于分析物种和制度的演化。有了博弈论之后，演进分析变得更透彻了。

所以说，博弈论使经济学发生了根本性转型，也正在使其他社会科学发生这种转型，包括政治学、社会学、法律学、国际关系研究、军事学，甚至最基础的心理学、动物学都开始运用博弈论发展出的分析方法。

当然，作为一种方法论，博弈论也受到了广泛的批评，特别是来自实验心理学家的批评。最大的批评是针对理性人假设的。博弈论继承了经济学的传统，假设人是理性的，每个人的决策都基于理性计算。不仅每个人自己是理性的，而且每个人都知道他人是理性的，也知道他人知道自己知道他人是理性的，如此等等。现实中的人当然不可能像博弈论假设的那么理性。一个人既有理性的一面，也有非理性的一面。我们有情绪，我们的认知有限，我们的毅力有限，我们也不是完全自利的动物，我们不可能对社会规范不管不顾。既然自己不可能完全理性，也就不能假定他人一定理性，这使得纳什均衡并不总是能给出合理的预测。一个典型的例子是“最后通牒博弈”（ultimatum game）。设想两个人分一块蛋糕，A 提出分配方案，B 可以选择接受或拒绝；如果 B 接受，则两人按照 A 的方案分配；如果 B 拒绝，则蛋糕被拿走，两人均一无所获。在理性人假设下，这个博弈的纳什均衡是 A 把整块蛋糕留给自己，B 什么也得不到，因为在拒绝的情况下 B 也只能得到 0。但无数的实验证明，A 分给 B 的份额远大于 0，甚至可能接近蛋糕的一半。但到目前为止，对博弈论的批评与其说是动摇了博弈论的基本分析方法，不如说是推动了博弈论的发展，使博弈分析变得更为完善。在可预见的未来，博弈论一定会在社会科学中大放异彩！当然，如何将非理性行为纳入博弈分析，仍然是一个巨大的挑战。

1994 年的诺贝尔经济学奖被授予约翰·纳什、莱因哈德·泽尔腾（Reinhard Selten）和约翰·海萨尼（John Harsanyi），以表彰他们三人对博弈论的开创性贡献。之后的大部分诺贝尔经济学奖得主获奖的理由都与他们对博弈论(包括信息经济学)的贡献有关,这标志着博弈论进入了经济学的主流。

也正是在纳什等人获奖的1994年秋,北京大学中国经济研究中心成立,我开始在北京大学给经济学博士生开设博弈论课程。应该说,这是博弈论首次进入中国大学的经济学课程。我于1996年出版了《博弈论与信息经济学》教材,对在中国推广博弈论做了一定贡献。2004年我在北京大学开设了全校通选课"博弈与社会",该课程受到了来自不同院系的本科生的欢迎。2013年,我出版了面向整个社会科学读者群体的《博弈与社会》(2014年出版了教材版《博弈与社会讲义》),得到了读者的积极反馈。

除了我的上述两本书外,在过去的20多年里,先后有多个不同版本的外文版博弈论教材和专著被翻译成中文出版,也有其他中国学者出版了与博弈论有关的图书,从而使博弈论在中国逐渐流行起来。但与学术市场对博弈论图书的潜在需求相比,供给远远不足。中国人民大学出版社"细说博弈"丛书的出版正逢其时。这套丛书既有入门级的,也有专业级的。作者都是全球博弈论领域的顶级学者,其中不乏诺贝尔经济学奖得主,包括约翰·纳什、约翰·海萨尼、莱因哈德·泽尔腾、罗伯特·奥曼、托马斯·谢林、罗杰·迈尔森、埃尔文·罗斯和劳埃德·沙普利等。我相信,这套丛书一定会受到读者的欢迎,在中国经济学界和社会科学界产生积极影响,为中国社会科学的发展做出重要贡献。

前 言

罗伯特·奥曼

本书讲述了博弈论中一个非常成功的案例（本书作者在其中发挥了重要作用）：匹配市场的理论与实践。这个案例的理论部分可以追溯到1962年，即Gale和Shapley的论文《大学招生和婚姻的稳定性》（College Admissions and the Stability of Marriage）。本书同时记录了由此衍生出的大量相关文献研究，其中最引人注目的是1984年Roth的研究。其研究表明，Gale-Shapley的算法自1951年以来便运用于实践，例如美国医科实习生的分配问题。尽管这是一个长达半个世纪的不断试错的过程，但本书依然详细记录了这个在理论和实践层面都令人着迷的案例。

有时人们认为，博弈论并不能描述现实世界的情况，因为参与人并不是按照博弈论的推断来决策的。为了证实这一点，一些研究人员使用了激励不足的实验来替代现实世界。在这些实验中，参与人甚至不清楚自己的行为和支付。然而，在奖励由区区5美元变为一个充满诱惑的工作岗位时，人们的行为选择往往能够契合博弈论的预测结果。

最后，本书的两位作者对于本书的出版十分高兴，因为这必定是博弈论文献研究中一个极具独特性的部分。

目 录

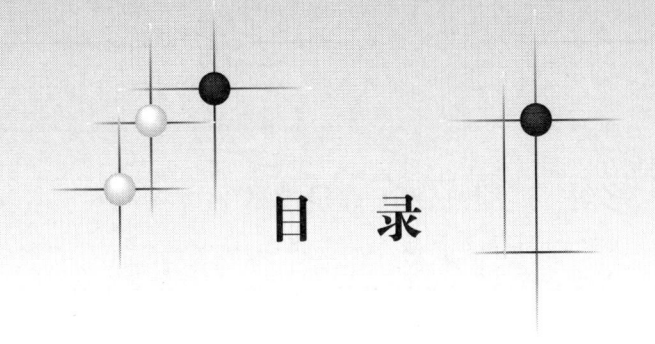

第1章 引言

写这本书的目的有两个：其一，回顾和总结刻画劳动力市场、拍卖和其他经济环境的模型的不断增加的相关文献；其二，阐明建模考虑和数学分析之间的微妙关系，描述如何用博弈论解释和预测复杂的真实经济系统的行为。

我们将主要关注“双边匹配市场”。“双边”这一术语是指：某一市场中的参与人从一开始就属于两个不同的集合——例如，公司集合和员工集合。这和商品市场形成了鲜明对比，在商品市场中，市场价格决定了参与人是买者还是卖者。因此，虽然黄金市场中既有买者又有卖者，但是任何一个参与人都有可能在一个价格下是买者，而在另一个价格下是卖者，所以黄金市场不是我们将要讨论的双边意义上的市场。但是劳动力市场中参与人的身份是固定的，因为公司和员工往往是界限分明的。例如，当教授的薪水下降时，一些教授可能会离开这个市场，但是没有哪个教授会变成一所大学。“匹配”这一术语是指市场中交换的双边性质——例如，如果我为一家公司工作，那么这家公司就雇用了我。这也和商品市场形成了鲜明对比，在商品市场中，有人可能满载一卡车的小麦进入市场，然后开着一辆新拖拉机回家，即使小麦的购买者不卖拖拉机，拖拉机的出售者也没有购买小麦。

虽然这本书的主要目的并非介绍不同市场的实证观察，但在构建理论体系解释这些现象时也隐约涉及了一些。引言接下来的两部分描述了两组不同的观察，以引出下面的一些重要内容。我们关注的第一个问题是美国医学院的学生毕业后的求职问题。第二个问题是在一系列拍卖市场中参与人如何共谋以影响拍卖结果的问题。拍卖和初级劳动力市场都是同时存在大量参与人的双边匹配市场，这个特点使得它们非常适合用我们建立的模型进行分析。我们将会看到，无论市场是集中的还是分散的，市场对参与人的激励都会对市场最终结果施加限制。我们的讨论将主要集中于在这些约束条件下，将产生什么样的结果。这意味着这一项工作将在经济学和运筹学的交叉处进行。

之后，我们将对分析这些现象时会用到的博弈论工具进行简要介绍，并梳理本书的主要框架。

1.1　医院-实习生市场

1.1.1　有关制度的一些历史

下面的描述来自 Roth (1984a)。

在这个世纪之交，实习开始作为一种可选的培育模式被引入医学研究生的教育中。对学生来说，实习提供了一个充分接触临床医学的机会；对医院来说，实习则提供了相对廉价的劳动力。一开始，医院提供的实习岗位多于即将毕业的申请者，这使得医院争夺实习生的竞争非常激烈。

这种竞争的表现形式之一是，医院尝试略微提前（稍稍早于其竞争对手）和医科实习生签订协议。结果原本定于大四结束时的实习申请截止日期被不断提前。为缓解这一情况，相关部门通过了很多决议，也采用了一些道德劝诫。截止日期的提前对双方来说都是代价巨大且低效的，因为医院必须在知道学生的最终成绩和班级排名之前做出录取决定，而学生的正常学校生活也被寻找实习的过程扰乱。但是在 1944 年，截止日期提前的步伐却不断加快，一直提前到了大三开始之前。因此在 1944 年，实习日期必须在实习开始之前两年就确定。此时，美国医学联合会通过提案，从 1946 年开始，在大三结束之前不允许开具学生实习所需的成绩单和推荐信。

事实证明这一举措十分有效。1946 年的医科实习生大部分是在 1945 年夏天确定的，在随后的几年里医学院发布学生信息的日期推迟到了大四以后，而安排实习的时间也与之一致。但是，从学生获得实习机会到签约日期截止这段时间，又出现了一个新的问题。

问题主要来自那些已经得到实习机会的学生。例如，一个已经得到第三志愿医院实习机会的学生如被告知自己仍在第二志愿医院的考虑范围之内（在等待名单中），他会倾向于尽可能推迟接受已获得的机会，期望在等待的过程中得到更偏好的职位。那些被迫在心仪的岗位录取结果出来之前接受实习邀请的学生，如果后来又获得更好的实习机会，将会觉得不满。同样，那些直到最后一刻才被拒绝的医院，如果它们的首选候选人同时接受了其他医院的实习机会，也会觉得不满。当然，如果那些已经接受实习邀请的学生因为得到更好的实习机会而违约，医院将会更加气愤。为了应对来自医院的压力，1945—1951 年相关部门做了一系列流程上的调整。接下来我们会对流程做一系列说明，以厘清各参与人之间的关系。

1945 年，这个问题的解决方案是：医院给予收到实习邀请的学生 10 天的时间考虑是接受还是拒绝。1946 年，时间调整为 8 天。到 1949 年，全美医学院联合会（AAMC）提议实习方案应在 11 月 5 日凌晨 12：01 之前制订并以电报形式通知学生，并且同日中午 12：00 之前不要求学生做出接受还是拒绝的决定。但全美医学院联合会仍然认为这 12 小时的等待时间过长，从而拒绝了该方案。联合决议最终同意如下条款：凌晨 12：01 以后不强制规定特定的等待时间。需要特别指出的是，为了能在凌晨 12：01 及时投递出去，电报必须提前填写。到 1950 年，决议案再次包括了 12 小时的考虑时间，并附加一条在截止日期前有效的强制令：医院和（或）学生不能用电话回复电报。（注意，对于电话的禁令是双向的，以遏制如潮水般涌来的电话，包括医院希望学生尽快做出决定的施压电话及学生要求改变实习邀请的电话。）

现在我们可以明显看出，在匹配的最后阶段存在严重的问题，且这些问题并不能通过不断缩短最后的等待时间得到有效解决。为避免这些问题和它们带来的成本损失，大家提议并最终达成共识：应设计、施行决策更加统一的匹配流程。在这个流程安排下，学生和医院继续像以前一样交流并交换信息。（按照惯例，一个医院会提前给出给定年份实习岗位的完整工作描述。因此与一个实习岗位相关的职责担当、薪水等条件都是给定的，当然医院会根据以前年份的市场经验每年对这些条件做出调整，但不会通过与每个候选人单独谈判来确定如何调整。）学生们会对他们申请的医院实习项目进行偏好排序，医院也会对申请者进行排序，所有参与人向中央管理局递交自己的排序结果。中央管理局会根据这些信息对医院和学生进行匹配并通知各参与人最终结果，这个匹配是根据提交的偏好排序使用一种特定算法产生的。

大家一致同意在 1950—1951 年的市场条件下试运行该流程（在实际中不会据此匹配学生和医院）。事实上，参与人被要求提交自己的偏好排序，就好像这些信息会被用于确定最终匹配一样，产生的结果被用来评估正式采用该方法后的效果。在试运行的基础上，相关医疗组织同意在1951—1952年的市场上使用该流程。这个匹配的过程是在自愿的基础上完成的：学生和医院可以自愿选择参与其中，或者自行完成实习匹配。

在这个决议公布之后实施之前，学生代表对根据排序产生匹配结果的这种算法提出了质疑。尤其是，他们观察到，在这个算法中，学生们能否熟练地形成自己的排序至关重要。如果一个学生冒险把自己偏好却不太可能被录取的医院排在靠前的位置，他的境况可能会变差，即一个根据自己真实偏好排序的学生得到的结果并非最优。为了应对这些质疑，在制定1951—1952年的市场匹配计划时用一种新的算法替代了原来的算法。人们认为新算法意义不大，所以其细节没有得到广泛传播。在新算法出现之前，有关市场匹配计划的通告已经传开了。1951年这个新算法被第一次使用并延续至今。（这个算法被称为NIMP算法，是以该算法的最初挂靠项目（国家实习生匹配项目，NIMP）命名的。现在该项目被称为国家居民匹配项目。

注意，这个安排匹配的系统是按照自愿原则设计和实施的，即参与的医院和学生可以在系统之外自由安排他们的匹配，系统无法强制参与人服从匹配结果。（1950年前的经验充分说明，再多的道德劝诫也无法有效防止参与人的自利行为。）因此，该算法取得的成绩更加令人称道：在实施的第一年里就有超过95%的符合条件的学生和医院选择参与其中，并且这么高的参与率一直持续到了20世纪70年代中期，之后降低到85%。有越来越多的学生，尤其在医学生夫妻数量不断增长的情况下，开始绕过集中安排，自己进行私下匹配。这随后对市场有序运行产生了干扰，使人联想起1950年之前的情况（虽然没那么糟）并加重了市场参与人的顾虑。

医疗界对市场的另一个顾虑是医生在医院之间的分配问题。乡村医院获得的实习生比希望的更少，并且这些地区毕业于外国医学院的实习生比例更高。

1.1.2 需要回答的问题

1945年之前签约截止日期的不断提前，以及为什么全美医学院联合会的举措是成功的而之前的举措都是失败的，这是一个与劳动力市场上大量历史现象相类似的重要问题。我们可以把它理解为一个相对标准的经济学术语：公共产品供给时的搭便车问题（推迟的签约截止日期即公共产品）。

这本书所关注的是 1945 年以后市场上出现的那些我们之前了解不多的现象。

我们希望解释的主要现象有：

是什么导致了 1945—1951 年混乱的市场秩序？为什么 1951—1952 年集中的处理机制有如此高的自愿参与率？

为什么在 20 世纪 70 年代参与率开始下降，尤其是在那些数量不断增长的与医学生结婚的学生中？

我们还想调查一种策略性问题，即什么导致了试运行算法的失败。

是否正如其支持者——医疗组织——宣布的那样，NIMP 算法会激励学生和医院提交与自己的真实偏好一致的排序？

最后，我们想要了解组织结构调整将会影响市场运行的哪些方面，同时保持导致高参与率的那些特征。就此而言，我们想知道，医学生内部婚配造成的匹配偏离可以消除吗？

医科实习生在乡村医院的分配格局能否被改变？

这些问题将在第 5 章中详细阐释，那时我们将讨论一个关于此市场的模型。为了获得一些必要的基础知识，我们首先研究第 2、3、4 章的一些简单模型。为了帮助读者把握本书的研究脉络，我们先看下面给出的解释。

1.1.3 一个可能的解释

我们可以看到，20 世纪 40 年代中期，学生和医院之间有着繁忙的双向话务，他们不时违背先前的口头协议。我们可以猜测，存在某些系统性的激励促使他们这样做。这些激励必须是相互的：如果学生在给那些没有向他们发出实习邀请的医院打电话时，被统一回复无法提供职位，那么情况将不会像之前描述的那么糟糕。没有匹配的医院和学生都愿意与对方匹配，这种情况被称为“不稳定”。类似地，如果 NIMP 算法所得的匹配结果是“不稳定的”，即医院和学生更倾向于相互匹配，而不遵从算法推荐的匹配方式，那我们就能预测这些医院和学生会尝试找到彼此，并拒绝匹配程序得出的匹配安排。然而，引入 NIMP 算法后的高自愿参与率表明，事实并非如此，NIMP 算法产生的匹配方案必然是“稳定的”。也就是说，即使一个学生相对于分配方案建议的医院更偏好另外一家医院，那家医院也不一定愿意接受他，因为医院更偏好方案分配的学生。经过数学分析，我们发现 NIMP 算法产生的结果确实有此性质。引入 NIMP 算法后，1951

年前的市场混乱消失了，原因就是这种算法为市场注入了稳定性。

类似地，我们观察到，随着医生夫妻在市场上越来越常见，原先的算法再次导致了不稳定性，因此医生夫妻会自己寻找他们更愿意去并且也愿意给他们提供岗位的医院。这就是我们对 20 世纪 70 年代中期医生夫妻大量离开匹配系统这一现象作出解释的基础。所以系统匹配产生的稳定性或不稳定性都可用于解释我们刚才提到的现象，还有许多关于市场的观察将会在第 5 章详细介绍。(第 5 章将会简要介绍一些其他组织形式下的市场现象。) 我们将论证，在保持高自愿参与率的条件下，我们能改变组织结构的自由程度，这也取决于给定的市场组织形式能否产生稳定匹配结果。

探索“表露真实偏好是否符合所有参与人利益”这一问题时，需要采用一个市场参与人策略及其可能导致的“策略性均衡”的思路。然而，我们发现事实并非如此，任何能产生稳定结果的流程都不符合上述要求。但是，我们可以设计某种安排，使得表露真实偏好符合某一参与人的利益最大化要求。这些思想的发展将我们引入一些更加微妙的问题，其中一个重要的启示是我们需要重新思考和审视关于稳定性的结论。如果学生和医院提交的排序并不能反映其真实偏好，那么我们是否有理由相信 NIMP 算法产生的结果是稳定的呢？我们将证明答案是肯定的。

1.2 拍卖市场中的个体及共谋行为

我们研究拍卖市场时会再次关注策略性考虑，我们将会看到，出于许多目的，研究拍卖市场也可以用考察劳动力市场的方法。拍卖市场上的买方和卖方有哪些策略选择很大程度上取决于拍卖规则，我们可以观察到，世界上不同地方、不同商品都有不同的拍卖流程。最常见的拍卖方式是“英格兰式拍卖”(也叫作公开喊价、加价拍卖)。在英格兰式拍卖中，拍卖商不断从竞买者竞价过程中获得更高的报价，竞买者要么喊出自己的报价，要么（这一过程的另一种形式）接受由拍卖商给出的报价。只要有竞买者愿意给出更高的报价，拍卖就会继续进行。当没有竞买者愿意继续提价时，该拍卖商品归出价最高的竞买者所有，这个竞买者需支付他（她）的中标价格，当然前提是这个出价高于拍卖商的保留价格。如果竞买者的出价低于拍卖商的保留价格，那么该商品就不会被出售而是继续归最初所有者。我们对拍卖过程中存在的导致参与人不诚实行为的激励因素尤其感兴趣。

正常情况下，卖者和买者偏离诚实行为逐利的机会是不一样的。卖者（和他们的代理人、拍卖商）希望拍卖价格尽可能高，而买者希望拍卖价格越低越好。拍卖商和卖者最常见的策略性行为是在拍卖过程中加入虚假竞价，在实践中这种行为有许多有趣的名字，例如“将出价拉到吊灯上”（pulling bids off the chandelier）。（许多人都用过这招，据报道，画家 Rembrandt 就曾在自己作品的拍卖会上竞标。）买者最常见的策略性行为是形成同盟（ring）进行共谋以协调各方出价，最终压低价格。尽管已经提出或实施名目繁多的规则、原则，甚至法律约束，以遏制他们的这些行为，但双方的这些策略性行为在拍卖过程中还是很常见。

例如，1985 年夏天，纽约市消费者事务部（New York City Department of Consumer Affairs）开始对纽约市的拍卖活动进行调查，这与著名的 Christie’s 拍卖行诉讼案有很大关系。1981 年，报道称该拍卖行已通过拍卖将许多油画成功售出，但事实上这些画并没有售出，而是仍旧归最初所有者所有。事务部提议将对卖者保留价格保密的行为定为非法行为，这样，当拍卖商停止投标时，竞买者更容易判断商品是否已经卖出。纽约市的其他拍卖行也同 Christie’s 拍卖行一起反对这种措施，声称这会抑制拍卖商应对竞买者同盟的能力。例如，Christie’s 拍卖行发言人的这句话被引用（*Newsweek*，29 July 1985）：“如果我们公布保留价格，那么商人们会形成同盟并达成共识不互相竞价，之后再进行内部小拍卖。”

这种担心不无道理，因为据报道竞买者同盟确实经常这么做。例如，Cassady（1967）曾报道，在古董和艺术品拍卖会上，竞买者同盟随后在内部进行“淘汰”拍卖（knockout auction），以确定同盟竞得的拍卖品各归哪位成员所有以及成员之间的相互支付数额。[《牛津英语词典》（*Oxford English Dictionary*）引用了 19 世纪的材料来解释 knockout 的含义，表明竞买者同盟的这种行为方式是很普遍的，不是什么新鲜事物。] Cassady 评论说竞买者同盟广泛存在于全世界范围的拍卖中，即便是在可分割的商品中（例如英格兰的鲜鱼拍卖市场、美国的木材拍卖市场、澳大利亚的羊毛拍卖市场）。同盟经常在内部进行商品分配，而不是进行淘汰拍卖［纽约市最终采用的新规定允许对保留价格保密，并允许拍卖商在竞买者出价达到保留价格之前使用虚假竞价。此外，拍卖商在进行下一件物品拍卖时必须指明这个物品是否拍卖成功（*New York Times*，14 June 1987，p. 11）。］对竞买者同盟和拍卖商的策略性行为的详细描述可见 Graham 和 Marshall（1984）对新泽西机器工具拍卖案的介绍。

我们所要探究的是以下问题：

拍卖商可采取的策略性行为包括哪些？

这和拍卖中保密保留价格的争论有什么关系？

对于竞买者个人和竞买者同盟来说，他们的策略性行为可能有哪些？

这里描述的拍卖市场与 1.1 节所描述的劳动力市场有何关系？

为了回答这些问题，首先需要分析没有竞买者同盟时拍卖是如何进行的。此时，可以使用前文讨论医院-实习生市场时定义的稳定性概念。在一次拍卖中，如果一拍卖品在给定价格下卖给一个买者后，有其他买者愿意出更高的价格，那么这个交易就是不稳定的。（如果我们把拍卖看成买者和卖者的匹配，那么拍卖和医院-实习生市场的相似性就显而易见了。在不稳定的结果下，卖者可以与另一个买者进行匹配交易，从而使新的买卖双方都更满意。）我们可以看出在适宜的拍卖规则下，买者和卖者会表现出自己的真实偏好并形成稳定匹配结果，同时没有激励使单个买者采取其他策略。但是卖者偏离真实偏好确实有利可图的，共谋的买者同盟（coalition）也可从偏离中获利。我们也可以看出是什么样的机会使买者们合谋形成上述同盟。

1.3 博弈论方法

博弈论试图通过分析参与人的激励是如何与“博弈规则”结合的，确切地说是通过分析与市场组织过程相关的习惯、规则、程序、限制等来理解经济环境。我们将在分析过程中介绍一系列会在双边匹配中用到的博弈思想。有时我们也会讲一些题外话，解释一下特殊的博弈思想是如何在更加一般的博弈论背景下形成的。

需要说明的是，从应用的角度看，“合作博弈”与“非合作博弈”的区别通常并不明显。正如我们所见，在许多经济场景中，无论使用合作博弈论工具还是非合作博弈论工具都能很好地分析。与其说是场景的性质与选择工具相关，不如说是待回答的问题与使用的工具相关。这两种理论工具的主要区别是：非合作博弈论工具一般用来处理较为微观的模型，或者用来考察单个参与人的策略选择，而合作博弈论工具一般用来处理不那么细致的模型，从而总结博弈规则，即什么样的参与人同盟会导致什么样的结果。

为了理解传统的合作博弈论所采用的方法和非合作博弈论所采用的更

细致的处理方法之间的区别，我们可以考虑一些其他类型的博弈。假设在某种情况下，我们对民主制的机制感兴趣。我们可能首先考虑民主社会经常采用少数服从多数原则（majority rule）做决定会产生什么样的结果。分析所得的结论可能对其他民主社会依然适用，同时我们也可以对比民主社会与其他社会（如独裁社会）的差异性。再深入一点，我们注意到美国的立法决策是由国会两院与总统共同决定的。一份法案要确立为法律，需要获得两院大多数人的支持。在总统反对的情况下，必须有2/3的两院成员赞成才能通过法案。从这个角度分析得出的结论可以帮助我们更好地理解美国民主的机制，这也许还能让我们更好地理解美国民主制度下决策的制定与英国和以色列的议会制民主的不同之处。

但如果我们要研究美国立法者在国会召开过程中做出的决策类型，就必须更加详细地研究美国的立法程序。此时便需要考虑辩论的规则，这些辩论决定了谁有权让某一议题进入投票环节、提出修正案等（国会中许多处于重要位置的议员的权力并不是来自他们自己投的单独一张选票，而是他们在重要委员会的席位，这影响到对哪个方案进行投票，以及什么时候投票）。只有了解了这些细节，我们才能考察每个立法者在追求自己的目标时的策略选择。

当然，当我们考虑详细的规则，以及这些规则如何影响结果的时候，我们需要检查一个特定的立法过程产生的结果是否与更大视角下的一般模型产生的结论一致。显然，有些辩论和议会的议事程序反而会使全部的决定权掌握在少数派的手中。如果真是这样，那么我们在较细致程度上的分析结果便与少数服从多数原则假设下的不一样。

因此，这些细致程度不同的方法可以相互补充。从理论上来说，抽象的、不具体的模型提供了一般性结论，这些一般性结论可以应用于各种情况。较为具体的模型可以使我们针对特定情形得出更强的结论，并且可以用来检验抽象模型得出的结论的一般性。当然，对每种模型得出的结论也需要根据其对实证观察进行解释和预测的效果来评价。

1.3.1 本书的组织结构

这本书由三个主要的部分组成。第一部分研究了一个简单的双边匹配模型，在这个模型中，市场上一个参与人至多与一个另外的参与人匹配。因此，这个模型叫作婚姻模型。虽然这个模型过于简单了，无法对1.1节和1.2节介绍的各种劳动力市场和拍卖现象做出解释，但是许多复杂模型中出现的现象都可以在这个简单模型中发现。第 2 章主要介绍并在模型中建立了“稳定性”的概念。第 3 章进一步研究了稳定结果集（set of stable outcome）的内部结构，并介绍了相关算法。第四章主要考察了有关策略的问题，以及策略性行为如何影响关于稳定性的讨论。

本书第二部分着眼于更一般的模型。第 5 章主要解释我们已经讨论过的医疗劳动市场问题。这个模型将婚姻模型一般化了，因为一家医院可雇用多名医科实习生。我们发现，虽然婚姻模型的结论中有一些不适用于医院-实习生模型，但是有许多仍然是适用的。同时，婚姻模型中某些特别有趣的结论在一般模型中会更加引人注目。由于我们关心这个市场的历史发展，因此这一章不仅介绍了此类型市场的一般特征，还对 1951 年使用的匹配算法进行了分析。除了适用于医院-实习生模型外，这个模型也常应用于许多其他类型的匹配模型的分析，因此，我们的许多讨论将会采用“学校”和“学生”这种词语来表达，有时用“公司”与“员工”来表达。此外，我们也会讨论其他类型的实证研究。第 6 章将会考虑更一般的情况：企业对员工的偏好更加复杂，并且互相依赖；同时，薪酬作为一个明确的考虑因素进入模型，而不再是隐含其中。

第三部分进一步考察了如何对货币转移建模。在此之前的模型都是离散的，第三部分的模型将货币视为一个连续的变量。第 7 章介绍了一个拍卖市场的简单模型，并且专门探讨了 1.2 节所介绍过的各种拍卖行为。第 8 章和第 9 章在很多维度上一般化了最初的模型。我们会看到连续的与离散的模型，以及明确处理或者隐含处理货币转移支付的模型，大部分结果是类似的，但是仍然会出现个别重大的差异。分析许多密切相关但并不相同的模型的好处之一是可以证明我们的研究结果的稳定性。

在后面的每一章中，我们大致的安排是：首先，我们会介绍一个正式模型来描述市场中的参与人、可能的结果、参与人对于可能结果的偏好以及（在适当的细致程度上）参与人行为与可能结果之间互动的规则。然后，我们会提出一个简单的理论［在博弈论中，这被称为解的概念（solution concept）］，即我们会观察到什么样的结果。这个理论会考虑到博弈的规则和每个参与人的偏好。在章节的主体部分，我们会用数学方法探究该理论的深层含义。这些含义最终使我们可以通过对照现实情况（如 1.1 节和 1.2 节所描述的事件）来检验该理论。

对标号的说明：在每一章内，所有标号的定义、例子、定理、命题、引理和推论都是连续编号的，所以定义 2.1 之后可能是例子 2.2，然后是定理 2.3。我们希望这样的排序方式会使内容检索更加容易，尤其是当本书不同部分之间相互引用时。

1.4　文献指南

每章都会以“文献指南”结束，在这里我们将会说明不同的结果是如何得出的，并对参考文献做出说明。

对于医院-实习生市场的讨论主要来自 Roth（1984A），关于农村医院市场的更进一步的研究请见 Roth（1986）。一篇讨论早期应用于医疗市场的算法的文献是 Stalnaker（1953），同时 Checker（1973）注意到了已婚医生夫妻参与率的下降。Roth（1986B）中描述并分析了英格兰、苏格兰、威尔士许多具有类似进入程度的医疗职位的小区域市场。虽然这些市场与美国的相应市场存在差异，但是二者之间惊人的相似之处是稳定性所表现出来的重要作用：具有或缺乏稳定性在很大程度上决定了参与人在市场中的行为。

Cassady（1967）就多种拍卖问题提供了一个描述性分析。Graham 和 Marshall 在他们于 1987 年发表的文章中对拍卖行为进行了观察和分析，遗憾的是，该版本中的描述资料并没有像他们 1984 年工作论文版本中所展示的那么完整。

第一部分

一对一匹配：婚姻模型

在这些章节中，我们将详细研究无货币的双边匹配市场：每个代理人（最多）与一个代理人匹配。出于一些显而易见的原因，我们通常将这种双边匹配市场称为“婚姻市场”。显然，两组代理人分别被称为“男性”和“女性”，而非单纯的学生和高校、企业和工人，或医生和医院。在这种发散思维下，将男性和女性视为在一些小而孤立的村庄中的合格婚姻候选人，可能会对研究有所帮助。

婚姻市场比劳动力市场上拥有众多雇员的企业更容易描述和调查。我们将在第二部分中看到许多关于这个模型的结论（尽管不是全部）也适用于医院的实习生市场。因此，婚姻市场将是一个理想的基本数学模型。在下面的一些讨论中，我们需要明确对于问题研究最重要的源泉来自劳动力市场，而非单纯受人类复杂婚姻匹配的激发（正如我们有时会谈论求偶，但从不谈论儿童或中年危机）。在第 2 章中，我们将研究婚姻问题的稳定结果。第 3 章将进一步研究稳定结果集的结构，并给出算法。第 4 章研究男性和女性所面临的战略决策，以及这些因素如何影响婚姻市场的组织（有些读者在略读第 3 章后，更倾向于直接从第 2 章跳到第 4 章）。

第 2 章 稳定匹配

在任何博弈论分析中，我们首先都要说明男女结婚的“博弈规则”，因为这些规则会影响我们分析的各个方面（在假想的村落中，如果年轻的女性在结婚前需要得到父亲的许可，那么这些未婚女性的父亲在模型中就有很重要的作用）。我们假设婚姻规则如下：任何同意结合的男女都可以结婚，并且任何男女都可以自由收回他（她）的承诺，继续保持单身。我们接下来从不同的角度对这些规则做更仔细的解释（比方说如何求婚、是否有媒人等）。

2.1 正式（合作）模型

正式模型由以下部分组成：有两个有限不相交的集合 M 和 W，M 是男性的集合，而 W 是女性的集合。每个男性对女性有偏好，同样每个女性也对男性有偏好。这些偏好可能是，例如，一个男性宁愿单身也不愿意和某个他不喜欢的女性在一起。

关于个人的偏好需要做一些说明，这些偏好在博弈分析模型乃至经济模型的分析中都十分重要。个人的偏好揭示了他（她）在面临多种选择时是如何决策的。所以，我们说某个人偏好 a 甚于 b 意味着：在面临两者的抉择时，他（她）将会选择 a 而不是 b；在面临一个包括 b 的选择集合时，如果集合中同时包括 a，则他不会选择 b。我们说一个人在两个选项中无差异意味着：他（她）可能在两个选项中选择任何一个。我们说他（她）喜欢 a 至少和喜欢 b 一样多意味着：这个人更偏好 a 或者选择 a 与选择 b

对这个人来说无差异。

为了更加简明地表达这种偏好，可以将每个男性的偏好表示为集合 $W\cup\{m\}$ 上的一个偏好序列 $P(m)$，即一个男性 M 的偏好可能是这种形式：

$$P(m)=w_1, w_2, m, w_3, \cdots, w_p$$

上式表示，他的第一个选择是娶 w_1，他的第二个选择是娶 w_2，第三个选择是保持单身。即，如果可以选择 w_1，他首先会选择娶 w_1。但是如果他没有机会选择娶 w_1 或者 w_2，则他会继续保持单身。一个男性 m'可能对若干女性无差异。这种情况可以用偏好序列中的括号标注出来，例如：

$$P(m')=w_2, [w_1, w_7], m', w_3, \cdots, w_k$$

上式表示此男性偏好 w_2 甚于 w_1，但是在 w_1 和 w_7 之间他是无差异的，除此之外他宁愿保持单身而不娶其他人。

类似地，集合 W 中的每个女性 w 也有一个定义在集合 $M\cup\{w\}$ 上的偏好序列 $P(w)$。我们通常用一个人愿意与之结婚（而不是宁愿单身也不娶）的异性组成的有序集合来表示他的偏好。则该男性的偏好可以简化为 $P(m)=w_1,w_2$。

引入一些术语和字母将会很有用。我们用 P 表示男性和女性的偏好序列，$P=\{P(m_1),\cdots,P(m_n),P(w_1),\cdots,P(w_p)\}$。一个特定的婚姻市场可以用三维元组（$M$，$W$，$P$）表示。我们用 $w>_m w'$表示 m 喜欢 w 甚于 w'。此外，用 $w\geqslant_m w'$表示 m 喜欢 w 的程度至少和喜欢 w'的程度一样。类似地，我们可以写出 $m>_w m'$和 $m\geqslant_w m'$。只有当一个男性 m 认为喜欢女性 w 至少和保持单身一样好，即 $w\geqslant_m m$ 时，该男性 m 才会接受女性 w。类似地，只有当 $m\geqslant_w w$ 时，女性 w 才会接受男性 m。如果一个人在任何两个选择之间都不是无差异的，则他有严格的偏好。

传统上，经济学家对于个人在可选集 A 上的偏好有两个假设。第一个假设是这些偏好构成一个完全（complete）的排序，这意味着任何两个偏好都是可比的，个人可能对某些选择无差异，然而他总是可以做出决定。第二个假设是这些偏好是可传递的（transitive），这意味着如果某人对 a 的偏好程度至少和对 b 的偏好程度相同，对 b 的偏好程度至少和对 c 的偏好程度相同，则对 a 的偏好程度至少和对 c 的偏好程度相同。

具备这两个属性的偏好叫作理性偏好。关于为什么这不是对理性一词的滥用，我们可以做一个非正式的解释：考虑一个不具有理性偏好的男性。例如，我们假设他的偏好不是可传递的，即他偏好 a 甚于 b，偏好 b

甚于 c，偏好 c 甚于 a。那么你就可能接近他并利用其特点获利。假设他目前占有 a，你用 c 换 a，条件是他给你 1 美分。由于他偏好 c 甚于 a，他会接受这个交易。假设现在他拥有 c，那么类似地，现在你拿 b 换 c，条件是他给你 1 美分。同理，他也会接受交易，现在他拥有 b，并且乐意给你 1 美分，从而用 b 换取你手中的 a。他又回到了最初的状态，但失去了 3 美分，而你却挣了 3 美分，并可以不断地采取这种策略操作“钱泵”。我们多数人会认为这个人是非理性人。尽管经济学家认为理性人假设至多是对现实的近似，但它是非常实用的。这里所讨论的所有个人偏好都是完备的和可传递的。因此，正如上文所讨论的，个人偏好完全可以用偏好序列表示。[然而，我们大部分的讨论都会做出偏好是非循环的这一更弱的假设，即假设任何长度的循环（如$_m a >_m b >_m c >_m a$）都不会发生。]

我们注意到，经济学家的理性概念并不要求个人的偏好是什么。理性人假设不过是对一般个体选择行为所具有的通常规律的假设。在我们的模型中，一个理性人的偏好是指当他（她）面临许多选择时是如何做出决策的。在婚姻市场的背景下，没有个体能够单独选择配偶，因为任何婚姻都需要当事人双方的同意。因此，在婚姻市场中存在如下问题：给定众多参与人的（个人）偏好，他们（集体性）的互动会产生什么样的结果?

婚姻市场的一个结果（outcome）是一组婚姻关系。一般而言，不是每个人都会结婚，一些人可能保持单身。（我们采用这样一个惯例：一个不结婚的人即为自我匹配。）正式的说法如下：

定义 2.1 一个匹配（matching）μ 是一个一一映射关系，其是集合 $M \cup W$ 上的二阶自我映射 [也就是 $\mu^2(x)=x$]，并满足以下条件：若 $\mu(m)\neq m$，那么 $\mu(m)\in W$；若 $\mu(w)\neq w$，那么 $\mu(w)\in M$。我们称 $\mu(x)$ 是 X 的配偶。

需要指出的是，$\mu^2(x)=x$ 表示如果男性 m 被匹配给女性 w [即如果 $u(m)=w$]，那么女性 w 就被匹配给男性 m [即 $u(w)=m$]。此定义也要求那些非单身个体被匹配给异性集合中的参与人，也就是说，男性被匹配给女性。这两个要求解释了为什么一个匹配可以被看作一组婚姻关系的集合。

一个匹配有时也会被表示为一个配对的集合。因此，比方说，有如下匹配：

$$\mu = \begin{matrix} w_4 & w_1 & w_2 & w_3 & (m_5) \\ m_1 & m_2 & m_3 & m_4 & m_5 \end{matrix}$$

其中 m_1 和 w_4 结婚，m_5 保持单身，即 $\mu(m_1)=w_4$，$\mu(m_5)=m_5$，诸如此类。我们将以男性或者女性的顺序来呈现正在匹配的对，也就是说，上述匹配也可以表示为

$$\mu = \begin{matrix} w_1 & w_2 & w_3 & w_4 & (m_5) \\ m_2 & m_3 & m_4 & m_1 & m_5 \end{matrix}$$

每个参与人对于不同匹配的偏好与他（她）对不同匹配下自己的配偶的偏好一致。因此，当且仅当相对于 $v(m)$ 他更偏好 $\mu(m)$ 时，男性 m 偏好匹配 μ 甚于匹配 v。因此，我们假定男性 m 仅关心他自己和谁匹配在一起，但并不在乎其他参与人的配偶是谁。

2.2 稳定匹配—— 一个理论框架

我们现在可以开始考虑构建一个理论来解释哪种匹配可能发生而哪种不可能发生。在这里，博弈的规则将有很大影响。我们理论中的第一个要素如下：由于我们不允许强制婚姻，所以我们将不会观察到任何只能通过强迫某参与人而产生的匹配结果。例如，考虑一个匹配 μ 将（m,w）相互匹配，但双方无法相互接受。那么在 m、w 的个体中至少有一个会愿意保持单身而不是被匹配给另一个人。这样一个匹配 μ 被认为被不乐意的参与人破坏了（在博弈论的术语中，这样一个匹配被称作个体不理性）。这种理论下的激励应该是很清楚的。如果对于一个男性 m 来说，偏好单身甚于娶女性 w，这就意味着如果他面临一个选择，那么只要保持单身是他的一个备选项，他就绝对不会和女性 w 结婚。但是博弈论的规则保证了选择单身的决定永远都是被允许的，所以匹配 μ 不会发生，因为规则要求必须征得该男性的同意。

因此，我们理论的第一个重要内容是个体非理性的匹配是不可能发生的，即只有不强迫个体接受他不能接受的配对的匹配才会发生。

定义 2.2 如果每个参与人对他（或她）的配偶都是可接受的，那么匹配 μ 就是符合个体理性（individually rational）的。这就是说，如果不被任何（单个）参与人破坏，那么这个匹配就是符合个体理性的。

显然，不论参与人有怎样的偏好，都至少会存在一个个体理性的匹配，因为使得每个参与人保持单身的匹配永远都是个体理性的。然而，一个理论如果仅能预测个体理性匹配的存在，那么是远远不够的。为了得到

更有用的预测，我们将超越个体理性这一简单假设并进一步考察参与人之间关系的更多特点。

想象在一个配对 μ 下存在一个男性 m 和一个女性 w，他们在 μ 下并不相互匹配，但是相比他们各自在 μ 下的配偶他们更偏好彼此，即 $w >_m \mu(m)$ 且 $m >_w \mu(w)$。我们称这对男女（m, w）破坏了匹配 μ，原因应该是显然的。仔细考虑匹配 μ，为了阐释的方便，我们假设没有达成任何约定，但是如果保持目前求婚的现状会产生匹配 u 下的结果。此种状态并不稳定，因为男性 m 和女性 w 有理由打破现状并与彼此结婚，而且博弈论的规则也允许他们这样做。所以我们现在可以根据两个标准来从潜在可能匹配中排除那些不会发生的匹配。保留下来的匹配将会符合以下定义：

定义 2.3　如果一个匹配 μ 不会被任何单个的或某对参与人破坏，那么这个匹配就是稳定的。

下面的例子应该可以帮助我们更清楚地理解这一定义。

例 2.4　下面是有着如下偏好的三个男性和三个女性：

$$P(m_1) = w_2, w_1, w_3 \qquad P(w_1) = m_1, m_3, m_2$$
$$P(m_2) = w_1, w_3, w_2 \qquad P(w_2) = m_3, m_1, m_2$$
$$P(m_3) = w_1, w_2, w_3 \qquad P(w_3) = m_1, m_3, m_2$$

所有的可能匹配都是个体理性的［因为所有的配对（m，w）是相互可接受的］。如下匹配 μ

$$\mu = \begin{matrix} w_1 & w_2 & w_3 \\ m_1 & m_2 & m_3 \end{matrix}$$

便是不稳定的，因为（m_1，w_2）是一个破坏配对。然而匹配

$$\mu' = \begin{matrix} w_1 & w_2 & w_3 \\ m_1 & m_3 & m_2 \end{matrix}$$

是稳定的。

我们现在有建设一个基本理论的基石了。这一理论我们不妨称为（可能过于简单）“只有稳定匹配才会出现”。当然，和大多数简单的理论一样，我们会在研究具体的情形时增加额外的条件。例如，在男性和女性互相不知道对方偏好的婚姻市场，一个被某个配对（m，w）破坏的不稳定

匹配 μ 可能出现，因为 m 和 w 都不清楚彼此的兴趣。并且如果在婚姻市场中其求婚规则抑制了破坏配对的形成，那么不稳定匹配便可能会出现。我们暂且认为在这样的婚姻市场中参与人能完全知道其他人的偏好，并且彼此能很容易地进行接触。在这样的婚姻市场中，可以预料到稳定匹配将很有可能产生。通过从不同角度对其特点进行研究，我们希望更好地了解这些市场。

在另一个背景下稳定匹配也会变得尤其重要。例如，在一个此前不存在婚介服务的小镇上，有人渴望开办此业务，这便是他所面临的问题。(注意这和在 1.1 节中讨论过的发生在 1951 年前后的医疗劳动力市场有相似之处。）只有当一对男女在不被强迫的情况下接受建议时这个婚介提出的匹配才会成功。如果这个婚介提出的匹配 μ 不是稳定匹配，那么形成破坏配对的男女会发现无视这个匹配并彼此结合更好。然而，如果婚介提出一个稳定匹配 μ，那么任何对自己安排的匹配不满的个体都会发现，所有的他或她更偏好的配偶是不会对私奔感兴趣的，并且他们会更喜欢婚介的安排。(再次注意我们对稳定性的定义是怎样体现博弈规则的。如果一对男女被强制接受婚介的建议，那么便没有必要提出“稳定匹配”这一概念。）所以，在这个背景下，我们预期可以看到这种稳定匹配。

2.3 稳定匹配的一些特征

在我们继续深入探讨这种理论之前，我们需要先问一个关键的问题：稳定匹配是否总是存在的？我们已经看到过一个稳定匹配可以存在的例子，但是在其他的例子中也可能出现每一个匹配都不稳定的情形。如果这样，就需要对任何基于不稳定匹配不可能存在这一理论进行较大的修改。

但是，我们可以证明这种问题并不存在。对任何婚姻市场来说，不管有多少男女参加或者他们有怎样的偏好，都至少存在一个稳定匹配。这是一个令人吃惊的结果。后面会发现，这一结果依赖于市场是双边的以及匹配过程是一对一的这一事实——这在下面的三个例子中可以清楚地看到。例 2.5 讨论的是在一种参与人之间进行的匹配，例 2.6 涉及的是在三种参与人之间进行的匹配，而例 2.7 讲述的是非一对一的匹配。对于每个问题，我们都可以很容易地给出一个稳定性的定义，该定义类似于婚姻问题中稳定匹配的定义。但是在这些例子里，参与人的偏好也可能会导致稳定匹配不存在。

例 2.5 室友问题（Gale and Shapley）

有一个由 n 个人组成的集合，其中的参与人（可以是大学宿舍里的室友，也可以是划独木舟的队友）可以被相互匹配。集合中的每个人将剩下的 $n-1$ 个人按他心中的偏好排序。结果之一是达成一个把大家两两分成一对的匹配。（为了简化问题，我们假设人数 n 是偶数。）一个稳定匹配要求不存在以下情况：两个人不是舍友，但都觉得对方优于自己目前的舍友。

假设有四个人 a、b、c、d，他们的偏好如下：

$P(a)=b,c,d$
$P(b)=c,a,d$
$P(c)=a,b,d$
$P(d)=$任意的人

个体 d 是其他所有人的最差选择（或许你认识这样的人）。另外的三个人都是某个人的第一选择。可以发现，此时没有一种匹配是稳定的，因为任何匹配都必须将一个人和 d 配对，而此时就会有人找到另一个人组成一个破坏配对。也就是说，如果可能的匹配是

$$\mu_1=\begin{matrix} c & a \\ b & d \end{matrix},\quad \mu_2=\begin{matrix} a & d \\ b & c \end{matrix},\quad \mu_3=\begin{matrix} b & a \\ d & c \end{matrix}$$

那么（c，a）（b，c）（a，b）分别会破坏匹配 μ_1、μ_2 和 μ_3。

例 2.6 男性-女性-孩子型婚姻问题（Alkan）

在这个问题中，集合的参与人有三个：男性、女性和孩子。一种匹配是将这些人分成很多个三人组，每组包括一个男性、一个女性和一个孩子。每个人对自己会被匹配到的组有一个偏好序列。如果 m 相比 $\mu(m)$ 更偏好（w，c），w 相比 $\mu(w)$ 更偏好（m，c），且 c 相比 $\mu(c)$ 更偏好（m，w），那么由一个男性、一个女性和一个孩子构成的配对（m，w，c）就会破坏一个匹配 μ，只有当一个匹配不会被这样的三个参与人破坏时，这个匹配才是稳定的。

考虑两个男性、两个女性、两个孩子的情形，他们的偏好如下：

$P(m_1)=(w_1,c_3),(w_2,c_3),(w_1,c_1),\cdots$（任意的人）
$P(m_2)=(w_2,c_3),(w_2,c_2),(w_3,c_3),\cdots$（任意的人）
$P(m_3)=(w_3,c_3),\cdots$（任意的人）

$$P(w_1)=(m_1,c_1),\cdots(\text{任意的人})$$
$$P(w_2)=(m_2,c_3),(m_1,c_3),(m_2,c_2),\cdots(\text{任意的人})$$
$$P(w_3)=(m_2,c_3),(m_3,c_3),\cdots(\text{任意的人})$$
$$P(c_1)=(m_1,w_1),\cdots(\text{任意的人})$$
$$P(c_2)=(m_2,w_2),\cdots(\text{任意的人})$$
$$P(c_3)=(m_1,w_3),(m_2,w_3),(m_1,w_2),(m_3,w_3),\cdots(\text{任意的人})$$

在这个例子中不存在稳定匹配。事实上：

(1) 所有可以给 m_1[或 m_2，w_2] 一个比(m_1，w_1，c_1)[或(m_2，w_2，c_2)] 更好的家庭构成的匹配都是不稳定的。要看清楚这一点，注意任何包括(m_1，w_1，c_3) 或(m_2，w_2，c_3) 的匹配都会被(m_3，w_3，c_3) 破坏，而且任何包括(m_1，w_2，c_3) 的匹配也会被(m_2，w_2，c_3) 破坏。

(2) 任何不包括（m_1，w_1，c_1)[或(m_2，w_2，c_2)] 的匹配要么会被(m_1，w_1，c_1)[或(m_2，w_2，c_2)] 破坏，要么就像上一情况中讨论的一样是不稳定的。

(3) 最后，(m_1，w_2，c_3) 会破坏任何包含(m_1，w_1，c_1) 和(m_2，w_2，c_2) 的匹配。因此所有的匹配都是不稳定的。

我们发现，这个例子中的偏好在男性、女性和孩子上是“可分的”(separable)。这就是说，不存在类似以下这种情形：相比（m，w，c')，m 更偏好（m，w，c)，而（m，w'，c'）又优于（m，w'，c)。

例 2.7　多对一匹配

考虑一个公司集合和一个工人集合。每个工人最多只能为一个公司工作，并且对于他（或她）愿意去工作的公司有一个偏好序列。每个公司可以按照自己的意愿雇用任意数量的工人，并且对任何工人子集有一个偏好序列。在这种情形下的匹配情况是很明确的，如果公司 F 相较于它现在的匹配 μ 更偏好集合 C 中的工人，而且 C 中每一个没有被安排到 F 公司的工人相较之前的匹配 μ 都更偏好 F，那么最初的匹配 μ 就会被破坏。假设两个公司和三个工人有如下的偏好：

$$P(F_1)=\{w_1,w_3\},\{w_1,w_2\},\{w_2,w_3\},\{w_1\},\{w_2\}$$
$$P(F_2)=\{w_1,w_3\},\{w_2,w_3\},\{w_1,w_2\},\{w_3\},\{w_1\},\{w_2\}$$
$$P(w_1)=F_2,F_1$$
$$P(w_2)=F_2,F_1$$
$$P(w_3)=F_1,F_2$$

此时，唯一不存在失业情况的个体理性匹配是：

$\mu_1 = \begin{matrix} F_1 & F_2 \\ \{w_1, w_3\} & \{w_2\} \end{matrix}$，会被 (F_2, w_1) 破坏；

$\mu_2 = \begin{matrix} F_1 & F_2 \\ \{w_1, w_2\} & \{w_3\} \end{matrix}$，会被 $(F_2, \{w_1, w_3\})$ 破坏；

$\mu_3 = \begin{matrix} F_1 & F_2 \\ \{w_2, w_3\} & \{w_1\} \end{matrix}$，会被 $(F_2, \{w_1, w_2\})$ 破坏；

$\mu_4 = \begin{matrix} F_1 & F_2 \\ \{w_2\} & \{w_1, w_3\} \end{matrix}$，会被 $(F_1, \{w_2, w_3\})$ 破坏；

$\mu_5 = \begin{matrix} F_1 & F_2 \\ \{w_1\} & \{w_2, w_3\} \end{matrix}$，会被 $(F_2, \{w_1, w_3\})$ 破坏。

可以发现，任何使 w_1 不能配对的匹配都会被 (F_1, w_1) 或 (F_2, w_1) 破坏，任何使 w_2 不能配对的匹配都会被 (F_1, w_2)，(F_2, w_2) 或 $(F_2, \{w_2, w_3\})$ 破坏。最后，任何使 w_3 不被配对的匹配都会被 $(F_2, \{w_1, w_3\})$ 破坏。

现在回到我们的婚姻问题，证明稳定匹配总是存在的一个方法是展示一个产生稳定匹配的过程或算法，其适用于任何婚姻问题。

一个可能实现这一目标的程序如下：首先任意产生一个匹配，如果它会被男性 m 和女性 w 破坏，就再产生一个 m 和 w 在一起的匹配。由于只有有限个匹配的组合，因此我们会希望这个程序最终能产生一个稳定匹配。然而，回想例 2.4 中的偏好，此时运行这一程序，我们能够看到之前的想法并不成立，因为这个程序会陷入一个永远不能达到稳定匹配的循环。

例 2.4（续）(Knuth)

回顾一下匹配 μ_1（见下行公式），μ_1 是不稳定的，因为 (m_1, w_2) 是一个破坏配对。

$$\mu_1 = \begin{matrix} w_1 & w_2 & w_3 \\ m_1 & m_2 & m_3 \end{matrix}$$

我们可以通过将配对 (m_1, w_1) 和 (m_2, w_2) 中的参与人分别拆开并让 m_1 和 w_2 结婚，建立一个新的匹配 μ_2 如下：

$$\mu_2 = \begin{matrix} w_1 & w_2 & w_3 \\ m_2 & m_1 & m_3 \end{matrix}$$

我们可以看到，相较于 w_3，m_3 更喜欢 w_2，而 m_3 又是 w_2 最喜欢的男性，因此 μ_2 也是不稳定的。

同样，我们可以建立一个新的匹配 μ_3 如下：

$$\mu_3 = \begin{matrix} w_1 & w_2 & w_3 \\ m_2 & m_3 & m_1 \end{matrix}$$

这时，匹配 μ_3 又会被（m_3，w_1）破坏。继续重复上述过程，得到

$$\mu_4 = \begin{matrix} w_1 & w_2 & w_3 \\ m_3 & m_2 & m_1 \end{matrix}$$

匹配 μ_4 会被（m_1，w_1）破坏。如果我们继续这一程序，我们将会在下一步得到 μ_1，而不是一个稳定匹配。

然而，

$$\mu_5 = \begin{matrix} w_1 & w_2 & w_3 \\ m_3 & m_1 & m_2 \end{matrix} \quad 和 \quad \mu_6 = \begin{matrix} w_1 & w_2 & w_3 \\ m_1 & m_3 & m_2 \end{matrix}$$

是稳定的。[注意在这个例子中，选择一个与前述不同的破坏配对将会使此过程收敛到一个稳定匹配。直到最近，是否存在一个能选出不循环（即总能得到稳定匹配）的破坏配对的规则仍然是一个未解决的问题。详见 2.6 节的定理 2.33。]

Gale 和 Shapley 给出了如下算法，此算法能基于任何偏好序列生成稳定匹配。

定理 2.8（Gale and Shapley） 对于任何婚姻市场总存在一个稳定匹配。

证明： 在任何婚姻市场中生成稳定匹配的程序如下：

首先，每个男性向他最偏好的女性，也就是他可接受的女性排序表上的第一位女性求婚。每个女性拒绝任何她所不能接受的男性的求婚，并且对于那些收到不止一个男性的求婚的女性，只接受所有求婚者中她最偏好的那位。此时，任何没有被拒绝的男性就可以说是“订婚”了。

在接下来的每一步，对于任何在前一步被拒绝的男性，只要还有他未求过婚的可接受女性，他便向下一个可接受女性求婚（即在那些还没有拒绝他的女性中选择他最偏好的一位，如果在程序的任何步骤中，一个男性已经向所有他可接受的女性求婚并被她们全部拒绝，那么他就无法进一步

求婚了)。每个被求婚的女性拒绝全部不可接受的男性以及除了她最偏好的求婚者以外的其他求婚者(包括新求婚者和之前的订婚对象)。

当不再有男性被拒绝时,算法停止。此时,每个男性要么和某个女性订婚,要么被他可接受的每一个女性拒绝。每个男性都和与他订婚的女性匹配,所有的婚姻匹配美满完成。那些没能被可接受的男性求婚的女性和被所有可接受的女性拒绝的男性将保持单身。

以上便是此算法的大致过程,不过在我们的描述中似乎所有的参与人都有着严格的偏好。只需要进行一些简单的修改便可以解决某个参与人(男性或女性)对于两个或更多可得配偶无差异的情形下的问题。在算法的任何一步中,如果参与人必须在两个同等喜欢的配偶间进行选择,那么我们引入某个固定的“生序”(tie-breaking)规则。(例如,当一个参与人对两个或以上配偶的偏好无差异时,按照这些配偶的姓氏字母顺序或他/他们与参与人的年龄差距给出一个优先次序继续进行排序等。)在无差异情形下,这种生序规则决定了男性的求婚对象以及女性的接受对象。

这种算法最终一定会停止,因为这里只有有限个男性和女性,而每个男性向一个女性最多只能求一次婚。它所产生的结果是一个稳定匹配,因为无论在哪一步,每个男性都最多只能和一个女性订婚,每个女性最多也只会和一个男性订婚。另外,这种匹配是满足个体理性的,因为没有男性或女性会和他(或她)不能接受的配偶订婚。

为了理解这一算法产生的匹配 μ 是稳定的,假设有某个男性 m 和某个女性 w 在匹配 μ 时没能相互配对,但是相较于现在的配偶 m 更喜欢 w。那么女性 w 对于男性 m 来说一定是可接受的,他在向现在的配偶求婚之前(或者是在他所能接受的所有女性都拒绝他之前)一定向这位女性求过婚。因为他在算法停止前没能和女性 w 订婚,那么这个女性一定拒绝过他,并选择了一个至少和他一样好的其他男性。因此,w 在匹配 μ 下的配偶至少和 m 一样好,又由于偏好是可传递的(因此也不循环),所以 m 和 w 不会破坏匹配 μ。因为该匹配没有被任何个体或配对破坏,所以它是稳定的。

此算法被称作延迟接受算法,在该算法下,女性可以在任何一步与她认为目前最好的男性订婚,而不需要完全接受他。目前我们解释此算法所希望强调的仅仅是稳定匹配的存在性。也就是说,虽然在算法描述中,仿佛每一步男性和女性都会按我们的要求去行动,但我们到第 4 章将开始考虑他们是否真的愿意按要求行动,以及我们是否有理由相信他们真的会遵照算法的要求行动。

为了保证大家都理解这一算法，我们一起来分析下面这个例子。

例 2.9　一个延迟接受算法的实例

$P(m_1)=w_1,w_2,w_3,w_4$
$P(m_2)=w_4,w_2,w_3,w_1$
$P(m_3)=w_4,w_3,w_1,w_2$
$P(m_4)=w_1,w_4,w_3,w_2$
$P(m_5)=w_1,w_2,w_4$
$P(w_1)=m_2,m_3,m_1,m_4,m_5$
$P(w_2)=m_3,m_1,m_2,m_4,m_5$
$P(w_3)=m_5,m_4,m_1,m_2,m_3$
$P(w_4)=m_1,m_4,m_5,m_2,m_3$

第一步：m_1，m_4 和 m_5 向 w_1 求婚，m_2 和 m_3 向 w_4 求婚；w_1 拒绝 m_4 和 m_5，和 m_1 订婚；w_4 拒绝 m_3，和 m_2 订婚。我们用如下方式来展示这种情况：

$$\begin{matrix} w_1 & w_2 & w_3 & w_4 \\ m_1 & & & m_2 \end{matrix}$$

第二步：m_3，m_4 和 m_5 向他们的第二选择求婚，即分别向 w_3，w_4 和 w_2 求婚；w_4 拒绝 m_2，和 m_4 订婚：

$$\begin{matrix} w_1 & w_2 & w_3 & w_4 \\ m_1 & m_5 & m_3 & m_4 \end{matrix}$$

第三步：m_2 向他的第二选择 w_2 求婚，而 w_2 拒绝 m_5，和 m_2 订婚：

$$\begin{matrix} w_1 & w_2 & w_3 & w_4 \\ m_1 & m_2 & m_3 & m_4 \end{matrix}$$

第四步：m_5 向他的第三选择 w_4 求婚，w_4 拒绝 m_5，依旧和 m_4 订婚。因为 m_5 已经被他所能接受的每一个女性拒绝了，他就只能保持单身，即和他自己匹配，现在形成的稳定匹配是：

$$\mu_M=\begin{matrix} w_1 & w_2 & w_3 & w_4 & (m_5) \\ m_1 & m_2 & m_3 & m_4 & m_5 \end{matrix}$$

为了突出此结果的生成过程中是由男性求婚的，我们把此匹配叫作 u_M。因为男性和女性在婚姻市场上的角色具有对称性，且他们在前述算法中的角色是不同的，我们可以给出男性和女性交换角色的算法。这一算法产生的匹配 u_W 依然稳定。这两种稳定匹配并不一定是相同的。对于例 2.9 中的婚姻市场，当女性向男性求婚时得到的匹配是

$$\mu_W = \begin{matrix} w_4 & w_1 & w_2 & w_3 & (m_5) \\ m_1 & m_2 & m_3 & m_4 & m_5 \end{matrix}$$

注意到，在这个例子中，所有的男性对 μ_M 的偏好都不亚于 μ_W，并且所有的女性都偏好 μ_W 甚于 μ_M。初看此结果似乎很自然，因为以不同方式对待市场双方的程序，应该会系统性地有利于其中一方。但是仔细一想，这是否成立还值得商榷。毕竟，相当明确的是，至少在某些偏好情形下，为了和心仪的配偶在一起，男性在和其他男性竞争，女性也在和其他女性竞争。虽然处于市场同一方的参与人之间会存在利益冲突（他们或许都想和同一个异性在一起），但是处于市场不同方的参与人间却有着很多共同利益，毕竟他们都想和另一方相互匹配。所以当我们审视两个不同的匹配时，我们应该预期到一部分男性和一部分女性偏好其中一个匹配，而另一部分人偏好另一个。这就是我们怀疑这种仅对市场中一方有利的结果是否成立的原因。我们在例 2.9 中观察到的男性更喜欢 μ_M 而女性更喜欢 μ_W 的情况可能只是一个巧合。

但事实证明它并不是一个巧合，而是一个一般现象。这是关于双边市场最令人惊奇和重要的发现之一，而婚姻市场只是双边市场中的一个。当所有的参与人都有严格的偏好时，男性之间（和女性之间）会存在共同利益，而男性和女性之间存在系统性利益冲突。即使在所有的男性都为同一个女性而竞争和所有的女性都为同一个男性而竞争的特殊情形中，此结论依然成立。这是一个十分重要的结论，我们将从许多不同的角度对它进行探讨。

我们首先从所有男性都喜欢同一个女性和所有女性都喜欢同一个男性的例子开始，来看看会发生什么。

例 2.10　所有男性都喜欢同一个女性和所有女性都喜欢同一个男性的例子

$$\begin{aligned} &P(m_1)=w_1,w_2,w_3 \qquad && P(w_1)=m_1,m_2,m_3 \\ &P(m_2)=w_1,w_2,w_3 && P(w_2)=m_1,m_3,m_2 \\ &P(m_3)=w_1,w_3,w_2 && P(w_3)=m_1,m_2,m_3 \end{aligned}$$

在这个例子中，女性 w_1 是所有男性的第一选择，男性 m_1 是所有女性的第一选择。所以，这确实是所有男性（所有女性）都在为同一个女性

（同一个男性）竞争的情形。没有两个男性会就最优匹配达成一致，因为每个男性的最优匹配都是和女性 w_1 结婚。（回忆一个有严格偏好的参与人，当且仅当在两个匹配中他或她都被匹配给同一个人时，他或她才会对于两个满足个体理性的匹配无差异。）类似地，没有两个女性会就最优匹配达成一致。现在，将注意力转向稳定匹配的集合。任何没能让 m_1 和 w_1 在一起的匹配都是不稳定的，因为 m_1 和 w_1 是彼此的最优选择，所以他们俩会破坏任何此类匹配。因此，仅存在两个稳定匹配，它们是

$$\mu_M = \begin{matrix} w_1 & w_2 & w_3 \\ m_1 & m_2 & m_3 \end{matrix} \quad \text{和} \quad \mu_W = \begin{matrix} w_1 & w_3 & w_2 \\ m_1 & m_2 & m_3 \end{matrix}$$

所以，当我们把注意力限制在稳定匹配上时，男性之间的分歧消失了。所有的男性对于由男性求婚的算法得出的匹配 u_M 的喜欢程度至少和由女性求婚的算法得出的匹配 u_W 的喜欢程度一样。男性 m_1 对于两个匹配无差异，其他的男性都更喜欢 u_M。类似地，女性一致认为 u_W 是最优稳定匹配。

让我们更加正式地检验一下这一现象。令 $\mu >_M \mu'$ 表示所有的男性喜欢 μ 至少和喜欢 μ' 一样，同时其中至少有一个男性严格偏好 μ 甚于 μ'，即对于所有的男性 m 来说，$\mu(m) \geqslant_m \mu'(m)$，且至少存在一个这样的男性 m：对于他来说，$\mu(m) >_m \mu'(m)$。令 $\mu \geqslant_M \mu'$ 表示要么 $\mu >_M \mu'$，要么所有的男性对于 μ 和 μ' 无差异。注意，代表着所有男性共同偏好的偏好关系 $\geqslant_M$ 并不像一个个体的偏好排序。它只是偏序而不是全序，因为并不是所有的匹配都可以进行比较。（特别地，当一些男性偏好 μ 而另一些男性偏好 μ' 时，匹配 μ 和匹配 μ' 是不可通过 $\geqslant_M$ 这一关系来比较的。）然而像个体偏好一样，$\geqslant_M$ 具有传递性，因为如果所有的男性喜欢 μ 的程度都至少和 μ' 一样，喜欢 μ' 的程度至少和 μ'' 一样，那么所有的男性都喜欢 μ 的程度也至少和 μ'' 一样。类似地，我们定义 $\geqslant_W$ 和 $>_W$ 来表示女性对于可选匹配的共同偏好。

例 2.10 表明，虽然对于哪个才是最优匹配的问题男性间会产生很大的分歧，但是对于哪个是最优稳定匹配，他们还是达成了共识。对于一个给定的婚姻市场，如果一个稳定匹配 μ 对于这些男性来说至少和其他的稳定匹配一样好，我们就说这个稳定匹配是一个男性最优（M-optimal）稳定匹配。类似地，我们也能定义一个女性最优（W-optimal）稳定匹配。正式地，我们得到：

定义 2.11 对于一个给定的婚姻市场（M，W，P），如果每个男性喜欢匹配 μ 的程度都至少不亚于任何其他匹配，那么匹配 μ 就是一个男性最优稳定匹配，即对于其他任一稳定匹配 μ'，有$\mu \geqslant_M \mu'$。类似地，如果每个女性都喜欢匹配 v 至少不亚于任何其他匹配，那么匹配 v 就是一个女性最优稳定匹配，即对于其他的任一匹配 v'，$v \geqslant_W v'$。

每个个体参与人都会依据自己在不同匹配下获得的配偶的偏好对各个可选匹配进行比较。所以，在考虑稳定匹配集合时，参与人将会比较其在稳定匹配下可能的配偶。在一个婚姻市场（M，W，P）中，如果一个女性 w 和一个男性 m 在某些稳定匹配中被相互配对，那么就说他们对于对方来说是可得的（achievable）。在一个所有的男性和女性都有严格偏好的婚姻市场中，每个有可得配偶的男性或女性都有唯一最喜欢的一位。因此，在此市场下，一个男性最优稳定匹配一定会让每个男性和他最喜欢的可得女性在一起，一个女性最优稳定匹配也会让每个女性和她最喜欢的可得男性在一起。所以，若偏好是严格的，则只能存在一个男性最优匹配和一个女性最优匹配。下面由 Gale 和 Shapley 给出的定理说明了这样的最优稳定市场是存在的。

定理 2.12（Gale and Shapley） 若所有男性和女性的偏好都是严格的，那么总会存在一个男性最优稳定匹配和一个女性最优稳定匹配。更进一步说，由男性求婚的延迟接受算法得出的匹配 μ_M 是男性最优稳定匹配，由女性求婚的延迟接受算法得出的匹配 μ_W 是女性最优稳定匹配。

证明：当所有男性和女性都有着严格的偏好的时候，我们将证明在一个由男性求婚的延迟接受算法中，没有男性会被一个可得女性拒绝，因此产生的稳定匹配 μ_M 将每个男性和他可得的最喜欢的女性匹配到一起，因此这也是（唯一）的男性最优稳定匹配。

这个证明是使用归纳法完成的。假设到程序中的某一步为止，没有一个男性被他可得的女性拒绝。在这一步中，假设女性 w 拒绝了男性 m。如果她之所以拒绝男性 m 是因为不可接受，那么对于男性 m 来说，这个女性不是他可得的，我们即完成了证明。如果她之所以拒绝 m 是因为她更喜欢 m' 并选择和 m' 订婚，那么说明相比 m 她更偏好 m'。我们要证明 w 对 m 来说不是可得的。

我们知道，除了那些拒绝过 m'，因而（根据归纳假设）对 m' 来说不可得的女性之外 m' 最偏好 w。考虑一种假想的匹配 u，其将 w 和 m 匹配到一起并使其他的人都得到了一个可得的配偶。此时匹配 u 中，相对于其现在的配偶，男性 m' 更偏好 w，因此 u 是不稳定匹配，它被 m' 和 w 破坏：相对于现在的配偶，他们更喜欢对方。所以不存在使 m 和 w 匹配在一起的稳定匹配，即他们对于彼此都是不可得的，这也就完成了我们的证明。

因此，若偏好是严格的，则市场中一方参与人在稳定匹配集合中有共同的利益，因为他们都会在最优稳定匹配上达成共识。而就这一点而言，市场相对方的参与人之间就有利益冲突，因为市场一方的最优稳定匹配会是另一方的最差稳定匹配。市场双方的这种利益冲突不仅可以通过比较市场中每一方的最优稳定匹配看到，还可以通过比较任意两个稳定匹配看到。任何对所有男性来说更好的匹配对于所有女性来说都会更差，反之亦然。我们可以用如下定理正式地叙述这一结论。

定理 2.13（Knuth） 当所有参与人都有着严格的偏好排序时，市场双方在稳定匹配集合中的共同偏好是相反的：如果 μ 和 μ' 是稳定匹配，那么当且仅当所有的女性至少会像喜欢 μ 一样喜欢 μ' 时，所有的男性至少会像喜欢 μ' 一样喜欢 μ，即 $\mu >_M \mu'$ 当且仅当 $\mu' >_W \mu$ 时成立。

由这个定理可以得到下面的推论。

推论 2.14 当所有参与人都有着严格的偏好时，男性的最优稳定匹配对女性来说是最差的，即它会使每个女性和她的可得男性中最不喜欢的那个匹配在一起。类似地，女性的最优稳定匹配会使每个男性和他的可得女性中最不喜欢的那个匹配在一起。

证明： 用 μ 和 μ' 表示稳定匹配，且 $\mu >_M \mu'$。我们将要证明 $\mu' >_W \mu$。

假设 $\mu' >_W \mu$ 不成立，那么将会有某个女性 w 偏好 μ 甚于 μ'。（这是因为每个女性有着严格的偏好以及至少有一个女性在 μ 和 μ' 中有不同的配偶——因为至少有一个男性的配偶也不同。）那么女性 w 在 μ 和 μ' 中分别有一个不同的配偶，因此男性 $m=\mu(w)$ 也是如此。[因为所有的稳定匹配都必须是个体理性的，所以 w 偏好 $\mu(w)$ 甚于 $\mu'(w)$ 表明 w 在 μ 中并不是单身。] 因为男性 m 也有着严格的偏好，所以 m 和 w 对匹配 μ' 而言是一个破坏配对。这就和 μ' 是稳定匹配这一既定事实相矛盾。因此必有 $\mu' >_W \mu$ 成立。

在定理 2.12 和定理 2.13 中，我们很谨慎地要求所有参与人都必须有严格的偏好。如果有些参与人对某些配偶无差异，这些结论就不一定成立。

在下面这个例子中，便不存在男性最优稳定匹配或女性最优稳定匹配。

例 2.15 一个并不是所有参与人都有严格偏好的例子

$$P(m_1)=[w_2,w_3],w_1 \qquad P(w_1)=m_1,m_2,m_3$$
$$P(m_2)=w_2,w_1 \qquad P(w_2)=m_1,m_2$$
$$P(m_3)=w_3,w_1 \qquad P(w_3)=m_1,m_3$$

稳定匹配是

$$\mu_1=\begin{matrix}w_1 & w_2 & w_3\\ m_2 & m_1 & m_3\end{matrix} \quad 和 \quad \mu_2=\begin{matrix}w_1 & w_2 & w_3\\ m_3 & m_2 & m_1\end{matrix},$$

但是不存在最优稳定匹配，因为 $\mu_1(m_3)>_{m_3}\mu_2(m_3)$ 但 $\mu_2(m_2)>_{m_2}\mu_1(m_2)$，且 $\mu_1(w_2)>_{w_2}\mu_2(w_2)$ 但 $\mu_2(w_3)>_{w_3}\mu_1(w_3)$。

所以在稳定匹配集合中我们看到的关系——市场同一方的参与人有着共同利益而市场相对方会发生利益冲突——和参与人的严格偏好有着紧密的联系。也就是说，这个关系和他们对不同（可接受的）配偶进行排序的能力有关。

实际上，我们有理由认为参与人可能没有能力对所有配偶进行排序。或许最重要的原因是，这些参与人对他们的可得配偶几乎没有任何了解，因此可得配偶对于他们来说是无差异的。（注意，我们对于严格偏好的定义并没有排除对于不可接受配偶无差异的情形。）然而，在参与人有充足的信息时，我们也会认为他们具有严格偏好是合理的。不严格地讲，这是因为无差异类似“刃形”（knife edge）现象：如果一个参与人对两个可得配偶表示出无差异，那么这两个可得配偶中的某一个只要相比另一个改进一丁点儿，就会让参与人更偏好他（或她）。但是，如果一个参与人明显偏好两个可得配偶中的一个，那么不被偏好的那位仅改进一点儿不大会改变参与人的偏好。从这个角度来说，一个有着严格偏好的例子比起那些存在无差异偏好的例子更稳健且更具有一般性。一个相关的观点是：当一个经济模型中的参与人被认为对于两个可得配偶无差异时，这反映的是建模者对模型中的参与人将如何行动信息不足——如果更了解参与人的想法，我们就能更准确地对他（或她）的行为进行建模。

在任何情况下，定理 2.12 和定理 2.13 中展示的情形都令人震惊，以至于我们想进一步了解男性或女性最优稳定匹配下出现的共同利益和冲突背后的原因。

我们对目前的发现进行非正式的回顾。假设所有的男性和女性都有严格的偏好，我们要求在一个特定的婚姻市场中的男性“指出你心中最偏好的配偶”。然后，很可能不止一个男性会指向同一个女性（就像例 2.10 中一样）。但是假如我们转而对他们说：“现实一点吧，考虑到其他男性和你一起竞争，指出那些可能愿意嫁给你的女性中你最偏好的。具体地说，指出在某个稳定匹配中你能被匹配到的女性中你最偏好的，即你最偏好的可得女性。”然后，定理 2.12 告诉了我们两件令人惊奇的事情：一是没有两个男性指向同一个女性，所以存在一个匹配使每个男性都能和他所指向的女性结婚。二是这个匹配是稳定的。当然，这是男性最优稳定匹配。如果我们让每个女性去指，则得到的是女性最优稳定匹配。定理 2.13 进一步告诉我们，也可以通过让每个男性去指出他们最不偏好的可得女性来得到一个女性最优稳定匹配。

即使给选择增加更多限制，上面描述的“指出”过程仍然会发生。我们继续假设所有的参与人都有严格的偏好。对于任意两个匹配 μ 和 μ'，让每个男性去指出他在这两种匹配下更偏好的配偶，即让每个男性 m 在 $\mu(m)$和 $\mu'(m)$ 中指出他更偏好的一位。对于任意的两个匹配 μ 和 μ'，可能会有一些女性被不止一个男性指出，但如果 μ 和 μ'是稳定的，则我们会发现这是不可能发生的。所以，一定会存在另外一个匹配 λ 使得每个男性与其在 μ 和 μ'中更偏好的配偶相匹配，而这一匹配也将是稳定的。每个男性都会至少像喜欢 μ 和 μ'一样喜欢 λ，因此（根据定理 2.13），每个女性至少会像喜欢 λ 一样喜欢 μ 和 μ'。类似地，会存在一个使男性处境变糟而女性处境变好的稳定匹配 v。

更正式地讲，若偏好都是严格的，那么对于任意两个匹配 μ 和 μ'，我们可以定义如下在集合 $M \cup W$ 上的函数。定义 $\lambda = \mu \vee_M \mu'$ 为：对于 M 中所有的 m，如果 $\mu(m) >_m \mu'(m)$，则 $\lambda(m) = \mu(m)$，否则 $\lambda(m) = \mu'(m)$；对于 W 中所有的 w，如果 $\mu(w) <_w \mu'(w)$，则 $\lambda(w) = \mu(w)$，否则 $\lambda(w) = \mu'(w)$。这就是前面几段中描述的“指出函数”—— 它给每个男性分配 μ 和 μ' 两种情况下他更偏好的女性，同时给每个女性分配 μ 和 μ' 两种情况下她更不偏好的男性。用一模一样的方法，我们能够定义函数 $v = \mu \wedge_M \mu'$，这个函数将会给每个男性分配他最不偏好的女性，给每个女性分配她最偏好的男性。

存在两种会使这些函数 λ 和 v 不成为匹配的情况。考虑 λ。首先，对两个不同的男性，可能会有 $\lambda(m) = \lambda(m')$，即 λ 会将同一个女性与两个不同的男性配对。其次，可能会有一个男性m和一个女性w，满足$\lambda(m)=w$，但$\lambda(w)\neq m$，即将每个男性与他在μ和μ'中更偏好的女性配对，与将每个女性与她更不偏好的男性配对得到的不是同一个匹配。当然，即使λ和v是匹配，它们也并不一定稳定。然而，若μ和μ'是稳定的，则可以证明λ和v都总是稳定的。[一对稳定匹配中对$\wedge_M$和$\vee_M$的操作能产生稳定匹配这一事实，意味着稳定匹配集合是一个叫作格（lattice）的代数结构，我们将在3.1.1节中进一步讨论。]

定理2.16　格定理（Lattice Theorem）（Conway）

当所有偏好都是严格的时，如果μ和μ'是稳定匹配，那么函数$\lambda=\mu\vee_M\mu'$和$v=\mu\wedge_M\mu'$都是匹配。而且，它们也都是稳定匹配。

证明： 我们先证明λ是一个匹配，即当且仅当$\lambda(w)=m$时$\lambda(m)=w$。μ和μ'的稳定性保证了"仅当"的情形，即如果$\lambda(m)=w$，那么$\lambda(w)=m$。为了理解"当"的情形，令$M'=\{$满足$\lambda(m)$在集合W中的$m\}=\{$满足μ或$\mu'(m)$在集合W中的$m\}$。根据"仅当"的条件，$\lambda(M')$是$\{$满足$\lambda(w)$在M中的$w\}$的子集，后者（根据定义）等于$W'\equiv\{$满足$\mu(w)$和$\mu'(w)$在M中的$w\}$且与$\mu(W')$有相同元素数量。但是，$\lambda(M')$和M'也有相同元素数量[因为仅当$m=m'=\lambda(w)$时，$\lambda(m)=\lambda(m')=w$]且M'的元素数量不少于$\mu(W')$。所以$\lambda(M')$和W'有相同的元素数量且$\lambda(M')=W'$。因此对W'中的w，可以找到M'中的m使得$\lambda(w)=m$成立，故$\lambda(w)=m$。对W'之外的w，$\lambda(w)=w$。所以如果$\lambda(w)=m$，那么$\lambda(m)=w$。根据对称性可知，v也是一个匹配。

为了证明λ的稳定性，假设(m,w)会破坏λ。那么由$w>_m\lambda(m)$可以推出$w>_m\mu(m)$和$w>_m\mu'(m)$。另外，$m>_w\lambda(w)$。因此，如果$\lambda(w)=\mu(w)$，则(m,w)破坏了μ；如果$\lambda(w)=\mu'(w)$，则(m,w)破坏了μ'。不管在哪种情况下，我们都推导出矛盾的结果，因为μ和μ'是稳定的。根据对称性，v也是稳定的。

男性最优稳定匹配和女性最优稳定匹配的存在性可以由格定理推出。假设匹配μ不是男性最优的，则可以找到一个稳定匹配μ'被至少一个男性偏好，并且所有的男性都认为稳定匹配$\lambda=\mu\vee_M\mu'$至少和原本的两个匹配一样好。如果λ是男性最优的，则证明结束，否则可以用相同的方法类推，在每一步都至少提升一些男性的福利水平。因为稳定匹配的数量有限，所以当λ是男性最优的时，类推结束。

例 2.15 展示了在偏好非严格的条件下没有稳定匹配存在，因此稳定匹配集合不是格的情形。例 2.17 解释了稳定匹配集合具有格性质。

例 2.17　稳定匹配的格（Knuth）

$$P(m_1)=w_1,w_2,w_3,w_4 \qquad P(w_1)=m_4,m_3,m_2,m_1$$
$$P(m_2)=w_2,w_1,w_4,w_3 \qquad P(w_2)=m_3,m_4,m_1,m_2$$
$$P(m_3)=w_3,w_4,w_1,w_2 \qquad P(w_3)=m_2,m_1,m_4,m_3$$
$$P(m_4)=w_4,w_3,w_2,w_1 \qquad P(w_4)=m_1,m_2,m_3,m_4$$

下面有 10 个稳定匹配，其中 w_1，w_2，w_3 和 w_4 将分别被配给

$$m_1 \quad m_2 \quad m_3 \quad m_4 \tag{1}$$
$$m_2 \quad m_1 \quad m_3 \quad m_4 \tag{2}$$
$$m_1 \quad m_2 \quad m_4 \quad m_3 \tag{3}$$
$$m_2 \quad m_1 \quad m_4 \quad m_3 \tag{4}$$
$$m_3 \quad m_1 \quad m_4 \quad m_2 \tag{5}$$
$$m_2 \quad m_4 \quad m_1 \quad m_3 \tag{6}$$
$$m_3 \quad m_4 \quad m_1 \quad m_2 \tag{7}$$
$$m_4 \quad m_3 \quad m_1 \quad m_2 \tag{8}$$
$$m_3 \quad m_4 \quad m_2 \quad m_1 \tag{9}$$
$$m_4 \quad m_3 \quad m_2 \quad m_1 \tag{10}$$

我们可以得到

$$\mu_2 \bigwedge_M \mu_3=\mu_4 \qquad \mu_2 \bigvee_M \mu_3=\mu_1$$
$$\mu_5 \bigwedge_M \mu_6=\mu_7 \qquad \mu_5 \bigvee_M \mu_6=\mu_4$$
$$\mu_8 \bigwedge_M \mu_9=\mu_{10} \qquad \mu_8 \bigvee_M \mu_9=\mu_7$$

其中，对于所有的 $j=1$，…，10，μ_j 是（j）所描述的匹配（注意到对于任意的两个稳定匹配 μ 和 μ'，$\mu>_M\mu'$，$\mu=\mu\vee_M\mu'$ 和 $\mu'=\mu\wedge_M\mu'$ 都成立）。此时，男性最优稳定匹配是 μ_1，女性最优稳定匹配是 μ_{10}。

我们可以用图 2.1 中所示的格来表示稳定匹配集合，其中顶点处的数字表示匹配的编号。在图 2.1a 中（相应地，在图 2.1b 中），当且仅当 $\mu>_M\mu'$（相应地，当且仅当 $\mu'>_W\mu$ 时）时，匹配 μ 比另一个匹配 μ' 更高。

图 2.1 诠释了格定理中描述的男性在稳定匹配集合中有共同利益及男性与女性的利益冲突。这种一致与冲突是偏（partial）而全（total）的。

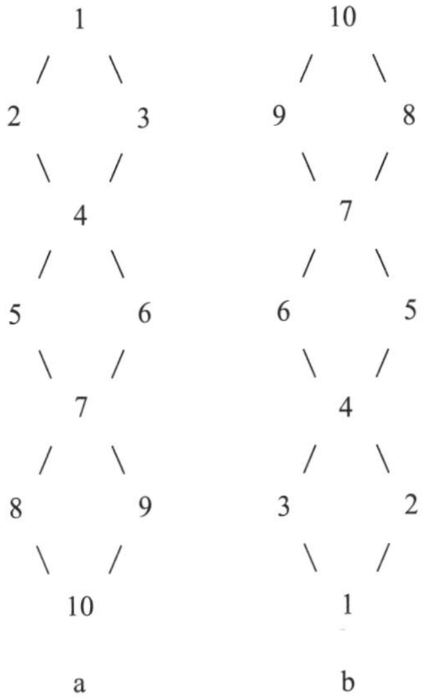

图 2.1

存在一些稳定匹配，比如例中的 μ_5 和 μ_6，满足一部分男性和女性偏好 μ_5，而其他所有人都偏好 μ_6。但是所有的男性都认为 μ_4 不差于 μ_5 和 μ_6 中的任何一个，而 μ_5 和 μ_6 都不差于 μ_7。此时所有女性对 μ_4 和 μ_7 有着相反的偏好。

2.4　理论拓展：一些例子

到目前为止，我们的讨论一直局限在给定的婚姻市场中的稳定结果集合。在这一节，我们会通过一些例子来对比不同的市场。这些例子背后的理论将会在 2.5 节中建立。

有一种比较考察的是，如果一个男性突然愿意接受某些他以前觉得无法接受的女性，从而改变原有偏好，将会对这些男性和女性造成怎样的影响。我们会发现这一改变不会对女性造成损害，也不会对其他男性有所帮助。第二种比较考察的是婚姻市场中增加一些人时所产生的影响。我们会发现，比方说，增加一个女性后，男性的利益不会被损害，其他女性的利益也不会得到提升。

例 2.18　拓展男性的偏好的影响

假设在一个市场里，有男性集合 $M=\{m_1, \cdots, m_6\}$，女性集合 $W=\{w_1, \cdots, w_5\}$，以及如下偏好 P：

$P(m_1)=w_1,w_3$ $P(w_1)=m_2,m_1,m_6$

$P(m_2)=w_2,w_4$ $P(w_2)=m_6,m_1,m_2$

$P(m_3)=w_4,w_3$ $P(w_3)=m_3,m_4,m_1,m_5$

$P(m_4)=w_3,w_4$ $P(w_4)=m_4,m_3,m_2$

$P(m_5)=w_5$ $P(w_5)=m_5$

$P(m_6)=w_1,w_4$

此时男性和女性的最优稳定匹配是

$$\mu_M=\begin{matrix} w_1 & w_2 & w_3 & w_4 & w_5 & (m_6) \\ m_1 & m_2 & m_4 & m_3 & m_5 & m_6 \end{matrix}$$

$$\mu_W=\begin{matrix} w_1 & w_2 & w_3 & w_4 & w_5 & (m_6) \\ m_1 & m_2 & m_3 & m_4 & m_5 & m_6 \end{matrix}$$

假设现在其中有些男性决定扩大他们可接受女性的偏好列表，并产生了新的偏好 P'：

$P'(m_1)=w_1,w_3,w_2$

$P'(m_2)=w_2,w_4,w_1$

$P'(m_3)=w_4,w_3,w_2$

$P'(m_4)=w_3,w_4$

$P'(m_5)=w_5,w_3$

$P'(m_6)=w_1,w_4,w_2$

在这种情况下，男性和女性最优稳定匹配分别是

$$\mu'_M=\begin{matrix} w_1 & w_2 & w_3 & w_4 & w_5 & (m_1) \\ m_2 & m_6 & m_4 & m_3 & m_5 & m_1 \end{matrix}$$

$$\mu'_W=\begin{matrix} w_1 & w_2 & w_3 & w_4 & w_5 & (m_1) \\ m_2 & m_6 & m_3 & m_4 & m_5 & m_1 \end{matrix}$$

在原来的偏好 P 下，比较 μ_M 与 μ'_M，没有哪个男性的状况会变差，也没有哪个女性的状况会变好。

然而男性 m_3 和 m_4 在 μ'_M时的情况会比在 μ_W 时好，女性 w_3 和 w_4 在 μ_W 时的情况也会比在 μ'_M时好。μ_W 和 μ'_M都会将$\{m_3, m_4\}$映射到$\{w_3, w_4\}$上。注意到，在(M, W, P)和(M, W, P')中的每一个市场下，每个人要么在男性和女性最优稳定匹配中均得到配对，要么在两种情况下都不会被配对。

例 2.19　增加一个女性的影响

假设有这样一个市场：$M=\{m_1, m_2, m_3\}$，$W=\{w_1, w_2, w_3\}$，给定偏好 P 如下：

$$P(m_1)=w_1,w_3 \qquad P(w_1)=m_1,m_3$$
$$P(m_2)=w_3,w_2 \qquad P(w_2)=m_2$$
$$P(m_3)=w_1,w_3 \qquad P(w_3)=m_3,m_2$$

在这个例子中仅存在一个稳定匹配：

$$\mu_M=\mu_W=\begin{matrix} w_1 & w_2 & w_3 \\ m_1 & m_2 & m_3 \end{matrix}$$

假设女性 w_4 现在加入这个市场，而男性 m_1 喜欢她比喜欢 w_1 更多。这个新的市场变为：$M'=M$，$W'=\{w_1, w_2, w_3, w_4\}$，而 P' 为

$$P'(m_1)=w_4,w_1,w_3 \qquad P'(w_1)=m_1,m_3$$
$$P'(m_2)=w_3,w_2 \qquad P'(w_2)=m_2$$
$$P'(m_3)=w_1,w_3 \qquad P'(w_3)=m_3,m_2$$
$$P'(w_4)=m_2,m_1$$

同样，在 P' 下，此时也仅有一个稳定匹配：

$$\mu'_M=\mu'_W=\begin{matrix} w_1 & w_2 & w_3 & w_4 \\ m_3 & (w_2) & m_2 & m_1 \end{matrix}$$

在偏好 P' 下，所有的男性在 μ'_M 处的福利都好于在 μ_M 处。

在下面的一节中，我们将探讨以上例子中体现的一般规律。我们将关注所有参与人都有严格偏好的最简单的情形。

2.5　严格偏好下的简单数学分析

为了解释例 2.18 和例 2.19 中的结果，我们将证明一个相当有用的引理。这个引理可以使我们有新的发现，并可以用稳定性和最优化的性质来重新证明我们此前得到的几乎所有结果。因此，这一节的内容为之前建立的所有理论提供了统一的处理方法，并可以使我们从新的视角来重新审视前面的一些结果。为了简单起见，在本节中我们始终假设所有的偏好都是严格的。

我们需要使用一些新的记号（notation）来帮助我们讨论某个参与人偏好拓展后的影响，即例 2.18 中的情形。如果 P'_m是 P_m 的拓展，那么我们就说 $P'_m \geqslant P_m$。类似地，我们定义 $P'_w \geqslant P_w$，并最终定义$P' \geqslant_M P$（如果 $P'_m \geqslant P_m$ 对 M 中的所有 m 均成立的话）。

引理 2.20　分解引理（decomposition lemma）（Gale and Sotomayor）

令 μ 和μ' 分别是市场(M, W, P)和(M, W, P')中的稳定匹配，其中 $P' \geqslant_M P$，并且所有的偏好都是严格的。令 $M(\mu')$ 为所有在 P 下相比μ 更偏好μ' 的男性集合，$W(\mu)$ 为相比 μ' 更偏好μ 的女性集合。那么 μ' 和μ 将$M(\mu')$映射到$W(\mu)$上(即μ' 和μ 都会把更喜欢μ'的男性和更喜欢μ的女性匹配到一起，反之亦然)。

证明：假设 $m \in M(\mu')$。在偏好 P 下，$\mu'(m) >_m \mu(m) \geqslant_m m$，故 $\mu'(m) \in W$。令 $w = \mu'(m)$，$\mu'(w) >_w \mu(w)$ 不成立［否则(m, w)会破坏 μ］。因此，由于偏好是严格的，$w \in W(\mu)$，故 $\mu'(M(\mu'))$ 包含在 $W(\mu)$ 中。

另外，若 $w \in W(\mu)$，则 $\mu(w) >_w \mu'(w) \geqslant_w w$，故$\mu(w) \in M$。令 $\mu(w) = m$，我们会发现在偏好P' 下$\mu(m) >_m \mu'(m)$不成立，否则(m, w)会破坏μ'。因为偏好是严格的，所以在偏好P' 与P 下，$\mu'(m) >_m \mu(m) = w >_m m$。因此，$m \in M(\mu')$，$\mu(W(\mu))$ 包含在 $M(\mu')$ 中。

由于 μ 和μ' 是一一对应的，$M(\mu')$ 和 $W(\mu)$ 又是有限的，于是相应结论得证。

注意到，当我们在同样的婚姻市场(因此 $P = P'$) 下分析两个稳定匹配时，分解引理告诉我们：如果$\mu(m) = w$，$\mu'(m) = w'$ 且相比μ'，m 更偏好μ，那么相比μ，w 和w' 都会更偏好μ'。也就是说，μ 和μ' 都会将男性和女性按如图 2.2 所示的方法进行分解。

$$M(\mu') \underset{\mu'}{\overset{\mu}{\longleftrightarrow}} W(\mu)$$

$$M(\mu) \underset{\mu'}{\overset{\mu}{\longleftrightarrow}} W(\mu')$$

图 2.2

下面，我们将这一结果严谨地陈述一遍，因为它在后续研究中会非常有用。

推论 2.21　$P=P'$时的分解引理（Knuth）

令μ和μ'是市场(M, W, P)中的两个稳定匹配，其中所有的偏好都是严格的。令$M(\mu)$表示所有相比μ'更喜欢μ的男性集合，令$W(\mu)$表示所有相比μ'更喜欢μ的女性集合。类似地，定义$M(\mu')$和$W(\mu')$。那么μ和μ'将会把$M(\mu')$映射到$W(\mu)$上，把$M(\mu)$映射到$W(\mu')$上。

这一结果为定理 2.13 提供了另一种证法。

定理 2.13 的另一种证法：在P下，$\mu' >_M \mu$当且仅当$M(\mu)$为空集而$M(\mu')$不为空集时成立。这等价于：对于所有$M-M(\mu')$中的m，有$\mu(m)=\mu'(m)$且$W(\mu)$不为空集。[当且仅当对于$W-W(\mu)$中的所有w有$\mu(w)=\mu'(w)$且对于部分w而言$\mu(w) >_w \mu'(w)$时，此条件成立。] 但是，这和$\mu >_W \mu'$是等价的。

接下来的定理讨论的是一群对于所有的稳定匹配无差异的参与人的集合。虽然结论似乎并不是那么显而易见，但是我们可以看到，它的证明仅仅是分解定理在$P=P'$时的结果。

定理 2.22　在市场（M，W，P）中，假设偏好是严格的，那么在所有稳定匹配下保持单身的参与人的集合总是相同的。

证明： 假设m在μ'时能被匹配而在μ时只能保持单身。那么$m \in M(\mu')$，但是由$P=P'$时的分解引理我们可以得到，μ将$W(\mu)$映射到$M(\mu')$，所以m在μ下也会得到匹配，和假设矛盾，证毕。

引理 2.23　在与引理 2.20 和定理 2.16 相同的假设和记号下，我们可以推导出：

$\lambda=\mu \vee_M \mu'$，在偏好P下是市场（M，W，P）中的一个稳定匹配；

$v=\mu \vee_W \mu'$，在偏好P下是市场（M，W，P'）中的一个稳定匹配。

证明： 由定义可知，$\mu \vee_M \mu'$在$M(\mu')$和$W(\mu)$上等于μ'且在其他情况下等于μ。由分解引理可知，λ是一个匹配。进一步有，对于$M(\mu')$中的m，在偏好P下有$\mu'(m) >_m \mu(m) \geqslant_m m$，所以$\mu'(m)$在$P$下对$m$来说是可接受的，且$\lambda$在$(M, W, P)$中是个体理性的。现在假设有$(m, w)$破坏了$\lambda$且$m \in M(\mu')$，那么就有$w >_m \mu'(m)$。然后一定会有$w >_m \mu(m)$，所以如果$w \in W(\mu)$，那么$m >_w \mu'(w)$，$\mu'$就会被破坏，而如果$w \in W-W(\mu)$，那么$m >_w \mu(w)$，则$\mu$又会被破坏。另外，如果$m \in M-$

$M(\mu')$，那么 $\mu(m)\geqslant_m\mu'(m)$，所以(m, w)会破坏 μ 或 μ'[取决于 w 是在 $W-W(\mu)$ 中还是在 $W(\mu)$ 中]。这就证明了 λ 是一个稳定匹配。

类似地，v 在 $W(\mu)\cup M(\mu')$ 时等于 μ，在其余集合上等于 μ'。同样，由分解引理可得，v 是市场(M, W, P)中的一个个体理性的匹配。稳定性的证明和上一段是一样的。

格定理（定理 2.16）是引理 2.23 在 $P=P'$时的一个结果。就像前文中讲到的，格定理和稳定匹配集合的非空性（定理 2.8）证明了男性最优稳定匹配和女性最优稳定匹配的存在性（定理 2.12）。

定理 2.24 讨论的是例 2.18 中提出的一个重要问题：如果一个男性将他可接受的女性的名单拓展，男性最优稳定匹配会发生什么变化?

定理 2.24（Gale and Sotomayor） 假设 $P'\geqslant_M P$ 并令 μ'_M，μ_M，μ'_W 和 μ_W 为相应的最优匹配。那么在偏好 P 下，任选两个最优匹配，比起市场（M，W，P'），在市场（M，W，P）中男性的状况不会变得更差且女性的状况也不会变得更好。即，

在 P 下有 $\mu_M\underset{M}{\geqslant}\mu'_M$（所以根据 μ'_M 的稳定性有 $\mu'_M\underset{W}{\geqslant}\mu_M$），且

$\mu'_W\underset{W}{\geqslant}\mu_W$（所以在 P 下根据 μ_W 的稳定性有 $\mu_W\geqslant\mu'_W$）。

证明：由引理 2.23 有，在偏好 P 下，$\mu_M\vee_M\mu'_M$在市场(M, W, P)中是稳定的，所以有 $\mu_M\geqslant_M(\mu_M\vee_M\mu'_M)\geqslant_M\mu'_M$。同样由引理 2.23 有，在偏好 P 下，$\mu_W\vee_W\mu'_W$在市场(M, W, P')中是稳定的，所以有 $\mu'_W\geqslant_W(\mu_W\vee_W\mu'_W)\geqslant_W\mu_W$。

下一个定理讨论的是例 2.19 中出现的问题，即市场中新加入一些女性会发生什么情况。注意到此时分解引理不再适用，因为有新的女性加入的市场中男性的偏好并不是他们原有偏好的拓展（因为可能有某些男性喜欢她们甚于他可接受的一些其他女性）。然而证明用到了定理 2.24 的结论，因为在市场中加入新的女性在某种意义上等价于拓展女性的偏好。这是因为我们可以把原来（新的女性还不存在）的市场视作一个她们存在但是对她们而言所有的男性都不可接受的市场。现在新女性存在的市场等价于此市场中的女性拓展了她们的偏好后的情形。

定理 2.25（Gale and Sotomayor） 假设 W 是 W'的子集，在市场（M，W，P）中，μ_M 和 μ_W 分别是男性最优和女性最优稳定匹配。令 μ'_M和 $\mu'_W{}'$分别代表市场（M，W'，P'）中的男性最优和女性最优稳定匹配，其中 P'在 M 和 W 上与 P 一致。那么

在偏好 P 下，$\mu_W \underset{W}{\geqslant} \mu'_W$；在偏好 P'下，$\mu'_W \underset{M}{\geqslant} \mu_W$。

在偏好 P'下，$\mu'_M \underset{M}{\geqslant} \mu_M$；在偏好 P 下，$\mu_M \underset{W}{\geqslant} \mu'_M$。

证明：用 P''表示满足如下条件的偏好集合：其和 P'在 $M \cup W$ 上一致并对所有的 $w \in W' - W$ 有 $P''(w) = w$。令 μ''_M和 μ''_W表示在 P''下的最优匹配。因为没有男性在 P''偏好下是 $W' - W$ 集合中的女性所能接受的，所以 μ''_W在 $M \cup W$ 上会与 μ_W 一致，μ''_M在 $M \cup W$ 上会与 μ_M 一致。现在可以得到 $P' \geqslant_W P''$。所以我们可以运用定理 2.24 得出，在偏好 P''下 $\mu''_W \geqslant_{W'} \mu'_W$，进而又有 $\mu_W \geqslant_W \mu'_W$。同理可得，$\mu'_W \geqslant_M \mu''_W$，所以在偏好 P' 条件下有 $\mu'_W \geqslant_M \mu_W$，$\mu'_M \geqslant_M \mu_M$。最后，在偏好 P''下有 $\mu''_M \geqslant_{W'} \mu'_M$，所以在偏好 P 下有 $\mu_M \geqslant_W \mu'_M$。

之前的定理告诉我们，当有新的女性加入市场后，在男性最优稳定匹配下，没有男性的福利会下降。接下来的定理说明存在一些男性以显而易见的方式获益（除非有女性保持单身）：在新市场的每一个稳定匹配中，他们的收益都比原来市场的任何稳定匹配情况下的收益大。更进一步地，伴随着新的女性加入这一市场，会有一些女性的福利受损（除非这些男性此前保持单身）。

定理 2.26 假设有一个女性 w_0 新加入市场，令 μ'_W表示（M，$W' = W \cup \{w_0\}$；P'）下的女性最优稳定匹配，其中 P'和 P 在 W 上一致。令 μ_M 表示（M，W，P）下的男性最优稳定匹配。如果 w_0 在 μ'_W下不是单身，那么将会存在一个非空的有男性集合 S，其满足：S 中的男性福利得到提升，并且 $\mu_M(S)$ 中的女性在新市场中所有稳定匹配下的福利受损。

证明：令 $m_0 = \mu'_W(w_0)$。如果 m_0 在匹配 μ_M 时是单身，那么我们可以取 $S = \{m_0\}$。所以设 $\mu_M(m_0) = w_1 \in W$。这样就足以证明存在一个男性集合 S，满足：

在偏好 P'下，对 S 中的所有男性，有 $\mu'_W(m) \underset{m}{>} \mu_M(m)$，以及对集合 $\mu_M(S)$ 中的任何女性 w，有 $\mu'_W(w) \underset{W}{<} \mu_M(w)$。

构造一个顶点是集合 $M \cup W$ 中的元素的有向图。现在会有两种弧。如果 $m \in M$，$\mu_M(m) = w \in W$，那么就有一条弧由 m 指向 w；如果 $w \in W$，$\mu'_W(w) = m \in M$，则会有从 w 指向 m 的弧。令 $\bar{M} \cup \bar{W}$ 为所有可以用从 m_0 开始的有向路径达到的顶点。

情形一：$\bar{W}$ 包含一个在 μ'_W 时单身的女性 $w_{k+1} \in W$。令(m_0，w_1，

m_1，w_2，…，w_k，m_k，w_{k+1}）是从 m_0 到 w_{k+1} 的路径。因此$\mu'_W(m_i)=w_i$，$\mu_M(m_i)=w_{i+1}$，对所有的 $i=1$，2，…，k 成立。我们可以发现，集合$\{m_0, m_1, \cdots, m_k\}$就是我们寻找的集合。事实上，如果存在$i\in\{1, \cdots, k+1\}$使$\mu_M(w_i)>_{w_i}\mu'_W(w_i)$成立，那么$\mu'_W(m_{i-1})>_{m_{i-1}}\mu_M(m_{i-1})$，否则$(m_{i-1}, w_i)$便会破坏$\mu'_W$。另外，如果存在 $i\in\{1, \cdots, k\}$ 使 $\mu'_W(m_i)>_{m_i}\mu_M(m_i)$ 成立，那么根据 μ_M 的稳定性，会有 $\mu_M(w_i)>_{w_i}\mu'_W(w_i)$。我们想要的结论可以从匹配的链条的结尾处运用归纳法得到：注意 w_{k+1} 在 μ'_W 时单身，在 μ_M 时得到匹配，所以有 $\mu_M(w_{k+1})>_{w_{k+1}}\mu'_W(w_{k+1})$。

情形二：$\bar{M}$ 中有一个在 μ_M 时是单身的男性m_k。令$(m_0$，w_1，m_1，w_2，…，w_k，$m_k)$是从m_0到m_k 的路径。因此，对于所有的$i=1$，2，…，k 有$\mu'_W(m_i)=w_i$ 成立；对于所有的$i=0$，…，$k-1$有$\mu_M(m_i)=w_{i+1}$成立。我们可以发现，集合$\{m_0, m_1, \cdots, m_k\}$即我们寻找的集合。同样，所有的$w_i$，$i=1$，2，…，$k$，均在$W$中。现在如果存在$i\in\{1, \cdots, k\}$使$\mu'_W(m_i)>_{m_i}\mu_M(m_i)$成立，那么由$\mu_M$的稳定性可得，$\mu_M(w_i)>_{w_i}\mu'_W(w_i)$，由$\mu'_W$的稳定性可得$\mu'_W(m_{i-1})>_{m_{i-1}}\mu_M(m_{i-1})$。最终结论可由归纳法得出，因为$m_k$ 在μ_M 下是单身而在μ'_W 下会和某个女性匹配。因此证毕。

评论：若不止一个女性加入了市场，令W'表示在μ'_W时能与男性匹配的新女性的集合。对于每个W'中的女性w_0，都会有一个具有定理 2.26 所描述的特点的集合$S(w_0)$。因此，我们得到了一个集合$S=\bigcup S(w_0)$，$w_0\in W'$，使得S包含$\mu'_W(W')$并且S中的所有男性、$\mu_M(S)$中的所有女性都具有定理 2.26 所描述的特点。[注意唯一使$\mu_M(S)$中不含女性的情况是在$\mu_M(S)=S$的时候，即S中所有的男性在μ_M时都是单身。]

下一个定理从另一个角度解读了男性最优稳定匹配对男性的最优性。我们已经说明了这是男性所能达到的最优稳定匹配，下面我们来讨论是否存在一个所有男性都更加偏好的不稳定匹配。如果存在，我们可以得出这样的结论：即使在男性最优稳定匹配中，男性仍然集体性地为稳定性付出了代价。然而事实上并不是这样——我们会发现不存在这样的匹配：全部男性都喜欢它比喜欢μ_M更多，无论稳定还是不稳定。这样一个匹配被称为男性的弱帕累托最优，以纪念第一个研究此类最优性问题的意大利经济学家维尔弗雷多·帕累托（Vilfredo Pareto）。由对称性可知，对于女性和μ_W也可以得出一个类似的结论。

定理 2.27　男性的弱帕累托最优

对集合 M 中的所有 m，不存在使 $\mu >_m \mu_M$ 的个体理性的匹配 μ（不管是否稳定）。

我们先用男性求婚的延迟接受算法来简单地证明一下。

证明： 如果 μ 是一个这样的匹配，那么它将把每个男性 m 匹配给在算法中由于喜欢其他某位男性 m' 而已经拒绝过 m(即使 m 对于 w 来说是可接受的) 的某个女性 w。因此，所有 $\mu(M)$ 中的女性在 μ_M 下已经得到了匹配，也就是说，$\mu_M(\mu(M))=M$。所以，所有的 M 在 μ_M 下都得到了匹配，且 $\mu_M(M)=\mu(M)$。但是，由于所有的 M 在 μ_M 下都得到了匹配，因此任何在算法的最后一步接受求婚的女性此时都还没有拒绝过任何可接受的男性，即一旦每一个在 $\mu_M(M)$ 下的女性有可接受的求婚，这一算法就马上终止。所以这个女性在 μ 下一定是单身的(因为每个男性都相比 μ_M 更偏好 μ)，这就和 $\mu_M(M)=\mu(M)$ 的既定事实相矛盾。

对定理 2.27 的另一种证法仅仅利用了 μ_M 的稳定性和最优性。我们需要首先向读者介绍一些术语。

定义 2.28　在一个匹配 μ 中，如果 m 和 w 彼此都能接受对方且相比其配偶 $\mu(m)$，m 更喜欢 w，我们就称 m 爱慕（admire）w。

注意，m 和 w 彼此爱慕时就会破坏 μ。

引理 2.29（Gale and Sotomayor）　如果在匹配 μ_M 中没有一个男性单身［即如果 $u_M(M)$ 是 W 的子集］，那么在匹配 u_M 中就会有一个 $u_M(M)$ 里的女性 w 没有任何爱慕者。

要证明引理 2.29，我们需要如下关于有限集的数学结论。

引理 2.30　令 f 和 g 是从有限集 X 到集合 Y 的函数，其中 f 是一个双射。那么对于 X，存在非空的子集 A 使得 f 和 g 将 A 映射到 $f(A)$上。

证明： 因为函数 f 是一个在 X 和 Y 之间的双射，我们定义 $h=f^{-1}\cdot g$。那么 h 就会将 X 映射到 X，而因为 X 是有限的，$h^{n+1}(X)$ 包含在 $h^n(X)$ 中，所以我们一定会得出 $h^k(X)=h^{k+1}(X)$ 对于某些 k 值成立。集合 $A=h^k(X)$ 就符合这些特性。

引理 2.29 的证明： 假设在 $\mu_M(M)$ 下每个女性都有一个爱慕者且令 $\alpha(w)$ 为她最喜欢的那个。将引理 2.30 运用于函数 μM，α 从 $\mu_M(M)$ 到

M，得出一个集合$W'\neq\Phi$，满足$\alpha(W')=\mu_M(W')$，且$\alpha|_{W'}$是双射。现在定义μ在W'上等于α，在$\mu_M(W')$上等于α^{-1}且在其他情况下等于μ_M。显然μ满足个体理性。现在μ是稳定的，因为如果m爱慕w，(m,w)就不会破坏μ，因为要么根据μ_M的稳定性有$\mu(w)=\mu_M(w)$且$\mu_M(w)>_w m$，要么w在μ下与她最偏好的爱慕者(对她来说比m更好)匹配。但是由于所有$\mu(W')$中的m都偏好μ甚于μ_M，这与μ_M是男性最优稳定匹配相矛盾。

定理2.27的另一种证法如下：如果这个结论是错误的，那么每个男性在μ下都必然会和其在μ_M下爱慕的女性匹配，所以$\mu(M)$中的所有女性在μ_M时必须得到匹配（由严格偏好和μ_M的稳定性很容易知道这一点），所以也就有$\mu_M(M)=\mu(M)$。由引理2.29可知，在μ_M下，$\mu_M(M)$中至少会有一个女性w没有任何人爱慕。但是这和存在一些爱慕w的m'使$w=\mu(m')$成立的前提矛盾，因此不存在这样的匹配μ。

所以，市场一方的最优稳定匹配对此方的参与人来说是弱帕累托最优的。这意味着，不可能存在让所有人更偏好的匹配。我们可能会考虑是否可以强化这一结果，例如μ_M是男性的强帕累托最优，也就意味着不会存在使全部男性都喜欢它至少像喜欢μ_M一样的匹配。但事实并不是这样，例2.31就解释了一种μ_M不是强帕累托最优的情形。

例2.31（Roth） 令$M=\{m_1,m_2,m_3\}$，$W=\{w_1,w_2,w_3\}$并对可接受的人有着如下的偏好序列：

$$P(m_1)=w_2,w_1,w_3 \qquad P(w_1)=m_1,m_2,m_3$$
$$P(m_2)=w_1,w_2,w_3 \qquad P(w_2)=m_3,m_1,m_2$$
$$P(m_3)=w_1,w_2,w_3 \qquad P(w_3)=m_1,m_2,m_3$$

那么，

$$\mu_M=\begin{matrix} w_1 & w_2 & w_3 \\ m_1 & m_3 & m_2 \end{matrix}$$

尽管

$$\mu=\begin{matrix} w_1 & w_2 & w_3 \\ m_3 & m_1 & m_2 \end{matrix}$$

让m_2并不比在μ_M时的情况更糟，却能够使m_1和m_3受益。所以，总的来说，应该会存在这样的匹配：所有男性对它的喜欢程度至少与男性最优稳定匹配一样并且有一些男性偏好它。我们将在讨论男性联盟的可行策略选择时再次讨论该事实。

2.5.1　当偏好并非严格的时

定理 2.22 和定理 2.24 至定理 2.27 都是在严格偏好的假设下证明的。一旦参与人对于可得配偶变得无差异，定理 2.22 的结论就不再成立：一个参与人可能在一个稳定匹配下单身，而在另一个稳定匹配下却结婚了。很容易看清楚这一点——考虑一个仅有两名男性和一名女性的婚姻市场。如果女性相比单身更偏好他俩中任何一个，但对两个男性无差异，且两个男性比起单身也都更愿意和这个女性结婚，那么就会存在两个稳定匹配，其中每个男性都在一个匹配中单身而在另一个匹配中结婚。

我们在讨论定理 2.24 至定理 2.27 的时候要更加谨慎，因为这些定理的所有陈述都利用了严格偏好和市场双方都存在一个最优稳定匹配这一事实。就像我们在例 2.15 中看到的，当偏好不严格的时候，最优稳定匹配可能就不存在了。

然而，回顾一下定理 2.8 的证明可知：延迟接受算法在偏好严格的时候就产生稳定匹配，且只要算法中引入一种生序方法，在偏好并非严格时它也会继续产生稳定匹配。这种生序方法可以被认为是一种生成仅仅与原真实偏好 P 在无差异部分不同的严格偏好 P'（具有完全性和传递性）的方法。这样一来，这个由男性求婚的算法产生的结果就会是 P'下的男性最优稳定匹配（当然，当偏好并不严格时，两个有着不同生序过程的算法可能会产生不同的匹配）。对任何给定的生序过程，我们现在可以考虑定理 2.24 至定理 2.27 的结论是否成立。

在这种情况下，我们很容易就可以看出定理 2.25 和定理 2.27 的结论仍然会成立。这时，μ_M 和 μ_W 就可以理解成偏好 P'下的男性和女性最优稳定匹配（我们已经证明过如果结论对某些偏好 P 不成立，那么它们也不会在相应偏好 P'下成立）。

定理 2.26 的结论在这种偏好并不严格的情况下就不再成立了，原因很简单：根据定理，在一个新的女性加入市场后，有些男性的境况会变得更好。如果此男性对于他现在的配偶和之前的配偶无差异（这在偏好是严格的时是不可能发生的），那么就不会是这种情况了。

定理 2.24 的结论因为一个更有意思的原因而不再成立。如果一个男性对于娶某个女性和保持单身无差异，那么当他拓展他的偏好让另一个女性变得可接受时，此新女性可能比此前一位（勉强）可接受的女性更被偏好。下面的例子将会更清楚地说明这一点。

例 2.32　当偏好非严格时定理 2.24 的结论不再成立的一个例子

我们不妨假设男性 $M=\{m_1, m_2\}$ 和女性 $W=\{w_1, w_2, w_3\}$ 的偏好是

$$P(m_1)=w_1, w_2 \qquad P(w_1)=m_1, m_2$$
$$P(m_2)=w_1, [w_2, m_2], w_3 \qquad P(w_2)=m_2$$
$$P(w_3)=m_2$$

那么

$$\mu_W=\begin{matrix} m_1 & m_2 & (w_3) \\ w_1 & w_2 & w_3 \end{matrix}$$

现在假设男性 m_2 将他的偏好拓展，这样他的新偏好就变为 $P(m_2)=w_1, w_3, [w_2, m_2]$。那么

$$\mu_W'=\begin{matrix} m_1 & m_2 & (w_2) \\ w_1 & w_3 & w_2 \end{matrix}$$

注意，$\mu_W >_{w_2} \mu_W'$，但是 $\mu_W' >_{w_3} \mu_W$。

2.6　文献指南

博弈论中关于婚姻市场的分析是由 David Gale 和 Lloyd Shapley 在他们 1962 年的论文中首创的，他们在论文中证明了定理 2.8 和定理 2.12。较近的相关研究直到 1972 年才出现在 Shapley 和 Martin Shubik 的论文里，他们研究了一种叫作分配博弈的相关博弈。Shapley 和 Shubik 证明了与定理 2.8、定理 2.12 和定理 2.16 相似的结果（虽然婚姻市场和分配博弈有一些重要的不同之处，但是我们会在第 8 章中看到，许多类似结论同样成立）。对于婚姻市场，后两个结果在 Donald Knuth 1976 年的著作中出现了，他把格理论归功于 John Conway。Knuth 用法文写成的书也包括了当 $P=P'$ 时的分解引理（推论 2.21）。Kaneko（1976，1982，1983）提出了关于包括了婚姻市场在内的一般性分配市场的核的非空性理论。

除了定理 2.26 对 Mo（1988a）中提出的分配问题的结果进行运用和精炼之外，2.5 节主要根据 Gale 和 Sotomayor（1985a，b）的论述和证明展开。根据我们现在的知识，定理 2.22 的论述最早出现在 McVitie 和 Wilson（1970a）的著作中，他们讨论了所有的男性和女性都互相可接受的

情况。此结论也被 Roth (1984a) 在更一般的医科实习生市场中证明了(我们将在第 5 章看到)。Roth (1982a) 运用延迟接受算法证明了定理 2.27，其中也包括例 2.31。[我们对于定理 2.27 的第二种证明方法用到的引理 2.29 纠正了 Gale 和 Sotomayor (1985a) 对于这一引理的原述。] 定理 2.25 的结论则更早地在 Alexander Kelso 和 Vincent Crawford (1982) 中所介绍的分配市场的一般情形下得到了证明 (在第 6 章中我们将进一步讨论他们的贡献)。其中的许多结论由 Demange 和 Gale (1985) 在另一种分配市场的一般情形下予以了证明 (我们将在第 9 章进行讨论)。在非博弈背景下，类似定理 2.25 的结论出现在线性规划框架下的分配问题中，例如 Shapley (1962)。在更一般的博弈论背景下，一方参与人的可替代结果也存在于 Scotchmer 和 Wooders (1989) 中。

Gardenfors (1975) 从投票理论视角解释了婚姻问题。他定义了一个匹配 μ'：如果偏好 μ' 的男性和女性的数量大于偏好 μ 的男性和女性的数量，就说相对匹配 μ，匹配 μ' 被大多数人偏好。如果不存在被大多数人偏好的 μ'，μ 即被定义为多数分配。对所有的男性和女性彼此都可接受的情形，他观察到，当偏好是严格的时，每个稳定匹配都是多数分配。很容易看出，当参与人可以保持单身时该结论仍然成立。

例 2.6 中不存在稳定匹配的三方匹配问题来自 Alkan (1986)。一些对单方匹配的进一步论述，例如例 2.5 中讨论的舍友选择问题，则由 Granot (1984)，Gusfield (1988) 和 Irving (1986) 讨论过。Irving 发现，在选择舍友时寻找稳定匹配问题是婚姻市场中稳定匹配问题的一般情形，因为如果在每个参与人的偏好序列最末端增加所有其他参与人，那么婚姻问题就可以转化为舍友问题，稳定匹配集合是不会改变的。Bartholdi 和 Trick (1986) 发现，如果在舍友选择问题中构造一个序列，使得在序列中越近的参与人越喜欢彼此，那么就只会产生唯一的稳定匹配。Hwang (1978) 考虑过一些关于在舍友选择问题中能生成唯一稳定匹配的偏好范围。[Hwang 和 Shyr (1977) 讨论过类似的婚姻市场问题，Hwang (1986) 讨论过一些关于稳定匹配数量的代数问题。] Masarani 和 Gokturk (1988) 讨论了一个与婚姻问题相关的话题，即通过不断将参与人与其婚姻市场上剩余配偶中的第一选择进行匹配尝试，最终得到 (唯一的) 稳定匹配的频率。

虽然我们之所以对婚姻模型进行研究主要是因为它类似于劳动市场，但使用此类模型对婚姻问题进行详细研究的是 Becker (1981)。他考察了将在第 8 章中讲解的一种更加结构化的模型，但在其中，偏好并不被视作给定的，而是和参与人的属性特质（比如收入和持家能力）一致。因此我们关注对于任何偏好而言稳定的结果的存在性，而他关心的是参与人怎样在特定的偏好下为自己打算（比如薪酬高的人娶一个会做菜的人）。

就像前文讨论的那样，由 Knuth（1976，问题 8）提出的问题是：是否存在一条从任意匹配开始达到稳定匹配的破坏配对路径？（Knuth 的问题讨论的是等量的男性和女性且彼此间都互相可接受的情况，所以在他的问题中，所有的男性和女性都总能被匹配。而我们讨论的是更一般的情形。）在本书发行之际，Roth 和 Vande Vate（1990）已经对这个问题给出了肯定的回答。正式地，如果（m'，w'）是一个匹配 μ 里的破坏配对，m'和w'在ν 相互匹配且它们在μ 的配偶（如果存在的话）在 ν 时未被匹配，并且所有其他参与人在ν 下的匹配都和在μ 下一样（这和 Knuth 的假设不同，Knuth 要求这种“离婚”后的人再婚），我们说新的匹配 ν 可以通过满足 μ 的破坏配对得到。我们可以得出如下结论：

定理 2.33（Roth and Vande Vate） 令 μ 是市场（M，W，P）的任意一个匹配。那么存在一系列有限的匹配 μ_1，…，μ_k，使得 $\mu=\mu_1$，μ_k 是稳定的，并且对每一个 $i=1$，…，$k-1$，存在一个破坏配对（m_i，w_i）破坏 μ_i，使得 μ_{i+1} 通过满足 μ_i 的破坏配对（m_i，w_i）得到。

定理 2.33 的证明并不困难，可以简述为如下步骤。首先，设有一个任意的匹配 μ，并选择一个参与人的子集 S，使 S 上的匹配不会形成破坏配对，并且 μ 不会将任何不在 S 中的参与人与 S 中的参与人匹配到一起（例如，S 可以是在μ 下相互匹配的一对参与人或一个保持单身的人）。一个新的参与人，例如女性 w，被选入 S。如果 S 中没有男性会和女性 w 构成破坏配对，那么我们可以直接把她加入 S 中而不改变原有匹配。否则，选择一个女性 w 在 S 中最喜欢并且会与之形成破坏配对的男性 m，并通过满足这个破坏配对形成一个新的匹配。如果存在女性 $w'=\mu(m)$，那么在新的匹配中她就得不到匹配（即成为单身），所以现在在 S 中可能存在破坏配对（w'，m'）。如果真是这样，那么选一个 w' 最偏好的破坏配对形成下一个新的匹配。这一过程在集合 $S\cup\{w\}$ 内继续进行，类似一种由女性求婚的延迟接受算法，并不断地满足每一步中产生的破坏配对，直到在 $S_i=S\cup\{w\}$ 内达到没有破坏配对产生的匹配 μ_i 为止。这个过程可以随着选定的集合 S_i 在每一步中不断扩大而继续进行。在每一步中，匹配 μ_i 在选定的集合上没有破坏配对，所以这个过程最终会在 $S_k=M\cup W$ 时成为一个稳定匹配。

Roth 和 Vande Vate 进一步发现，这一定理的一个直接推论是，任意一个从任意匹配开始的过程，只要它能不断地满足一个随机选定的破坏配对并继续下去（如果每个破坏配对都有可能被选中并且这种可能性绝不为 0 的话），最终就一定会以概率 1 形成稳定匹配。所以，这个定理给出了稳定匹配集合的非空性的另一种证明方法，以及一组可选的生成稳定匹配的算法。

第 3 章　稳定匹配集合的结构

这一章讨论的是稳定匹配集合的数学结构，包括一些算法。有些读者可能愿意简单地扫读这一章，至少在第一遍阅读的时候是这样。

3.1　博弈的核

在合作博弈论中，最重要的“解的概念”（solution concept）之一就是合作博弈的核（core）。在这一部分我们会看到，在婚姻问题中，稳定匹配集合与博弈的核是等同的。[在后面的章节中，我们会看到在某些更加复杂的双向匹配市场里，稳定匹配集合可能只是这个核的子集，并且在多对多的匹配中，（成对的）稳定匹配根本没必要在核中。]

就像我们之前所讨论的，当我们正式地构造各种博弈时，我们大多会具体定义一个“参与人”集合、一个“可行结果”（feasible outcome）集合、参与人对结果的“偏好”（preference），以及决定博弈如何进行的“规则”（rule）。我们希望并且需要对规则进行界定的细致程度，由我们所描述的现象和我们尝试构建的理论所决定。通常有效的方法是，通过具体描述哪些参与人联盟（即参与人总体的子集）根据此规则会实施什么样的结果来概括博弈规则。（因此，在第 2 章关于婚姻市场的分析中，我们关注如下事实：要缔结婚姻，男女双方都愿意与对方结婚是充要条件。）

在博弈规则和参与人的特定偏好基础上产生的一种结果之间的关系，被称作“占优关系”（domination relation）。

定义 3.1　对于任意两个可行的结果 x 和 y，当且仅当存在一个满足：

(1) 相比 y，联盟 S 中的每个成员都更偏好 x；

(2) 博弈规则允许联盟 S 执行 x（优于 y）。

的参与人联盟 S 时，x 占优于 y。

因此，若一个联盟 S 中的参与人都有激励和办法把 y 换成 x，我们就说 x 占优于 y。所以，如果 x 占优于 y，我们大可认为 y 不会是博弈的结果。这引导我们考虑非占优结果集（set of undominated outcomes）。

定义 3.2　博弈的核是非占优结果集。

注意，核的定义与婚姻博弈的稳定匹配集合的定义是不同的。核是通过占优关系定义的，因此所有联盟都可能产生影响，而稳定匹配集合则只是依据特定联盟定义的。也就是说，如果一个结果被任何参与人联盟"破坏"，它就不是核中的元素。然而，只有在它被某个代理人或某个包含一位男性和一位女性的参与人配对"破坏"的时候，它才不是一个稳定匹配。

正式地讲，对婚姻市场来说，当且仅当存在一个被包含在 $M \cup W$ 内的联盟 A，对于 A 中所有的男性 m 和所有的女性 w，有

$$\mu'(m) \in A$$
$$\mu'(w) \in A$$
$$\mu'(m) \underset{m}{>} \mu(m)$$
$$\mu'(w) \underset{w}{>} \mu(w)$$

时，一个匹配 μ' 占优于另一个匹配 μ。也就是说，当且仅当 A 中的每一个男性都与 A 中的一个女性结婚时，博弈规则允许联盟 A 在匹配 μ' 下实施婚姻配对集合，反之亦然。同时，如果 A 中的每一个成员相比 μ 更偏好 μ'，那么通过一个这样的联盟 A，μ' 占优于 μ。下面的定理阐明了，对于婚姻市场来说，仅考虑单身个体（singletons）和男女配对（pairs）而忽略联盟也并无所失。

定理 3.3　婚姻市场的核与稳定匹配集合是相同的。

证明： 如果匹配 μ 是个体非理性的（individually irrational），那么它被一个单身集合占优。并且，如果它对于某些男性 m 和某些女性 w 来说是不稳定的，即 $m >_w \mu(w)$，$w >_m \mu(m)$，那么它在联盟 $\{m, w\}$ 上，被任意匹配 $\mu'[\mu'(m)=w]$ 占优。

定理的另一个方向是：如果 μ 不在核里，那么在联盟 A 上，μ 被某一

匹配μ'占优。如果μ不是个体非理性的，那就说明对A中所有的w来说，都有$\mu'(w)\in M$，因为相比$\mu(w)$，A中的每一个女性都更偏好$\mu'(w)$。

假设w在A中，并且$m=\mu'(w)$，那么m相比$\mu(m)$更偏好w，并且μ被(m,w)破坏。

如果一个匹配μ不稳定，那么它就不在这个市场的核里，也就是说，存在另外一个匹配μ'占优于μ。如果μ被(m,w)破坏，那么μ被μ'占优，且有$\mu'(m)=w$。这并不意味着μ可以被核中的一个结果占优。下面的定理证明了，在婚姻市场中，几乎就是这样的情况。它的证明并不简单。（我们会先假设偏好是严格的，然后说明为什么这个假设并不是必要的。）

定理 3.4　强稳定性质（Demange，Gale，and Sotomayor）

如果μ是一个不稳定匹配，那么

(a) 存在一个破坏配对$\{m, w\}$和一个稳定匹配$\bar{\mu}$满足$\bar{\mu}(m)\geqslant_m\mu(m)$，$\bar{\mu}(w)\geqslant_w\mu(w)$，或

(b) μ不是个体理性的。

注意，该定理并不是说不稳定匹配μ被稳定匹配$\bar{\mu}$占优。这个结果并不那么强，因为该定理(a)部分中的偏好不是严格的。但该定理的确说明了，存在一个配对$\{m,w\}$，能够使$\bar{\mu}$通过$\{m,w\}$几乎占优于μ，并且通过同一个联盟$\{m,w\}$，事实上存在某个μ'占优于μ（因为它们是破坏配对）。

我们需要以下引理。

引理 3.5　破坏引理（Hwang; Gale and Sotomayor）

设匹配μ是任意遵循严格偏好P的个体理性匹配，M'是所有相比μ_M更偏好μ的男性。如果M'非空，那么存在一个配对$\{m,w\}$破坏μ，并且有m在$M-M'$中，w在$\mu'(M')$中。

破坏引理的证明：

情况1：$\mu(M')\neq\mu_M(M')$。选择一个在$\mu(M')-\mu_M(M')$中的w，记作$w=\mu(m')$。那么相比$\mu_M(m')$，m'更偏好w；相比m'，w更偏好$\mu_M(w)=m$。但是因为w不在$\mu_M(M')$里，所以m不在M'里。因此相比$\mu(m)$，m更偏好w（因为假定偏好是严格的），所以(m,w)会破坏μ。

情况2：$\mu_M(M')=\mu(M')=W'$。在运用延迟接受算法的过程中，令w是W'中最后一个接受M'中可接受男性求婚的女性。由于W'中所有的w

都必然拒绝过M'中的可接受男性，所以当w接收到最后一个求婚请求时，她一定与某男性m处于订婚状态。(m,w)即我们寻找的破坏配对。首先，m不会在M'里，因为如果这样，在被w拒绝之后，他就会向W'中的一位女性再次求婚，这与w收到最后一个求婚请求的事实相矛盾。但是在μ_M下，相比他的配偶，m更偏好w，并且因为在μ下，他并没有变得更好，所以相比$\mu(m)$他更偏好w。另外，由于m是最后一个被w拒绝的男性，所以她必然在拒绝m之前，拒绝了匹配μ下的配偶，因此，相比$\mu(w)$她更偏好m。因此正如我们所说的，(m,w)会破坏μ。

下面介绍一种没有使用延迟接受算法证明破坏引理的方法，它说明了引理结果是如何直接根据稳定性和最优性得出的。

破坏引理的另一种证明：

情况 1：如上所证。

情况 2：$\mu(M')=\mu_M(M')=W'$。因为$\mu>_{M'}\mu_M$，所以μ_M的稳定性意味着

$$\mu_M >_{W'}\mu \tag{1}$$

定义一个新的市场(M',W',P')。对于所有M'中的m，$P'(m)$和$P(m)$在$W'\cup\{m\}$上的排序是一样的。对于W'中的w，$P'(w)$和$P(w)$在$M'\cup\{w\}$上的排序几乎一样，唯一的区别是w将自己排在$\mu(w)$的后一位。换句话说，M'中w的可接受男性必须满足$m\geqslant_w\mu(w)$。进而，由(1)式可知，在P'之下，$\mu_M(w)$对所有W'中的w都是可接受的。注意，在$M'\cup W'$限制下的μ_M对于(M',W',P')仍是稳定的，因为任何在P'之下破坏μ_M的配对也会在P之下破坏它。令μ'_M是(M',W',P')的M'最优匹配，那么

$$\mu'_M >_{M'}\mu_M \tag{2}$$

这就是说，M'中至少存在一个m相比μ_M更偏好μ'_M，因为我们假设$\mu>_m\mu_M$对M'中所有m都成立：如果$\mu_M=\mu'_M$，那么它与帕累托最优定理（定理 2.27）相矛盾。进而通过构建的P'，有

$$\mu'_M\geqslant_{W'}\mu \tag{3}$$

现在我们定义$M\cup W$上的μ'为

$$\begin{aligned}\mu' &=\mu'_M，\text{在 } M'\cup W' \text{ 上}\\ &=\mu_M，\text{在}(M-M')\cup(W-W')\text{ 上}\end{aligned} \tag{4}$$

通过（2）式和（4）式，有$\mu' >_M \mu_M$，因此我们知道μ'对于(M,W,P)是不稳定的，那么令$\{m,w\}$成为一个破坏配对。$\{m,w\}$不会在$M' \cup W'$中，因为如果这样的话，我们的构建方式就会使m和w在P'下互相接受，这样$\{m,w\}$就会破坏$\mu'M$。进一步地，如果$m \in M'$且$w \in W-W'$，那么$\{m,w\}$不会破坏μ'［否则$\{m,w\}$会破坏μ_M，因为通过（2）式我们知道，m在μ_M下并不比在μ'_M下好］。如果$m \in M-M'$且$w \in W-W'$，那么$\{m,w\}$不会破坏μ'［因为若是如此，则$\{m,w\}$也会破坏μ_M］。因此，我们必定有$m \in M-M'$且$w \in W'$，但此时$\{m, w\}$也破坏了μ，因为由（3）式可知，w在μ'_M下至少跟在μ下一样好。因此$\{m, w\}$是我们想要的破坏配对。

注意，由破坏引理定义的配对$\{m,w\}$满足

$$\mu_M(m) \geqslant_m \mu(m) \text{ 且 } \mu_M(w) \geqslant_w \mu(w)$$

第一条只是说明了m是在$M-M'$里；而对于第二条，因为w属于$\mu(M')$，我们有$w=\mu(m') >_{m'} \mu_M(m')$，再由$\mu_M$的稳定性，可得出$\mu_M(w) \geqslant_w \mu(w)$。

定理 3.4 的证明： 假设μ在市场(M,W,P)上是个体理性的。我们只需要考虑当$\mu_M \geqslant_M \mu$时的情况（对称地，$\mu_W \geqslant_W \mu$时的情况），因为当$\mu=\mu_M$或者μ_W时便可以直接使用破坏引理。

现在我们知道，$\mu' \geqslant_M \mu$的稳定匹配集合μ'非空，因为它包含了μ_M，并有一个最小元素μ^*［因为它在偏序（partial order）$\geqslant_M$下是一个格；见 3.1.1 节］。因为$\mu^* \geqslant_M \mu$，所以我们可以仅考虑这样的情况：

$$\mu^* \leqslant_W \mu \tag{1}$$

如果对于某些w有$\mu^*(w) >_w \mu(w)$，那么配对$(\mu^*(w), w)$和匹配μ^*就满足了定理的（a）部分。

我们现在基于P做如下修改以定义偏好P'：

每个在稳定匹配之下配对了的w，在她的偏好序列里删除满足如下条件的m：

$$m <_w \mu^*(w) \tag{2}$$

$$\text{如果 } \mu^*(w) <_w \mu(w)\text{，那么 } \mu^*(w) \text{ 也被删除} \tag{3}$$

很显然，(3) 式必然对于一些 w 成立，否则我们就会有 $\mu=\mu^*$。

现在，令 μ'_M成为 P'下的男性最优稳定匹配。我们将证明 μ'_M即定理所指的匹配μ。首先我们可以得到，μ'_M在 P 下是稳定的。为了说明这一点，注意到女性最优稳定匹配 μ_W 在 P'下仍然是个体理性的，进而在 P'下也是稳定的，这是因为对所有 w，$\mu_W(w)$ 包含在 $P'(w)$ 中。所以

$$\mu'_M \geqslant_M \mu_W \tag{4}$$

现在，如果 w 在 μ'_M下是单身，那么她在 μ_M 和 μ^* 下单身（定理 2.22）。因此依据 (2) 式和 (3) 式，w 不会从她的偏好序列里删除任何男性，这样，根据 (4) 式和 μ_W 的稳定性，w 无法在 P 下破坏 μ'_M。另外，如果 w 在 μ'_M下配对，由 (2) 式和 (3) 式可知，相比删掉的男性，她更偏好现在的配偶。因此，她不会与任何被删除的男性构成破坏配对，也就不属于任何破坏配对。

注意到 $\mu'_M\leqslant_M\mu^*$，因为如果 $\mu'_M(m)>_M\mu^*(m)$ 并且 $w=\mu'_M(m)$，那么由 μ^* 的稳定性，就有 $\mu^*(w)>_w m$。但是由 (2) 式，这就意味着：m 已经被 w 删除，因此 $w=\mu'_M(m)$ 是不可能的。

对至少一个 m，我们有 $\mu(m)>_m\mu'_M(m)$，否则就会出现 $\mu\leqslant_M\mu'_M\leqslant_M\mu^*$。但由 (3) 式，$\mu'_M\neq\mu^*$（注意 $\mu\neq\mu^*$），这就意味着：对至少一个 m，有 $\mu(m)\leqslant_m\mu'_M(m)<_m\mu^*(m)$。但是 μ^* 是 M 偏好的最小稳定匹配（相对 μ），这就形成了矛盾。

最后，我们知道 μ'_M是偏好集 P'下男性最优的，此时应用破坏引理，便得到一个 P'下 μ 的破坏配对，它也在 P 下破坏 μ。令 $\mu=\mu'_M$，我们便在严格偏好假设下完成了证明。

为了在没有严格偏好假设的情况下证明该定理，我们需要一些额外的帮助。令 μ 成为非严格偏好 P 下的一个不稳定匹配，那么存在一种生序方法，以使严格偏好 P'与 P 在以下层面一致：每个在 P'下破坏 μ 的配对 (m,w) 也会在 P 下破坏 μ。[如果任何 x 在 P 下对于 $\mu(x)$ 和其他选择是无差异的，那么在 P'下，x 更偏好 $\mu(x)$。] 那么，在严格偏好 P'下应用原定理即可。

注意，如果 μ 不是个体理性的，某个人，比如一个男性 m，就会在 μ 下和一个不在他可接受女性序列里的女性配对，因此 $\bar{\mu}(m)>_m\mu(m)$ 对任何稳定的 $\bar{\mu}$ 都是成立的。

3.1.1 稳定匹配集合的格和代数结构

考虑一个在集合 L 上定义的偏序$\geqslant$，如果 a 和 b 属于 L 且 $a\geqslant b$，我们就说 a“优于或等于”b。类似地，如果 $a\leqslant b$，我们就说 a“劣于或等于”b。L 的一个子集 X 的上限（upper bound）a 是 L 中满足对 X 中的所有 x 都有 $a\geqslant x$ 这一条件的元素。sup X 表示 X 的最小上限（如果它存在的话）。通过“$\geqslant$”的反对称性（antisymmetry，即如果$a\geqslant b$且 $b\geqslant a$，则有 $a=b$）可知，如果 sup X 存在，那么它是唯一的。X 的下限（lower bound）可同样定义。inf X 表示 X 的最大下限（如果它存在的话）。同样，由于“$\geqslant$”的反对称性，如果 inf X 存在，那么它也是唯一的。

定义 3.6 格指的是一个偏序集合 L，其中任意两个元素 x 和 y 都有一个由$x\vee y$表示的“上确界”（sup），和一个由 $x\wedge y$ 表示的“下确界”（inf）。当 L 的每一个子集 X 都有上确界和下确界时，我们就说格 L 是完备的。

因此，任何非空完备格 L 都有一个最小元素 $\underline{x}$ 和一个最大元素 $\bar{x}$。

格中的运算$\wedge$和$\vee$与传统的乘法和加法有相似的性质：在很多格中，分配律 $x(y+z)=xy+xz$ 成立。

定义 3.7 当且仅当 $x\wedge(y\vee z)=(x\wedge y)\vee(x\wedge z)$ 且 $x\vee(y\wedge z)=(x\vee y)\wedge(x\vee z)$对 L 中的所有 x，y，z 都成立时，格 L 满足分配律（distributive）。

我们在定理 2.16 中说明了，稳定匹配集合是一个格。请读者自行验证定理 3.8。

定理 3.8（Conway） 当偏好是严格的时，定义在男性共同偏好上的稳定匹配集合是满足分配律的格，女性情况亦然。

正如我们所看到的，当我们最初讨论格定理的时候，稳定匹配集合的代数结构使我们得以发现市场参与人之间存在的矛盾和共同点。为了运用其他性质更多地了解市场，我们也许想知道什么样的格能形成稳定匹配集合。下面的定理说明，这样的研究思路并不会带来任何进一步的成果。我们仅陈述而不加以证明。

定理 3.9（Blair） 任何有限的、满足分配率的格都对应于某个婚姻市场的稳定匹配集合。

3.2　计算问题

在这一部分，我们转向讨论婚姻模型中的一些计算问题。为了使讨论相对简单，我们仅考虑所有偏好都是严格的这种情况。

在 3.2.1 节我们描述了一种用于计算婚姻问题中的每一个稳定匹配的算法（由 Irving 和 Leather 提出）。为了描述该算法，了解稳定匹配集合的一些性质是十分必要的。要列举稳定匹配，我们就要考虑稳定匹配之间的"连续"（consecutive）性：如果两个稳定匹配 μ 和 μ' 满足 $\mu >_M \mu'$ 且不存在稳定匹配 μ'' 使 $\mu >_M \mu'' >_M \mu'$，则被称作连续的。事实上，相比 μ' 更偏好 μ 的男性可以形成循环 $a_1, \cdots, a_r$，其中对 $i=1, \cdots, r$，总有 $\mu'(a_i)=\mu(a_{i+1})$（并且 $a_{r+1}=a_1$）。

使用"缩减"后的偏好序列来描述这样的循环较为容易：在原始偏好序列中剔除无法获得的配偶后的偏好序列。3.2.1 节第一部分介绍了这些序列和它们的性质。寻找全部稳定匹配的算法从 μ_M 开始，并通过格运算（用以识别生成每个连续匹配所必经的循环）向其他稳定匹配拓展，直到到达 μ_W。

在 3.2.2 节，我们转向一个相关的问题，即在一个有 n 个男性和 n 个女性的婚姻市场中，可能有多少个稳定匹配？我们会看到，稳定匹配的数量随着市场中参与人的数量增长以指数级增长。这意味着：对于有大量参与人的市场来说，实际计算每一个稳定匹配可能是不现实的。

然而在 3.2.3 节，我们又会发现，对所有可行配对（m，w）进行研究相对简单，因为任意一个从男性最优稳定匹配到女性最优稳定匹配的格都会包含所有的可行配对。

在 3.2.4 节，我们也会讨论一些关于稳定匹配集合的线性结构的最新成果。

3.2.1　计算所有稳定匹配的一种算法

在这一部分，如果 P 是一个偏好集合，那么用 $P(x)$ 表示参与人 x 的可接受配偶序列，其中 x 自己是最后一个元素。

由 μ_M 和 μ_W 的最优性可知，如果（m，w）是一个互相可接受的配对，并且 $w >_m \mu_M(m)$ 或 $m >_w \mu_W(w)$，那么 m 和 w 在任何稳定匹配中都不能与彼此配对。这告诉我们，可以对可接受配偶序列进行如下缩减，而不改变稳定匹配集合。对于所有 M 中的 m 和所有 W 中的 w：

第 1 步：在 m 的可接受女性序列中，删除所有优于 $\mu_M(m)$ 的 w。在 w 的可接受男性序列中，删除所有优于 $\mu_W(w)$ 的 m。

这样，$\mu_M(m)$ 就会是 m 的缩减序列中的第一个，$\mu_W(w)$ 就会是 w 的缩减序列中的第一个。

由于 μ_M 给每个女性匹配了最差可接受男性（并且 μ_W 给每个男性匹配了最差可接受女性），如果 m 和 w 在某个稳定匹配下与彼此配对，那么 (m,w) 就是一个互相可接受的配对，我们可以进行以下步骤：

第 2 步：在 w 的可接受男性序列中，删除所有差于 $\mu_W(w)$ 的 m。在 m 的可接受女性序列中，删除所有差于 $\mu_W(m)$ 的 w。

此时，$\mu_M(w)$ 就会是 w 的缩减序列中的最后一个，$\mu_W(m)$ 也会是 m 的缩减序列中的最后一个。

第 3 步：经过第 1 步和第 2 步，如果 m 不被 w 接受（即 m 不在 w 变更后的可接受男性序列里），那么就把 w 从 m 的可接受女性序列中删除。同样，如果 w 不被 m 接受，那么就把 m 从 w 的可接受男性序列中删除。

这样，在第 3 步后，当且仅当 w 可被 m 接受时，m 可被 w 接受。

总的来说，如果 μ 是任意一个稳定匹配，那么当我们用 μ 代替 μ_M 进行第1～3 步所描述的缩减过程时，所得集合叫作原始市场的“缩减序列集合”(profile of reduced list)，用 $P(\mu)$ 表示。

通过对 $P(\mu)$ 的构建可以很清楚地看到：

(1) $\mu(m)$ 是 $P(\mu)(m)$ 中的第一个，$\mu(w)$ 是 $P(\mu)(w)$ 中的最后一个；$\mu_W(m)$ 是 $P(\mu)(m)$ 中的最后一个，$\mu_W(w)$ 是 $P(\mu)(w)$ 中的第一个。

(2) μ 是 $P(\mu)$ 下的男性最优稳定匹配，μ_W 是 $P(\mu)$ 下的女性最优稳定匹配。

(3) 在 $P(\mu)$ 下，m 对 w 来说是可接受的，当且仅当 w 对 m 来说是可接受的。

(4) 如果一个参与人是市场另一方某参与人唯一可接受的配偶，那么他/她就不会被任何其他人接受。

此外，如果 m 和 w 在原偏好下是互相可接受的，但是他们不在 $P(\mu)$ 下彼此的序列里，那么

(5) $w >_m \mu(m)$ 或 $\mu(w) >_w m$ 或 $\mu_W(m) >_m w$ 或 $m >_w \mu_W(w)$。

(6) 如果μ'在原偏好下是稳定的，并且有$\mu \geqslant_M \mu'$，那么$\mu'(m) \in P(\mu)(m)$且$\mu'(w) \in P(\mu)(w)$。

命题 3.10　如果μ'是一个匹配，那么当且仅当μ'在原偏好下稳定且满足$\mu \geqslant_M \mu'$时，μ'在$P(\mu)$下是稳定的。

证明： 如果μ'在$P(\mu)$下是稳定的，那么由(1)有$\mu \geqslant_M \mu'$。如果(m, w)在原偏好下破坏μ'，那么有$m >_w \mu'(w) \geqslant_w \mu(w)$，因为$\mu'(w) \in P(\mu)(w)$且$\mu(w)$在$P(\mu)(w)$下是最不被偏好的。因此$m >_w \mu(w)$，这是因为$\mu(m) >_m w$，否则$(m, w)$就会破坏$\mu$。根据(5)，在$P(\mu)(m)$下$w$对$m$来说是可接受的，并且在$P(\mu)(w)$下$m$对$w$来说是可接受的——这意味着$(m, w)$在$P(\mu)$下破坏了$\mu'$，与假设矛盾。另一个方向的证明可以直接从(6)得出。

命题 3.11　令$P(\mu)$是一个在$(M, W; P)$市场上的缩减序列集合。如果对于每个M中的m来说，$P(\mu)(m)$至多包含一个可接受的女性，那么μ就是关于$(M, W; P)$的女性最优稳定匹配。

证明： 可以从对于M中的所有$_m\mu_W(m)$是$P(\mu)(m)$的最后一个元素这一性质直接得出。

定义 3.12　男性集合$\{a_1, \cdots, a_r\}$是定义在某个缩减序列集合$P(\mu)$上的循环，如果

(1) 对$i=1, \cdots, r-1$，$P(\mu)(a_i)$中排第二的女性是$\mu(a_{i+1})$［即在$P(\mu)(a_{i+1})$中排第一的女性］；

(2) $P(\mu)(a_r)$中排第二的女性是$\mu(a_1)$［即在$P(\mu)(a_1)$中排第一的女性］。

我们用$\sigma=(a_1, \cdots, a_r)$表示这样一个循环，并且我们说，对任意$i=1, \cdots, r$，$a_i$生成了循环$\sigma$。［设想在$\mu(a_i)$匹配中，要求循环中的每个男性$a_i$都指出自己偏好中仅次于目前妻子的女性的现任丈夫。］

显然，只有当$P(\mu)(m)$包含多于一个可接受的女性时，循环才能出现。在这种情况下，很容易找到一个循环。令p_1为使$P(\mu)(p_1)$包含不止一位女性的任一男性。之后依照下述方法构建一个有向图，其节点(nodes)是$M \cup W$：

> 如果女性q_{i+1}在$P(\mu)(p_i)$中排第二位，则从p_i到q_{i+1}生成一条有向弧。

如果男性 p_i 在 $P(\mu)(q_i)$ 中排最后一位，则从 q_i 到 p_i 生成一条有向弧［即 $\mu(q_i)=p_i$］。

这个图最终会封闭（当某个 q_s 或 p_s 再次出现的时候），这时我们就会得到一个循环。若要明白这一点，想象此图在某个之前未到达过的 q_i 停下。那么 q_i 在 μ 下就是单身，并且在 $P(\mu)$ 下，她的可接受男性序列是空的。但 q_i 是从 p_{i-1} 到达的，在缩减序列的构建中，这意味着 $p_{i-1}\in P(\mu)(q_i)$，这便产生了矛盾。

类似地，如果该曲线在某个之前未到达过的 p_i 处停止，那么 $P(\mu)(p_i)$ 中就不存在第二个女性。因此 $\mu(p_i)=\mu_W(p_i)=q_i$，并且 $P(\mu)(q_i)$ 中唯一可接受的男性是 p_i。因此 $q_i\notin P(\mu)(p_{i-1})$，且 q_i 不可能从 p_{i-1} 处到达。

我们已经证明了以下命题：

命题 3.13 令 $P(\mu)$ 是一个 (M,W,P) 上的缩减序列集合，当且仅当 $P(\mu)(m)$ 对某个 m 有不止一个可接受女性时，存在一个关于 $P(\mu)$ 的循环。

如果 $P(\mu)(m)$ 有不止一个可接受女性，那么该命题表明，存在某个男性生成了一个循环。正如下例所述，生成循环的男性不一定是 m：$P(\mu)(m_3)$ 包含了两个女性，但是 m_3 没有生成循环。$P(\mu)$ 中唯一的循环是 $\sigma=(m_1,m_2)$。

$$
\begin{array}{ll}
P(m_1)=w_1,w_2,w_3 & P(w_1)=m_2,m_1 \\
P(m_2)=w_2,w_1 & P(w_2)=m_3,m_1,m_2 \\
P(m_3)=w_3,w_2 & P(w_3)=m_1,m_3
\end{array}
$$

假设 μ 是一个稳定匹配，并且 $\sigma=(a_1,\ \cdots,\ a_r)$ 是一个 $P(\mu)$ 的循环。那么我们可以定义一个匹配 μ'：

$$
\begin{aligned}
&\mu'(a_i)=\mu(a_{i+1}),\quad \text{对所有 } i=1,\cdots,r-1 \\
&\mu'(a_r)=\mu(a_1) \\
&\mu'(m)=\mu(m),\quad \text{对所有不在 } \sigma \text{ 中的 } m
\end{aligned}
$$

我们称 μ' 为一个“$P(\mu)$ 之下的循环匹配”［cyclic matching under $P(\mu)$］。

命题 3.14 令 $P(\mu)$ 是一个缩减序列集合，如果 μ' 是 $P(\mu)$ 下的一个循环匹配，那么 μ' 在原偏好下是稳定的。

证明： 由命题3.10已经足够说明，μ'在$P(\mu)$下是稳定的。反之，假设存在一个破坏配对(m,w)，令σ为与μ'相关联的循环，那么必有$m\in\sigma$，否则m被匹配给他在μ'下的第一选择，且(m,w)不会是一个破坏配对。之后由于$w>_m\mu'(m)$，并且$\mu'(m)$是m在$P(\mu)(m)$下的第二选择，所以$w=\mu(m)$。但此时相比m，w更偏好$\mu'(w)$，因为m是她的最后一个选择，这就产生了矛盾。

该算法现在可以表述为：

第1步：获得μ_M和μ_W（通过采用延迟接受算法），还有$P(\mu_M)$。

第k步：对于步骤$(k-1)$中获得的每一个缩减序列集合P'，找到所有对应的循环，并且在P'下获得每个循环对应的周期性匹配。然后对每一个周期性匹配μ，获得它的缩减序列集合$P(\mu)$。

可以清楚地看到，该算法在有限的步骤后停止。我们有：

命题3.15　算法将在步骤t停止的充要条件是：在此步仅得到一个缩减序列集合，且男性的可接受女性序列里至多有一个女性。

证明： 如果算法在第t步停止，则意味着在这一步获得的每一个缩减序列集合都没有循环，否则，t就不会是最后一步。那么，由命题3.13可知，在男性的可接受女性序列里至多有一个女性。另外，命题3.11表明，在每个缩减序列集合①下生成的男性最优稳定匹配必然是在原偏好序列集合下的女性最优稳定匹配。因此，这些集合必然是一样的。

引理3.16　令$P(\mu)$是(M,W,P)上的缩减序列集合，μ'是$P(\mu)$上的一个稳定匹配。如果$\mu\neq\mu'$，那么在$P(\mu)$下存在一个周期性匹配μ''，满足$\mu''\geqslant_M\mu'$。

证明： 如果$\mu\neq\mu'$，那么因为μ是$P(\mu)$下的男性最优稳定匹配，则存在某个M中的m'，满足$\mu(m')>_{m'}\mu'(m')\geqslant_{m'}m'$。由定理2.22可知，$\mu'(m')$是在$W$中，因此$P(\mu)(m')$中有不止一个可接受女性。由命题3.13，我们可以通过以下序列找到一个$P(\mu)$的循环σ：

$$P_1=m',\quad q_1=\mu(p_1)$$

对所有$i>1$，有

① 指那些全部男性的可接受女性序列里至多有一个女性的缩减序列集合。——译者注

$q_i = P(u)(P_{i-1})$中第二个可接受的女性

$p_i = \mu(q_i)$

因为对所有 $m \notin \sigma$，均有 $\mu''(m)=\mu(m) \geqslant \mu'(m)$，我们只需证明：对所有的 $m \in \sigma$，有 $\mu''(m) \geqslant_m \mu'(m)$。它和证明对所有 σ 中的 m 满足 $\mu(m) >_m \mu'(m)$ 是等价的。我们将证明，这对于序列中所有的 p_i 都成立，否则令 p_i 为序列中第一个满足 $q_i = \mu(p_i) = \mu'(p_i)$ 的男性。由 p_i 的定义，有 $p_i \neq p_1$，且相比 p_i，q_i 更偏好 p_{i-1}。由 μ' 的稳定性可得出，相比 q_i，p_{i-1} 必定更偏好 $\mu'(p_{i-1})$。但是 q_i 是 $P(\mu)(p_{i-1})$ 中的第二个，因此 $\mu'(p_{i-1}) = \mu(p_{i-1})$，这与先前假设 p_i 是第一个满足此条件的男性矛盾。因此，对序列中所有的 p_i，特别是对 σ 中所有的 m，有 $\mu(p_i) >_{p_i} \mu'(p_i)$。

定理 3.17 如果 μ 是原偏好下的稳定匹配，并且 $\mu \neq \mu_M$，那么 μ 在算法的某些步骤里，是某个缩减序列集合的循环匹配。

证明： 假设 μ 不是循环匹配，并且 $\mu_M \neq \mu$。由引理 3.16，此时在 $P(\mu_M)$ 下，存在一个循环匹配 μ_1，使 $\mu_M >_M \mu_1 >_M \mu$。而由命题 3.10 可得，μ 在 $P(\mu_1)$ 下是稳定的。我们可以再次运用引理 3.16，在 $P(\mu_1)$ 下得到一个循环匹配 μ_2，使 $\mu_1 >_M \mu_2 >_M \mu$，等等。因为稳定匹配的数量是有限的，序列 $\mu_M >_M \mu_1 >_M \mu_2 >_M \cdots$ 有一个最小元素 μ_k，且 $\mu_k >_M \mu$。之后我们可以运用与之前一样的推理，得到一个更小的循环匹配 μ_{k+1}，这便产生了矛盾。

命题 3.14、引理 3.16 和定理 3.17 说明，算法每一步得到的任意缩减序列 $P(\mu)$ 上的匹配，都是在稳定匹配格中与 μ 连续的稳定匹配。也就是说，如果 μ 和 μ' 是连续的稳定匹配，那么存在一个由相比 μ' 更偏好 μ 的男性子集构成的循环 σ，并且在 $P(\mu)$ 下，μ' 将每个 σ 中男性都与他的第二选择相匹配（也可参见定理 3.20 的证明）。注意，一个给定的稳定匹配可能在计算过程中被重复生成。例如，在例 2.17 中，$P(\mu_2)$ 和 $P(\mu_3)$ 都可以生成循环匹配 μ_4（详见该例）。为清楚起见，我们用这种方式介绍算法。显然，为了使计算过程最优，大多数重复计算应当被剔除。

3.2.2 稳定匹配的数量

在这一部分，我们想要研究稳定匹配的最大可能数量是如何随男性和女性数量的变化而变化的。因此，我们定义规模为 n 的婚姻市场（M, W, P_n）包括 n 个男性和 n 个女性。当 n 增加时，稳定匹配的最大数量也会以指数形式增长。定理3.19表明了当n是2的指数倍时的情况。

引理3.18 (Irving and Leather) 若在稳定婚姻问题中，规模为n的市场(M,W,P_n)有$g(n)$个稳定匹配，且每一对组合(m,w)都是互相可接受的。那么存在一个规模为$2n$的市场(M^*,W^*,P_{2n}^*)，它至少有$2[g(n)]^2$个稳定匹配。

证明： 令(M,W,P_n)中$M=\{m_1, \cdots, m_n\}$，$W=\{w_1, \cdots, w_n\}$。构建一个“同构的”(isomorphic) 市场(M', W', P'_n)，其中$M'=\{m_{n+1}, \cdots, m_{2n}\}$，$W'=\{w_{n+1}, \cdots, w_{2n}\}$，满足：如果对某些$i\leqslant n$，$w_j >_{m_i} w_k$，那么$w_{j+n} >_{m_{i+n}} w_{k+n}$，并且如果对某些$i\leqslant n$，$m_j >_{w_i} m_k$，那么$m_{j+n} >_{w_{i+n}} m_{k+n}$。于是两个市场有相同数量的稳定匹配。下面将构建一个大小为$2n$的市场(M^*, W^*, P_{2n}^*)：$M^*=\{m_1, \cdots, m_{2n}\}$，$W^*=\{w_1, \cdots, w_{2n}\}$，对$i\leqslant n$，在$m_i$(或$m_{i+n}$)的偏好序列最后续上$m_{i+n}$(或$m_i$)的偏好序列；对$i\leqslant n$，在$w_i$(或$w_{i+n}$)的偏好序列前插入$w_{i+n}$(或$w_i$)的偏好序列。

令μ和μ'分别为(M,W,P_n)和(M',W',P'_n)上的稳定匹配。因为每个组合(m,w)都是互相可接受的，在μ或μ'中没有男性或者女性是单身。令μ_1为一个在(M^*, W^*, P_{2n}^*)上的匹配，定义如下：

$$\mu_1(m)=\mu(m),\ 若\ m\in M$$
$$\mu_1(m)=\mu'(m),\ 若\ m\in M'$$

那么μ_1是稳定的：由于μ(或μ')在$M\times W$(或$M'\times W'$)上是稳定的，因此不存在能够破坏μ_1的组合(m, w)。更进一步地，不存在能够导致不稳定的单身个体，因为任何人相比单身都更偏好自己的配偶。

通过类似的方式，我们可以得到另一个(M^*,W^*,P_{2n}^*)上的稳定匹配μ_2：

$$\mu_2(w_i)=\mu'(w_{i+n}),\ 若\ i\leqslant n$$
$$\mu_2(w_i)=\mu'(w_{i-n}),\ 若\ i\geqslant n$$

因此，将(M,W,P_n)和(M,W,P'_n)上的$g(n)$个稳定匹配独立代入μ和μ'，我们便获得了$2[g(n)]^2$个(M^*,W^*,P_{2n}^*)上的稳定匹配。

定理3.19 (Irving and Leather) 对于每一个$i\geqslant 0$，存在一个规模为$n=2^i$的市场(M,W,P_n)，其中至少存在2^{n-1}个稳定匹配。

证明： 规模为1的婚姻市场当然只有一个稳定匹配。从它开始反复运用引理3.18时便可以构建一个婚姻市场的序列，包括定理所述情况。如果

$g(n)$ 表示如此产生的规模为 n 的婚姻市场中稳定匹配的数量，那么我们有

$$g(n) \geqslant 2\{g(n/2)\}^2, \quad g(1)=1$$

代入便可得出定理的结论。

注意，Knuth 用来说明格定理的例子（例 2.17）是按照说明引理 3.18 的规则构建的。

3.2.3 找到所有的可行配对

在这一部分，我们给出一种方法来找到所有的可行配对（achievable pairs）。可行配对是指出现在某个稳定匹配中的配对 (m, w)。算法如下：

第 1 步：通过延迟接受过程，找到 μ_M，μ_W 和 $P(\mu_M)$。

第 k 步：为每个（$k-1$）步得到的缩减序列集合 P' 找到一个对应的循环（如果没有则停止）和对应的循环匹配 μ。然后获得新的缩减序列集合 $P(\mu)$。

观察发现，在算法的每一步（除了最后一步），我们都获得了正好一个循环匹配，与之相对，在之前的算法里，我们获得了不止一个循环匹配。

显然，该算法在有限的步骤之后停止，命题 3.15 成立。由命题 3.11 和命题 3.13 可知，在最后一步，我们获得女性最优稳定匹配。现在我们要证明，借助此算法我们获取了所有的可行配对。

定理 3.20（Gusfield） 令 $\mu_M=\mu_0>_M\mu_1>_M\mu_2>_M\cdots>_M\mu_t=\mu_W$ 为所述算法获得的稳定匹配序列。那么每个可行配对都至少会出现在此序列的一个匹配中。

证明： 对所有的 $i=0$，…，$t-1$，μ_i 和 μ_{i+1} 之间不存在稳定匹配 μ。[如果不成立，那么对某个 $i=0$，…，$t-1$，就会存在某个稳定匹配 μ 和某个 m，满足 $\mu_i(m)>_m\mu>_m\mu_{i+1}(m)$，且 $\mu_i>_M\mu>_M\mu_{i+1}$。由命题 3.10 可知，μ 在 $P(\mu_i)$ 下是稳定的，因此 $\mu(m)$ 在 $P(\mu_i)$ 下是可被 m 接受的。但之后推知 $\mu_{i+1}(m)$ 既不是 m 在 $P(\mu_i)$ 下的第一选择，也不是第二选择，这与 μ_{i+1} 的定义矛盾。]

令 μ_i 和 μ_{i+1} 为序列中连续的稳定匹配，并且令 m 满足 $\mu_i(m)=w_i\neq w_{i+1}=\mu_{i+1}(m)$。自然，相比 w_{i+1}，男性 m 更偏好 w_i。再令 w 是满足 $w_i>_m w>_m w_{i+1}$ 的女性。如果存在一个稳定匹配 μ 满足 $\mu(m)=w$，那么在 $>_M$

的定义下 $\mu'=\min\{\mu_i, \max\{\mu, \mu_{i+1}\}\}$（即 $\mu'=\mu_i \wedge \{\mu \vee \mu_{i+1}\}$）也是一个稳定匹配，其中 $\mu'(m)=w$。此时，μ' 与 μ_i 和 μ_{i+1} 都不同，且 $\mu_i >_M \mu' >_M \mu_{i+1}$，这与 μ_i 和 μ_{i+1} 之间没有稳定匹配矛盾。

下面介绍定理的含义。考虑在 $>_M$ 定义下所有稳定匹配的格构成的图：如果 $\mu >_M \mu'$ 且 μ_i 和 μ'_{i+1} 之间没有稳定匹配，则存在一条从 μ 到 μ' 的弧。那么，从 μ_M 到 μ_W 的任何路径上的匹配都包含了所有的可行配对。

图 3.1 再次展示了 Knuth 在例 2.17 中给出的婚姻问题中所有稳定匹配格的图。之前的论证很容易。其中，第 i 个数字表示的是在该匹配中与男性 i 配对的女性的编号。

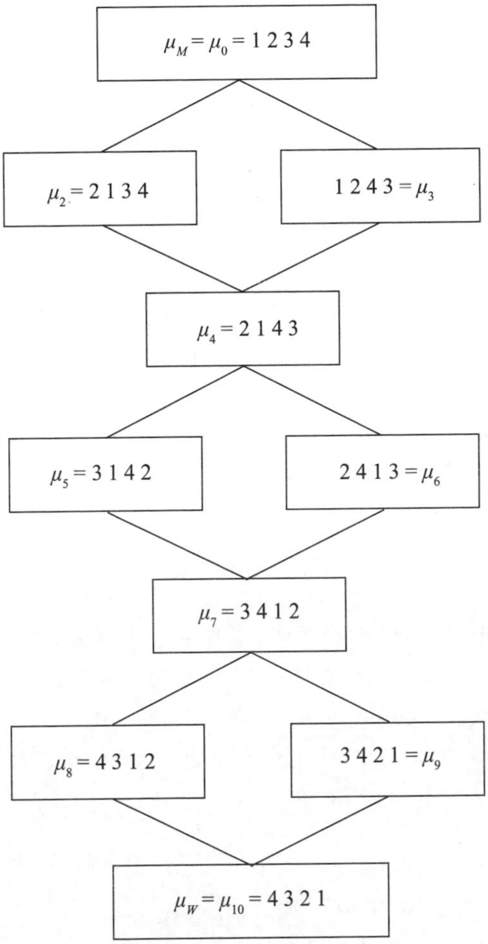

图 3.1

3.2.4 稳定匹配集合的线性结构

本节论证了一个惊人的结果：稳定匹配集合可以用一个简单线性约束系统的解集中的极值点表示。

为了简单起见，我们考虑一个特殊的情况，即 $|M|=|W|$ 且每一组 (m,w) 是相互可接受的，所有的偏好都是严格的。因此，在任何稳定匹配中，每一个男性都与一个女性相互匹配。令匹配 μ 的结构(configuration)是一个由 0 和 1 组成的矩阵 x，如果 $\mu(m)=w$，则 $x_{mw}=1$，否则 $x_{mw}=0$。如果 x 是某个匹配 μ 的结构，我们有时将匹配本身简称为 x。

接下来，我们考虑 $|M|\times|W|$ 维非整数矩阵 x，也就是说矩阵可能不是任何匹配的结构。我们使用符号 $\sum_i x_{iw}$ 表示 M 中所有 i 项的和，用 $\sum_j x_{mj}$ 表示 W 中 j 项的和，用 $\sum_{j>_m w} x_{mj}$ 表示 W 中那些男性 m 更偏好女性 w 的 j 项的和，用 $\sum_{i>_w m} x_{iw}$ 表示 M 中那些女性 w 更偏好男性 m 的 i 项的和。

借助这些符号，我们能用结构来描绘稳定匹配的特征。

定理 3.21 (Vande Vate) 当且仅当结构 x 是满足下列约束条件的 $|M|\times|W|$ 维整数矩阵时，匹配才是稳定的：

(1) 对于所有 M 中的 m，有 $\sum_j x_{mj}=1$；

(2) 对于所有 W 中的 w，有 $\sum_i x_{iw}=1$；

(3) 对于所有 M 中的 m 和所有 W 中的 w，有 $\sum_{j>_m w} x_{mj}+\sum_{i>_w m} x_{iw}+x_{mw}\geqslant 1$；

(4) 对所有 M 中的 m 和所有 W 中的 w，有 $x_{mw}\geqslant 0$。

约束条件 (1) (2) (4) 表明：如果 x 是整数矩阵，那它是一个匹配，即它的元素是 0 和 1，并且每一方的参与人都必须与对方的一个参与人匹配。易证得，约束条件 (3) 与不存在破坏配对等同。[为了认清这一点，注意如果 x 是一个匹配，即由 0 和 1 组成的矩阵满足 (1) (2) (4)，那么只有当 $\sum_{j>_m w} x_{mj}=\sum_{i>_w m} x_{iw}=x_{mw}=0$ (此时 m，w 组成了一个破坏配对) 时，(3) 才对某些 m 和 w 不成立。]

因此，当且仅当 x 满足条件 (1) ～ (4) 时，一个 $|M|\times|W|$ 维整数矩阵 x 才是一个稳定匹配结构。当然，一般情况下也存在无数组满足条件

(1)～(4) 的非整数解，但它们都不是匹配。然而，我们可以把它们视为"部分匹配"(fractional matching)，其中 x_{mw} 代表一种类似于男性 m 和女性 w 之间匹配的时间比例或概率的概念。

凸集 C 的"极值点"(extreme point) x 要求 C 中不存在不同于 x 的 y 和 z，使得当 $0<\alpha<1$ 时，$x=\alpha y+(1-\alpha)z$。

令人吃惊的是，满足 (1)～(4) 的所有解，即稳定匹配，同时正好是凸多面体 (convex polyhedron) 的极值点。因此，我们有了如下的结果。

定理 3.22 (Vande Vate)　令 C 为满足线性约束条件 (1)～(4) 的凸多面体，那么 C 的整数解点恰好是它的极值点。也就是说，线性约束条件 (1)～(4) 的极值点恰好与稳定匹配一致。

众所周知（见 Birkhoff 的定理），约束条件 (1)(2)(4) 的整数解即由这三个条件确定的集合的极值点。[假设当 $0<\alpha<1$ 时，存在整数解 x 满足 $x=\alpha y+(1-\alpha)z$。由于每个 x_{ij} 取 0 或 1，所以 $M\times W$ 中的每一对 i，j 都满足 $y_{ij}=z_{ij}=x_{ij}$，因此 $y=z=x$，x 是极值。] 约束条件 (1)～(4) 确定的集合 C 是约束条件 (1)(2)(4) 确定的集合的子集，因此它的整数解也是集合 C 的极值点。接下来需要说明的是，集合 C 的每一个极值点都是整数解，也就是 0 和 1 的矩阵。

接下来是 Rothblum 给出的证明（Vande Vate 的原始版本更加复杂）。

令 x 是满足条件 (1)～(4) 的任意矩阵（不一定是整数矩阵）。对 M 中的任意 m，分别定义 $\bar{x}(m)$ 和 $\underline{x}(m)$ 为集合 {W 中满足 $x_{mw}>0$ 的 w} 中 m 最偏好的和最不偏好的元素。类似地，对 W 中的每个 w，分别定义 $\bar{x}(w)$ 和 $\underline{x}(w)$ 为被 x 以正概率与 w 匹配的男性集合中最偏好的和最不偏好（定义在 w 的偏好 $>_w$ 上）的男性。

注意当且仅当 M 中的所有 m 都满足 $\bar{x}(m)=\underline{x}(m)$ 时，或者对等地，当且仅当 W 中的所有 w 都满足 $\bar{x}(w)=\underline{x}(w)$ 时，x 是整数矩阵。

下面两个关于部分匹配的引理使我们回想起分解引理。

引理 3.23 (Rothblum)　令 x 为一个满足 (1)～(4) 的 $|M|\times|W|$ 维矩阵。那么

(5) 若 $w \geqslant_m \bar{x}(m)$，则 $m \leqslant_w \underline{x}(w)$；

(6) 当且仅当 $m=\underline{x}(w)$ 时，$w=\bar{x}(m)$。

进一步地，如果

(7) $\sum_{j>_m w} x_{mj} + \sum_{i>_w m} x_{iw} + x_{mw} = 1$，

则（5）反着推也成立。

因为我们现在考虑的婚姻市场在男性和女性之间是对称的，所以一旦我们证明了前面的结论，我们就会得到对称的结果，只要将 M 和 W 的角色交换即可。

引理 3.24（Rothblum） 设 x 为一个满足（1）～（4）的 $|M|\times|W|$ 维矩阵，那么

（8）若 $m \underset{w}{\geqslant} \bar{x}(w)$，则 $w \underset{m}{\leqslant} \underline{x}(m)$；

（9）当且仅当 $w=\underline{x}(m)$ 时，$m=\bar{x}(w)$。

更进一步地，如果（7）成立，那么（8）反着推也成立。

引理 3.23 的证明： 如果 $w \geqslant_m \bar{x}(m)$，则对所有的 $j >_m w$，都有 $x_{mj}=0$，因此 $\sum_{j >_m w} x_{mj}=0$。此时（3）表明 $\sum_{i <_w m} x_{iw}+x_{mw} \geqslant 1$，因此（2）和（4）表明 $\sum_{i <_w m} x_{iw}=0$，这就证明了（5）。

下面我们证明（6）。先证明充分性。令 $w=\bar{x}(m)$，则有 $x_{mw}>0$，因此有 $m \geqslant_w \underline{x}(w)$。而(5)又要求 $m \leqslant_w \underline{x}(w)$ 且偏好是严格的，所以有 $m=\underline{x}(w)$。

注意映射 $\bar{x}$：$M \rightarrow W$ 是一对一的，因为如果 $w=\bar{x}(m_1)=\bar{x}(m_2)$，那么就有 $m_1=m_2=\underline{x}(m)$。因为 $|M|=|W|$，所以此映射也是满射。

下面证明必要性。令 $m=\underline{x}(w)$。那么存在一个 m' 满足 $w=\bar{x}(m')$（因为映射 $\bar{x}$ 是满射），并且借助(6)中已经证明了的结论，有 $m'=\underline{x}(w)=m$。因此 $w=\bar{x}(m)$，（6）得证。

证明引理中最后一条。由定义可知，$m \leqslant_w \underline{x}(w)$ 意味着 $\sum_{i <_w m} x_{iw}=0$，因此 $\sum_i x_{iw}=\sum_{i >_w m} x_{iw}+x_{mw}=1$。但是，由于 $\sum_{j >_m w} x_{mj}+\sum_{i >_w m} x_{iw}+x_{mw}=1$，因此 $\sum_{j >_m w} x_{mj}=0$，即 $w \geqslant_m \bar{x}(m)$。证毕。

我们现在来证明定理 3.22。

定理 3.22 的证明： 定理中还需证明的是 C 的每个极值点都是整数。因此，令 x 是 C 的一个极值点，并且在 M 中的每个 m 和 W 中的每个 w 上，定义 $|M|\times|W|$ 维矩阵 $\bar{z}$、$\underline{z}$ 和 z 如下：

$$\bar{z}_{mw}=\begin{cases}1, w=\bar{x}(m)\\0, \text{其他}\end{cases}$$

$$\underline{z}_{mw}=\begin{cases}1, w=\underline{x}(m)\\ 0,\text{其他}\end{cases}$$

$$z_{mw}=\bar{z}_{mw}-\underline{z}_{mw}$$

注意，引理3.23和引理3.24表明，当且仅当$m=\underline{x}(m)$时，$\bar{z}_{mw}=1$；当且仅当$m=\bar{x}(w)$时，$\underline{z}_{mw}=1$。

因此，对于M中的所有m，都有$\sum_j \bar{z}_{mj}=\sum_j \underline{z}_{mj}=1$，并且对$W$中的所有$w$都有$\sum_i \bar{z}_{iw}=\sum_i \underline{z}_{iw}=1$，根据$z$的定义，我们可以得到：

(10) 对于M中的所有m和W中的所有w，有$\sum\limits_i z_{iw}=\sum\limits_j z_{mj}=0$。

(11) 如果$x_{mw}=0$，那么$z_{mw}=0$(因为$\bar{z}_{mw}=\underline{z}_{mw}=0$)。

我们接下来证明，对于足够小的正δ，$x+\delta z$和$x-\delta z$满足(1)～(4)。由于对所有的δ均有$x=[(1/2)x+\delta z+(1/2)x-\delta z]$，因此$X$是一个极值点意味着$x+\delta z=x-\delta z=x$，即$z=0$。但这也意味着$\bar{z}=\underline{z}$，即对所有$M$中的$m$有$\bar{x}(m)=\underline{x}(m)$。因此$x$是整数。

条件(10)和(11)说明了在δ足够小的情况下，矩阵$x\pm\delta z$满足约束条件(1)(2)(4)。为了说明(3)也成立，我们需要对M中的所有m和W中的所有w，有：

(12) 如果$\sum\limits_{j>_m w} x_{mj}+\sum\limits_{i>_w m} x_{iw}+x_{mw}=1$，那么$\sum\limits_{j>_m w} z_{mj}+\sum\limits_{i>_w m} z_{iw}+z_{mw}=0$。

我们假设对于某个m和w，(12)中第一个式子左边的和等于1，即$\sum\limits_{j>_m w} x_{mj}+\sum\limits_{i>_w m} x_{iw}+x_{mw}=1$，并且通过三个例子，证明(12)中第二个式子左边的和等于0，即$\sum\limits_{j>_m w} z_{mj}+\sum\limits_{i>_w m} z_{iw}+z_{mw}=0$。

首先假设$w\geqslant_m \bar{x}(m)$，那么

$$\sum_{j>_m w} \bar{z}_{mj}=0$$

并且因为$w\geqslant_m \bar{x}(m)\geqslant_m \underline{x}(m)$，所以

$$\sum_{j>_m w} \underline{z}_{mj}=0$$

但是根据引理3.23，由$w\geqslant_m \bar{x}(m)$可推出$m\leqslant_w \underline{x}(w)\leqslant_w \bar{x}(w)$，因此[当且仅当$i=\underline{x}(w)$时$\bar{z}_{iw}=1$成立；当且仅当$i=\bar{x}(w)$时$\underline{z}_{iw}=1$成立]，

$$\sum_{i>_w m}\bar{z}_{iw}+\bar{z}_{mw}=\bar{z}_{\underline{x}(w),w}=1 \text{ 且}$$

$$\sum_{i>_w m}\underline{z}_{iw}+\underline{z}_{mw}=\underline{z}_{\bar{x}(w),w}=1\text{。}$$

由于 $z=\bar{z}-\underline{z}$，前面四个等式直接可以推出（12）中第二个式子左边的和等于 0。因此，（12）在 $w\geqslant_m\bar{x}(m)$ 的情况下成立。[注意，在此证明中我们不需要假设（12）中第一个式子左边的和等于 1。]

在 $w\leqslant_m\underline{x}(m)$ 的情况下需指出：由于（12）中第一个式子左边的和等于 1，引理 3.24 表明，$m\geqslant_w\bar{x}(w)$，现在只要交换 m 和 w 的位置，我们之前的论证即可直接证明（12）。

最后的情况是，$\underline{x}(m)<_m w<_m\bar{x}(m)$。那么，

$$\sum_{j>_m w}\bar{z}_{mj}=1 \text{ 且 } \sum_{j>_m w}\underline{z}_{mj}=0$$

由于（12）中第一个式子左边的和为 1，引理 3.23 表明 $\underline{x}(w)<_w m$。由于 $\underline{x}(m)<_m w$，引理 3.24 表明 $m<_w\bar{x}(w)$。因此[因为当且仅当 $i=\underline{x}(m)$ 时 $\bar{z}_{iw}=1$ 成立，并且当且仅当 $i=\bar{x}(m)$ 时 $\underline{z}_{iw}=1$ 成立]，

$$\sum_{i>_w m}\bar{z}_{iw}=0 \text{ 且 } \sum_{i>_w m}\underline{z}_{iw}=1$$

因为 $\bar{z}_{mw}=\underline{z}_{mw}=0$，之前四个等式和定义 $z=\bar{z}-\underline{z}$ 表明（12）中第二个式子左边之和等于 0。证毕。

注意定理 3.22 的一个结论是：满足线性目标函数最大化条件的稳定匹配可以通过线性规划计算出来。（例如，找出使 $c_{mw}x_{mw}$ 函数形式加总值最大化的 m 和 w 形成的稳定匹配就是一个线性规划问题，其中 c_{mw} 是 m 在 w 中排序和 w 在 m 中排序的函数。）这看上去可能会鼓励某种集中规划的引入。然而，正如我们可能会看到的，这个展望基本是一个幻觉。它遇到的问题是计划者所需的信息是每个参与人的偏好序列，并且通常只能通过直接询问得到。我们将在下一章看到，理论证明，在这类规划问题中，参与人会有激励不向计划者透露真实信息，并且经验研究表明，参与人的行为确实遵从这样的激励。实际上，目前关于匹配的理论和经验研究中，一个重要结果是任何匹配过程给参与人的激励都会极大地影响最终的结果。如我们将在下一章见到的，稳定的重要性便是来源于这些激励约束。

3.3　文献指南

定理3.4来源于Demange，Gale和Sotomayor（1987）。一些相关的结论来自Demange（1987）。引理3.5，即破坏引理的表述由J. S. Hwang完成，Gale和Sotomayor（1985a）为它提供了两种证明方式，正如本书所呈现的。定理3.8由Knuth（1976）提出。Blair在他1984年的论文中提出婚姻博弈的核包括了全部满足分配率的格（即定理3.9），更精炼的结果由Gusfield，Irving，Leather和Saks（1987）给出。[格理论的介绍可以参考Birkhoff（1973）。]

Shapley和Scarf（1974）以及Roth和Postlewaite（1977）研究了住房市场的核，该市场涉及不可分割物品的交换，与之相关的问题介于室友选择问题和婚姻问题之间。在其模型中，每个人都拥有一单位不可分割的物品，并且其偏好包含所有物品。每一个结果都是一个类似人和物品的匹配。Shapley和Scarf展示了这个市场的核非空，Roth和Postlewaite进而展示了当具有严格偏好时，由弱占优（见5.7节）定义的核包含着一种符合竞争性分配的点。这个模型的博弈论结构源自如下事实：人们进入市场时拥有一件物品，如果没有得到更好的物品，人们会选择继续持有原物品。在将个人分配到某一职位的问题中，个人在初始条件下并不拥有任何职位，Gale（1968），Gardenfors（1973），Hylland和Zeckhauser（1979），Proll（1972），Wilson（1977），Francis和Fleming（1985）从多种角度研究了该问题。

到目前为止，我们涉及的都是那些相关性最强的文献。然而就像在3.1节提到的那样，由于稳定匹配集合是市场博弈的核，本章的内容与更多博弈论和经济学文献相关。核是合作博弈论最重要的分析工具。核的想法至少可以追溯到Edgeworth（1881）的“契约曲线”。在研究博弈的一般性解时，Neumann和Morgenstern曾短暂地讨论过这个概念，此外Gillies（1953a，b）和Shapley（1953，a）在研究博弈问题的特殊解的概念时也研究了这个概念。它在经济学中的重要性部分源于这样一个事实：在市场中，每一个竞争性均衡对应的分配都被包含在核中。核可以被视为将竞争性分配集中的一般形式。在一般的市场中，核也包括许多其他分配，但是在包括无限个参与人的完全竞争经济的模型中，核与竞争性分配集一致[例如Shubik（1959），Debreu和Scarf（1963），Aumann（1964）]。

Kaneko 和 Wooders（1986，1985）考虑了双边匹配中参与人连续的情况下的模型，并且证明了核非空。关于博弈论问题的介绍性文献可以参考 Shubik（1982）。一些基本的有关婚姻问题的课堂练习可以参考 Brissenden（1974）。

近些年，继 Peleg 的研究［见 Peleg（1988）的综述］之后，大量针对不同博弈的核的公理化研究已经出现。Toda（1988）和 Sasaki（1988）以这种方式将婚姻问题的稳定结果集合公理化，证明其是以某种方式对比不同规模市场时唯一“自洽”的解集。一个重要结果与扩展市场参与人有关。Toda（1988）阐明了，对于任何稳定匹配 μ，有可能通过扩展参与人偏好，使这个更大的市场有唯一的稳定匹配，同时不影响原参与人的配对情况。

3.2.1 节中的算法由 Irving 和 Leather 提出。这里给出的结果和证明是根据他们的成果修改而来的。他们的算法也借鉴了 McVitie 和 Wilson（1971）寻找所有稳定匹配的算法。3.2.2 节的结果来自同一篇论文。定理 3.20 和相关的算法则由 Gusfield（1987）给出。

一些其他的计算性问题和实施延迟接受过程的不同方式是由 Knuth（1976），McVitie 和 Wilson（1970b），Wilson（1972，1977），Itoga（1978，1981，1983），Allison（1983），Hull（1984），Tseng 和 Lee（1984），Kapur 和 Krishnamoorthy（1985），Quinn（1985），Gusfield 和 Irving（1989）提出的。Itoga（1981）讨论了当新的男性或女性加入时，如何计算新稳定匹配的问题，并以原情况为起点展开研究。Itoga（1983）和 Quinn（1985）考虑了如果一些不稳定性被允许时，如何减轻计算方面的压力。Irving（1985），Gusfield 和 Irving（1989）研究了与室友选择问题有关的计算问题。由于大部分注意力都被投入到稳定匹配算法表现最差时的计算问题上，相对来说对其平均表现就研究得很少。Feder（1989）和 Subramanian（1989）做了一些使用网络规划（network formulation）的开创性工作。

3.2.4 节中的定理 3.21 和定理 3.22 源自 Vande Vate（1988）。他的研究建立在 Irving，Leather 和 Gusfield（1987）的基础之上，此文希望沿着在 3.2.4 节最后一段中讨论的思路寻找“最优”稳定匹配。本章介绍的使用引理 3.23 和引理 3.24 的证明由 Rothblum（1989）提出。Rothblum 认为这两个引理可以用来证明分解引理（推论 2.21 的形式）：如果 x 和 y 是稳定匹配，那么技巧是将两个引理运用到部分匹配 $z=(1/2)x+(1/2)y$

上。Rothblum 也注意到此结果并不依赖“男女数量相同且都相互可接受”这一简化假设。在更一般的情况下，约束条件（1）和（2）是不等式，$x_{mw}=0$ 对任何一对并不相互可接受的（m，w）都成立，而约束条件（3）只适用于 m 和 w 相互可接受的情况。Roth，Rothblum 和 Vande Vate（1990）进一步探索了稳定匹配线性结构的结果，发现许多我们通过其他方式得到的结果可以由线性规划的对偶性（duality）和互补松弛定理（complementary slackness theorem）直接得到。

第 4 章　策略性问题

现在我们转而讨论另一类问题，讨论这类问题需要多种不同的模型和理论。在之前的章节里，我们通过寻找可能的配对方式来研究婚姻市场，现在我们将开始研究参与人的行为是怎样的。特别地，我们希望了解男女将其偏好披露到何种程度是明智的，以及他们在求偶和结婚过程中将怎样表现。为了防止这种分析有时显得冷血，我们最好记住最初的研究是从劳动市场的简单模型开始的，我们即将分析的现象也最好被看作一种发生在潜在雇主和雇员之间的“求偶”。只不过为了简化，我们先在婚姻问题的背景下考虑这些问题。至于公司雇用不止一个雇员的更为接近现实的模型，我们就留到后面章节再进行介绍。

为了解决有关个人行为的问题，我们需要将参与人在婚姻市场上必须做的决定模型化。到目前为止我们只考虑了实验中最基本的规则，即男性和女性之间的婚姻关系是当且仅当双方都同意时才能生效的。这些规则反映在我们对稳定匹配的定义中，并可能通过很多不同的特定步骤来实施。这些步骤包含着博弈的一些具体规则，将决定每个个体将面临什么样的具体情况。它们决定个体将如何披露偏好以及做决定的顺序。简言之，它们将成为对市场结构的一种描述。

为了初步了解本章所要探索的问题，不妨考虑在 2.3 节用以证明稳定匹配的存在性（以及存在男性和女性最优稳定匹配）的延迟接受算法。这个算法用以描述个体的特定行为——男性的求婚、女性的接受或拒绝。我们之前对延迟接受算法的讨论只是为了证明稳定匹配总是存在的，因此我们不需要考虑男性和女性参与人按照算法中所述的合理规则求婚和结婚是否合理。现在，我们开始讨论这个问题。

考虑以下规则：

（1）市场中的行为分阶段相继出现。每一个阶段包括两个时期，在每一个时期，每一个男性或女性做出决定时，都不知道其他同时期的男性或女性的决定。

（2）在第一阶段的第一个时期，每一个男性最多只能向一个女性求婚。（他也可以不求婚。）只有男性可以求婚。

（3）在第一阶段的第二个时期，每一个被求婚的女性可以选择拒绝某些或全部求婚。一个女性也最多只能接受一个男性的求婚并与其订婚。

（4）在任何阶段的第一个时期，每一个在上一阶段被拒绝的男性均可以向任何一个之前没有求过婚（也没有拒绝过自己的求婚）的女性求婚。在第二个时期，每一个女性均可以拒绝任何男性的求婚，包括在先前阶段自己没有拒绝并与其订婚的男性。一个女性最多只能接受一个男性的求婚并与其订婚。

（5）如果在某个阶段开始时没有男性求婚，那么此过程结束。每一个男性均和与他订婚的女性结婚；没有订婚的男性和女性将保持单身状态。

关于此博弈规则的完整描述还应该包括每个参与人在不同阶段所拥有的信息。现在我们假设在每一个阶段每一个求过婚的男性均只知道他被拒绝了还是被接受了，并且每一个女性均只知道哪些男性向她求婚了。

注意，以上规则的描述不涉及参与人的偏好。这和我们对规则的通常观念是一致的——它们适用于这个市场中的每一个参与人，不论他们的偏好是什么样的。相反，我们最初对于延迟接受算法的讨论却包括了各自偏好下男性和女性在每一阶段的可能行动。在这个算法中，每一个男性在每一个时期都向余下女性中他最偏好的那个求婚，同样，每一个女性在每一个时期都会在她的可接受求婚者中拒绝除了自己最偏好的那个男性之外的其他所有男性。这种被我们称作“诚实行为”（straitforward behavior）的方式被证明在所有可能的偏好下都可获得稳定匹配。

现在我们想问的问题是：

在这些规则下，采取诚实行为是不是总是符合每一个参与人的最优利益？

如果这个问题的答案是否定的，那么至少会存在一些情形——在这些情形下，男性和女性不采取诚实行为是有利可图的。某个男性可能在某一步向其他女性求婚后，获得的结果比向余下女性中自己最偏好的那个求婚这种情况下的结果更好。或者说，某个女性会发现在市场中的某一步与其他某个男性订婚对她而言更有利，而不是与此时所有求婚者中她最偏好的那一个订婚。我们称这种不诚实行为为“策略性行为”。

解决这个问题的另一种方法就是考虑一个由媒人（matchmaker，或者电脑的数据服务器：回忆我们在 1.1 节对国家居民匹配计划的描述，在第 5 章我们会回过头来介绍）来组织的婚姻市场。由于媒人并不知道男性和女性的偏好，所以媒人想通过向每个人询问他们对于可能配偶的偏好序列来获得信息。假设媒人根据之前得到的偏好序列并运用男性求婚的延迟接受算法来生成婚姻集合。在这种情况下，我们可以将问题表述如下：

对每一个参与人来说，对媒人说出自己真实的偏好是不是总是最有利的呢？

如果问题的答案是否定的，那么以下情况就是存在的：某个男性或女性可以通过隐瞒自己的真实偏好这种“策略性行为”与其更偏好的配偶匹配。

这两个问题是密切相关的。如果在分散市场（decentralized market，即没有媒人的市场）规则下诚实行为对参与人来说是最有利的，那么向采取延迟接受算法的媒人说出自己的真实偏好也会是对他最有利的，因为在这种情况下，媒人给他分配的配偶和他在分散市场中通过诚实行为得到的配偶是同一个人。

其实我们可以通过一个适当的例子来简洁地回答这些问题。在我们之前用来阐述男性求婚的延迟接受算法的例 2.9 里，如果其中一个女性只要向媒人表达不真实的偏好便可以获得更好的结果（或者，如果她在分散市场中没有采取诚实行为也能得到同样的结果）。

例 4.1　激励谎报偏好的例子

回忆在例 2.9 中，男性最优稳定匹配是

$$\mu_M = \begin{matrix} w_1 & w_2 & w_3 & w_4 & (m_5) \\ m_1 & m_2 & m_3 & m_4 & m_5 \end{matrix}$$

该匹配将 w_1 分配给了她的第三选择 m_1。

现在考虑偏好 P'，其中除了 w_1 外的所有参与人都和例 2.9 中的偏好一致，而 w_1 故意将自己的偏好表达为

$$P'(w_1) = m_2, m_3, m_4, m_5, m_1$$

而她的真实偏好为

$$P(w_1)=m_2,m_3,m_1,m_4,m_5$$

因此现在的匹配就变成

$$\mu'_M=\begin{matrix} w_1 & w_2 & w_3 & w_4 & (m_5) \\ m_3 & m_1 & m_2 & m_4 & m_5 \end{matrix}$$

可以看出，w_1 通过谎报自己的偏好获利了。如果她当初表达了自己的真实偏好 $P(w_1)$，那么她就应该是和她的第三选择 m_1 匹配。然而，她最后却是和她真实的第二选择 m_3 匹配了。所以，我们已经阐释了至少在有些时候采取诚实行为并不一定就是最好的方式。这引发了一系列新的问题：

有没有别的方式来组织这个市场，使得采取诚实行为永远都是最好的方式呢？

在延迟接受过程中，到底什么才是真正促发不诚实行为的因素呢？哪些参与人什么时候会有这样的动机？

参与人的不诚实行为是怎样影响其他参与人的福利的呢？

最后，或许最根本的问题是，由于以上问题的出现，我们是否需要重新考虑之前几章里得到的稳定匹配理论。如果参与人故意谎报自己的偏好，那么可能之前能够产生稳定结果的过程事实上就不会发生了。也就是说，我们定义稳定性所使用的偏好是参与人真实的偏好，但是如果参与人系统地篡改他们的偏好并将其展示给一个使用延迟接受算法的媒人，那么最后的匹配就是关于他们展示出的偏好的男性最优稳定匹配。因此，我们需要探索在什么样的情况下根据真实偏好获得的匹配是稳定的，以确定我们能否继续预期稳定匹配的出现。（虽然有许多问题还没有说清，但是我们可以发现例 4.1 中的匹配实际上在真实偏好上依然是稳定的。）

我们现在正式开始研究相关问题。

4.1　正式的策略性模型

首先我们来考虑例 4.1 中提出的第一个问题：是否存在一种能设计出明智的匹配过程的方法，使得参与人表达真实偏好是最优策略？当然我们必须阐明“明智”是什么意思，不过显然一些条件也是需要满足的。（例如，考虑这样一个机制：不管每一位参与人说什么做什么，都让他们单身，在这个过程中，没有任何其他策略的结果比提供真实偏好更好。）为了更合理地研究这个问题，我们需要用一个标准模型来刻画参与人面临的选择问题。

从设计媒人所使用的算法的角度来考虑这个问题是比较方便的。也就是说，在这一节中，我们将考虑参与人向媒人提供其对可得配偶的偏好序列这种市场。媒人随后依据偏好序列给出最终匹配结果。我们已经非正式地发现，在有媒人的市场中这些问题的答案也适用于分散市场的情况。我们会在 4.5 节讲显示原则（revelation principle）的时候再次涉及这个问题。

考虑这样一个婚姻市场（M，W，P），它的结果会由媒人依据参与人提供的偏好，通过某种特定算法决定。也就是说，每一个偏好是 $P(m)$ 的男性必须决定提供什么偏好序列 $Q(m)$；同样，每一个偏好是 $P(w)$ 的女性必须决定提供什么偏好序列 $Q(w)$。每一个男性和女性提供的偏好集合被记作 $Q=\{Q(m_1)，\cdots，Q(m_n)，Q(w_1)，\cdots，Q(w_p)\}$。由媒人采取的算法得出的匹配结果是提供偏好（stated preference）集合 Q 的函数。也就是说，媒人给出的匹配结果为 $u=h(Q)$，其中 h 代表一个描述在任意的提供偏好集合 Q 上获得结果的函数。

我们刚刚描述了一个被博弈论家称作策略形式（strategic form）的市场。一般来说，策略形式应包括 N 个参与人，N 中第 i 个参与人的一系列可行策略集 D_i，一个描述参与人的策略选择怎样决定结果的结果函数 h，以及每一个参与人对于结果的偏好序列。在参与人就是全部男性和女性参与人的集合 $N=M\cup W$ 的情况下，最简单的方法就是将每个参与人的策略集当作其可能提供的偏好。给定提供偏好集合 Q 下的博弈结果便是匹配 $u=h(Q)$，其中 h 是一个描述媒人如何利用算法将一系列偏好转化成匹配的结果函数，而参与人的真实偏好记作 P。

我们还没有将媒人当作这场博弈的参与人，相反，媒人被模型化为这个环境中一个纯机械化的部分，不需要做出任何决策。“媒人”只是形象化地体现了某种对男性和女性进行匹配的机制。我们在 4.5 节将会讨论为什么这是一种有效的方法。实际上，我们有对任何市场都成立的定理 4.4（见下文），无论是分散市场还是中央决策的市场（如医院-实习生市场）。

需要注意的是，此博弈的策略形式（$N=M\cup W$，$\{D_i\}$，h，P）比第 2 章使用的（M,W,P）模型更具体，因为它包括了最后的匹配结果如何由参与人的决策来决定的信息。然而，它也并非我们可以运用的最详细的模型，因为在这个模型中，每一个参与人的决策都只是以策略选择的形式简单表示了出来。

4.1.1 占优策略

有一些符号能帮助我们研究参与人的行为。如果 Q 代表所有参与人的选择，并且我们想要关注参与人 i 所面临的抉择，我们有时便会写 $Q=(Q_{-i}, Q(i))$，其中 $Q(i)$ 代表参与人 i 的选择，Q_{-i} 代表除了个体 i 以外的所有参与人的选择集合。这样，我们就能考虑其他策略选择集合 $Q'=(Q_{-i}, Q'(i))$，此时仅参与人 i 的选择与 Q 不一样。

为了回答像“采取诚实行为是否总是最好的策略”这样的问题，我们需要知道最优策略（best policy）是如何组成的。现在考虑当参与人 i 做选择时其他所有人的决策选择 Q_{-i} 是已知的。此时，任何一个参与人 i 的任何选择 $Q(i)$ 都会决定最终博弈结果 $h(Q_{-i}, Q(i))$。如果对参与人 i 来说，选择 $Q^*(i)$ 时的结果 $h(Q_{-i}, Q^*(i))$ 至少不差于选择其他任何可选 $Q(i)$ 时的结果 $h(Q_{-i}, Q(i))$，那么我们称策略选择 $Q^*(i)$ 是参与人 i 对 $Q(-i)$ 的最优反应（best response）。[注意到我们对于 $h(Q_{-i}, Q^*(i)) \geqslant_i h(Q_{-i}, Q(i))$ 的判断是根据定义在 i 的真实偏好上的偏好关系 $P(i)$。]

当然，对 Q_{-i} 的最优反应策略 $Q^*(i)$ 可能并不是对其他参与人的不同策略集的最优反应。使得多人决策问题和单人决策问题有别的原因恰恰是个人的最优反应通常取决于其他人的行为。所以，在此处描述的问题中，由于每个参与人都要在不知道别人的行为的情况下做出决定，所以对于参与人 i 来说，就可能根本不存在所谓的“最优”策略。但是，如果参与人 i 恰好有一个策略是对其他参与人的任何策略选择的最优反应，那么很显然，该策略（strategy）便是他的最优策略（best policy）。当这样的策略存在的时候，我们就称它为“占优策略”（dominant strategy）。正式的定义如下：

定义 4.2 参与人 i 的“占优策略”是指对其他参与人所有可能的策略集合 Q_{-i} 都是最优反应的一种策略 $Q^*(i)$。

因此，如果某个男性 m 有占优策略 $Q^*(m)$，那么在任何给定其他参与人的选择的情况下，通过选择该策略他总能得到最好的结果，因此他也就不会有动机采取其他策略了。

在讨论媒人可能采取的算法的时候，我们只需要考虑在提供偏好基础上产生的匹配，因为参与人只在意结果。也就是说，算法的核心任务只是将数据转换成最终匹配。因此，我们只需要考虑对每一个输入值，此算法函数生成什么样的匹配。这个函数就叫“匹配机制”。正式地，匹配机制就是一个函数 h，它的定义域是所有可能的输入值(M，W，Q) 的集合，它的“结果”$h(Q)$ 就是 M 和 W 之间的匹配。如果 $h(Q)$ 对于 Q 来说总是稳定的，我们就称它为一个稳定（stable）匹配机制。如果 $h(Q)$ 对于参与人集合来说是帕累托最优的（即根据偏好 Q，没有其他匹配方式可以改善所有男性和女性的状况），那么它便是一个帕累托最优（Pareto optimal）的匹配机制。注意稳定匹配机制和帕累托最优的匹配机制都是在提供偏好 Q（也就是这个机制的输入值）上定义的。

如果将一种特定的匹配机制 h 使用在一个包含偏好为 P 的参与人 M 和 W 的市场上，那么它就是策略性博弈($N=M\cup W$，$\{D_i\}$，h，P) 中的结果函数。我们说此博弈被机制 h 引致（induced)。当然，参与人对匹配的评价还是基于各自真实偏好 P 的，其行为也是由真实偏好决定的。如果一种匹配机制通过占优策略让在博弈中的每一个参与人真实表达其偏好，那么它就是“防策略的”(strategy proof)。参与人必须提供自己偏好的博弈有时被称作“显示博弈”（revelation game)，相应的机制 h 就被称为“显示机制”(revelation mechanism)。

4.2 “防策略的”稳定机制的不可能性

现在，我们将证明在依据产生稳定结果的机制进行的博弈中，采取诚实行为并不总是最优选择（至少不总是对每一个参与人来说都是这样)。但是首先，为了了解稳定性所扮演的角色，我们来考虑帕累托最优的匹配机制，在这个机制中，诚实是最好（或者至少和别的一样好）的策略。下面这个例子和美国职业运动队征募大学球员所用的方式相似（虽然这个例子的结论是依赖于婚姻市场的特点的，即一对一匹配)。

例 4.3 一个防策略的帕累托最优匹配机制（Roth)

让男性按照如 m_1，…，m_n 这样的顺序排列。考虑如下机制：对任何一个提供偏好 Q 来说，$\mu=h(Q)$ 生成的匹配结果使得 m_1 和他所提供的第一选择匹配，m_2 和除 $\mu(m_1)$ 外剩下的可能配偶中他所提供的第一选择匹配，依此类推，任一 m_k 都与除 $\mu(m_1)$ 到 $\mu(m_{k-1})$ 外自己提供的第一选择匹配。很显然，对每一个男性来说，提供他自己的真实偏好是占优策略，因为在剩下的可能配偶里，每一个男性都会和他提供的第一选择匹配。这也是(退一步说）每个女性的占优策略，因为对女性来说，女性的提供偏好对自己的匹配结果不产生任何影响。机制 h 是帕累托最优的，因为在别的任何机制下，男性得到的结果都不会比这个好。然而，h 不是一种稳定匹配机制，因为例如女性 $w=\mu(m_1)$ 是男性 m_1 的匹配结果，却有可能更倾向于嫁给别人，而这个人也更倾向于娶她。也就是说，h 之所以不是一种稳定匹配机制是因为它会在某些偏好集合下产生不稳定的结果。[在运动队选秀时，成绩最差的球队得到第一个选秀机会，所以可以假定最差的球队得到了最好的球员。如果绝大多数球员都将最差的球队放在他们偏好序列的最后面，所有的球队也将最好的球员放在他们偏好序列的最前面（看起来也确实就是这样），那么根据之前的定义，最终的匹配结果就是不稳定的。但是由于足球市场的规则不允许参与人和他们选择的任何一个球队交涉，所以就不存在破坏配对。]

一个几乎等价的过程被美国海军学院用以将毕业生分配至海军军官岗位。下面这段描述就是从《纽约时报》(1986 年 1 月 30 日，p.8）上摘下来的：

> 将在六月从海军学院毕业的学生于本周决定了他们的去向：飞行员、核潜艇人员、攻击手、工程师、海军陆战队队员或者制图手……从上周四傍晚到周五早上一早，这些毕业生就根据他们的成绩排好队，依次走到招募职位的军官桌前，然后基于先到先得的原则做出他们的选择……在选择期间学生的情绪会不时高涨：得到自己第一选择的学生喜悦，一般学生在必须抓紧时间做决定时紧张，排在最后面的学生失望。

这与球员招募相反，最好的学生（而不是最差的球队）首先做出选择。如果每个海军职位代表都更偏好成绩好的学生，那么这个过程就会产生一个稳定匹配。（当然，虽然预期他们的偏好和成绩好坏相关是合理的，但是在下这种结论之前我们需要仔细对市场进行研究。）总体来说，这还不是一种稳定匹配机制，因为存在许多可能导致不稳定匹配的偏好。

在我们再次将注意力转向稳定匹配之前，有两件事情需要注意。首先，注意到海军学院的情况和例 4.3 的婚姻市场不一样，因为每一个海军职位可能会接收不止一个学生。然而这并不会改变我们的结论，那就是每个学生都有一个占优策略，因为当他排在第一个的时候，他从那些仍然空缺的职位中选择了一个。更重要的是，注意到海军学院的分配过程并不是一个有媒人参与的过程：学生并不需要将自己的偏好告诉一个中间人。他们只有在轮到自己的时候才会做出选择。至少《纽约时报》的记者相信有些学生在最后一刻做出了“现场决定”（spot decision）。当然这里也存在一系列相关问题，如“轮到我选择时我到底该选择哪个职位”，其本质和向媒人提供自己的偏好是等价的。

4.2.1　稳定匹配机制

稳定匹配机制下的情形就很不一样了。我们从例 4.1 中发现，在延迟接受算法下，女性时常能通过谎报自己的偏好获益。参与人在延迟接受算法下之所以能通过操纵提供偏好而获利，是因为它是一种稳定匹配机制。换句话说，不可能设计出一种既产生稳定结果（根据提供偏好），又使每个参与人提供真实偏好成为占优策略的机制。

定理 4.4　不可能性理论（Roth）

不存在一种稳定匹配机制，使得对每个参与人来说提供真实偏好都是占优策略。

由于匹配机制是在任意婚姻市场上产生匹配的函数，为了证明这个定理，只需要找到某个特别的婚姻市场，使得在任何一种可能的稳定匹配机制下，提供真实偏好不是所有参与人的占优策略。如下证明即是这样做的：考虑一个包含两位男性和两位女性的婚姻市场，并且证明在每一种稳定匹配机制下，总有参与人可以从谎报偏好中获益。（实际上此结果对更大的婚姻市场依然成立，因为在任何包括此四人的大市场中，只要不改变他们的偏好，结果仍不会改变。）

证明：考虑一个只有两位男性和两位女性的市场，他们的偏好如下：$P(m_1)=w_1, w_2$；$P(m_2)=w_2, w_1$；$P(w_1)=m_2, m_1$；$P(w_2)=m_1, m_2$。此时有两种稳定匹配：$\mu(m_i)=w_i$，$i\in\{1, 2\}$；$v(m_i)=w_j$，$i, j\in\{1, 2\}$，$j\neq i$。所以，任何一种稳定机制在参与人提供偏好 P 后必然选择 μ 和 v 中的一个。假定机制选择了 μ。可以发现，如果 w_2 将她的提供偏好从 $P(w_2)$ 改为 $Q(w_2)=m_1$，而其他人继续提供真实偏好，那么 v 就是新偏好 $P'=(P(m_1), P(m_2), P(w_1), P(w_2))$ 下唯一的稳定匹配，此时任何一种稳定机制都必须选择 v。所以对参与人来说，所有人都提供真实偏好并不是一个占优策略，因为 w_2 可以通过谎报自己的偏好获利。

类似地，在提供偏好为 P 且匹配机制选择 v 时，m_2 可以通过谎报提供偏好获利。

不可能性定理的一个直接推论如下：

推论 4.5　不存在一种稳定匹配机制，使得当其他所有参与人都提供其真实偏好时，剩余的每个参与人也提供真实偏好总是最优反应。

由于匹配机制是一个定义在婚姻问题中所有偏好可能上的函数，因此，如果提供真实偏好总是参与人在别人提供真实偏好时的最优反应，那么提供真实偏好就会是这种机制下的占优策略，这就和不可能性定理矛盾了。

由于我们已经将匹配机制定义为适用于任何一个婚姻市场的过程（也就是说，作为一个定义在所有婚姻市场上的函数），不可能性定理意味着我们不能找到一种不会不时给某些参与人提供谎报其真实偏好的激励的稳定机制。但是我们希望找到一种只在很少的情况下产生这种激励的稳定匹配机制，此时，动机的问题就不是那么重要了。接下来的结果可以看作不可能性定理证明的一般化和加强，它意味着上述机制也是不存在的。相反，至少一个参与人会有激励采取策略性行为的情况是十分常见的。

定理 4.6　当任意一种稳定机制被应用到一个偏好严格且有不止一个稳定匹配的婚姻市场上时，在其他人提供真实偏好的条件下，至少有一个参与人可以通过谎报偏好获益。（这个参与人可以通过谎报偏好在任何一个稳定匹配中实现他真实的最偏好的那个稳定匹配。）

证明：根据假设，$\mu_M \neq \mu_W$。假定当所有的参与人都提供他们真实的偏好时，这个机制选择了一个稳定匹配 $\mu \neq \mu_W$。令 w 代表每一个女性满足 $\mu_W(w) >_w \mu(w)$。（所以 w 在 μ_W 情形下不是单身。）现在让 w 这样篡改她的偏好：删除在原偏好序列中位于 $\mu_W(w)$ 之后的可得男性。

当然，匹配 μ_W 在这些偏好下也仍是稳定的（现在只可能有更少的破坏配对）。令 μ' 是机制在新偏好下产生的稳定匹配，那么由定理 2.22 可知，w 在 μ' 下不是单身，因此现在与她匹配的男性至少和 $\mu_W(w)$ 一样好，因为所有其他人都被从她的可接受序列中移除了。事实上，由于 μ' 在原偏好下也是稳定的，因此满足 $\mu'(w) = \mu_W(w)$。但是，w 偏好 $\mu_W(w)$ 甚于 $\mu(w)$，所以她更偏好新提供偏好下的 μ' 甚于 μ。如果这种机制最初就选择了匹配 μ_W，那么对任意一个严格偏好 μ_M 的男性 m 来说，都可以得到对应的相同结论。这样就完成了我们的证明。

当偏好不严格时，定理的结论就不一定成立了——最简单的反例就是所有女性对每个稳定匹配都无差异。

4.3 采用男性最优稳定匹配机制时，男性所面临的激励

不可能性定理表明，任何稳定匹配机制都有可能给一些参与人提供谎报自己偏好的动机。例 4.1 和定理 4.6 的证明向我们展示了在由男性求婚的延迟接受过程中，有些女性会面临这种激励。我们在下一节将会回过头来讨论女性的相关问题，本节则先考虑在此过程中男性面临的激励。由于这个程序处理男女的方式不同，因此我们有理由怀疑男女面临不同的策略性问题。

男性求婚时的延迟接受程序最重要的特点是，当偏好严格的时候，对于任何提供偏好只会产生唯一一个男性最优稳定匹配。因此当偏好严格的时候，我们就可以唯一地确指最优稳定匹配机制。当偏好不严格且不存在男性最优稳定匹配时，我们需要更加严谨地界定我们想表达的算法。正如我们在使用延迟接受算法来证明稳定匹配始终存在时提到的，当采用决胜程序（tie-breaking procedure）来配合该算法时，即使在偏好并非全部严格的条件下，依然可以产生一个稳定匹配。

本节的定理不仅在严格偏好的情形下成立，也适用于更一般的情况。然而，为了简便起见，我们首先考虑严格偏好的情形，以便我们可以得到那个男性最优稳定匹配机制。严格偏好的假设在叙述和证明本节最后一个定理 4.11 时将被放宽，而定理 4.11 在本节又会给其他定理提供证明（也会用到其他定理的原始证明）。我们第一个结果讨论了单个男性面临的激励问题。

定理 4.7（Dubins and Freedman；Roth） 生成男性最优稳定匹配的机制（在提供偏好条件下）会使得提供真实偏好成为每个男性的占优策略。（同理，生成女性最优稳定匹配的机制会使得提供真实偏好成为每个女性的占优策略。）

在这一整节中，$P=\{P(m_1), \cdots, P(w_m)\}$ 始终表示参与人的真实偏好，我们将用 $a >_x b$ 来表示参与人 x 在偏好 $P(x)$ 下偏好 a 甚于 b。在真实偏好 P 下产生的男性最优稳定匹配记作 μ_M。同理，μ'_M 和 μ''_M 分别表示参与人在提供偏好 P' 和 P'' 下的男性最优稳定匹配。

虽然我们会用定理 4.11 间接地证明定理 4.7，但是原证明中运用的两

个引理也具有特定的意义，我们在这里列出来。

显然，一个男性 m 可以提供许多不同于 $P(m)$ 的偏好 $P'(m)$，但是第一个引理表明，考虑到男性 m 有隐瞒真实偏好的激励，我们可以将注意力集中在几种简单谎报上。假设某男性 m 能够提供某个偏好$P'(m)$，使得他的配偶由 $\mu_M(m)$ 变成 $\mu'_M(m)$ 。那么，只要他提供一个偏好 $P''(m)$，其中 $\mu'_M(m)$ 是他的第一选择，他就可以得到相同的结果，即与 $\mu'_M(m)$ 配对。所以，如果存在某种提供偏好使得 m 与 $\mu'_M(m)$ 匹配，那么简单地将该女性作为他的第一选择即可达到同样的目的。

引理 4.8（Roth）　令 m 是 M 中的一个参与人，μ'_M 和 μ''_M 是分别对应于 (M, W, P') 和 (M, W, P'') 的男性最优稳定匹配，其中除了 m 以外的所有参与人 x 在 $P''(x)=P'(x)$ 中均有，并且 $\mu'_M(m)$ 是 $P''(m)$ 偏好中 m 的第一选择。那么，有 $\mu''_M(m)=\mu'_M(m)$。

证明：很明显，匹配 μ'_M 在偏好 P'' 下是稳定的。由于 $\mu'_M(m)$ 是 $P''(m)$ 中的第一选择，根据 μ''_M 下的最优性可知 $\mu''_M(m)=\mu'_M(m)$。

引理 4.8 表明，要证明定理 4.7，只用证明不存在一个简单篡改 $P'(m)$［其中 m 把 $\mu'_M(m)$ 列为第一选择］是成功的，即我们不可能得到 $\mu'_M(m)>_m\mu_M(m)$ 。下面的引理告诉我们，如果 m 的一个简单篡改使 m 的福利至少和 μ_M 下一样好，那么就不会有男性的福利受损，即每个男性都至少会和喜欢匹配 μ_M 一样喜欢篡改后生成的匹配 μ'_M 。这也从另一个角度阐释了男性之间存在共同利益而不是冲突。

引理 4.9（Roth）　令 m 在 M 中，μ'_M 是 (M, W, P') 下的男性最优稳定匹配。如果对 m 以外的所有 x 都有 $P'(x)=P(x)$ ，并且 $\mu'_M(m)$ 是 $P'(m)$ 中 m 的最优选择，而且在 $P(m)$ 下有 $\mu'_M(m)\geqslant_m\mu_M(m)$ ，那么对于 M 中的每个 m_j ，我们都有 $\mu'_M(m_j)\geqslant_{mj}\mu_M(m_j)$。

由于男性求婚的延迟接受算法会产生男性最优稳定匹配，因此我们可以将证明过程用算法的形式描述出来。

证明：令 $M^*=\{m_j;\ \mu_M(m_j)>_{m_j}\mu'_M(m_j)\}$ 。设 $M^*\neq\phi$。M^* 中的所有 m_j 在 μ_M 下都得到了匹配。由于除 m 以外的每个参与人在 P 和 P' 下提供的偏好相同并且 m 不在 M^* 中，那么对 (M, W, P') 就一定有在匹配算法的某些步骤 M^* 中的所有 m_j 被他们 μ_M 时的配偶拒绝。设 s 是 (M, W, P') 下发生这种拒绝的第一步，此时 M^* 中的某个 m_j 被 $w=\mu_M(m_j)$

拒绝了。由于 m_j 和 w 互相可接受，这就意味着 w 在步骤 s 时一定得到了来自在偏好 P 下并未向她求婚且相较于 m_j 她更喜欢的某个男性 m_k 的求婚。m_k 在偏好 P 下并未向 w 求婚意味着 $\mu_M(m_k) >_{m_k} w$。所以 m_k 一定在 M^* 中，因为如果不是这样我们就会得到如下矛盾：

$$w \geqslant_{m_k} \mu'_M(m_k) \geqslant_{m_k} \mu_M(m_k) >_{m_k} w$$

所以有 $m_k \neq m$ 和 $P(m_k) = P'(m_k)$ 成立，并且在步骤 s 之前 m_k 一定已经被 $\mu_M(m_k)$ 拒绝，这便和 s 是第一次拒绝的前提假设相矛盾。因此，$M^* = \phi$ 和 $\mu'_M(m_j) \geqslant_{m_j} \mu_M(m_j)$ 对于 M 中所有的 m_j 均成立。

定理 4.7 告诉我们，就每个男性而言，他不可能通过谎报偏好使自己的福利高于男性最优机制下的水平。所以，在这种机制下，男性提供自身真实偏好将会成为最优策略。接下来的定理将会讨论另一个更加复杂的问题：男性面临什么样的激励？既然单个男性不能从谎报偏好中获益，那么是否还存在由部分男性组成的联盟可以做到呢？我们所说的“联盟”指的是全体男性构成的集合 M 中的任意子集 $\bar{M}$。下面的定理证明了对于这一问题，答案也是否定的：在任何一个企图通过谎报自己偏好来得到不同于 μ_M 的匹配的男性联盟中，至少会有一个男性喜欢 μ_M 不亚于喜欢新匹配。

定理 4.10（Dubins and Freedman） 令 P 是参与人的真实偏好，且 $\bar{P}$ 和 P 的不同在于某个谎报自己偏好的男性联盟 $\bar{M}$。那么不存在对 $\bar{P}$ 稳定匹配 μ，使 $\bar{M}$ 中的所有成员都偏好 μ 甚于 μ_M。

这一定理表明，在男性最优稳定机制下，不存在一个男性或一个男性联盟能够靠谎报偏好来提高他们的收益。[因此这一定理也间接证明了定理 4.7。然而我们会在 4.3.1 节中看到，建立在男性联盟基础上的结论在很大程度上比建立在单个男性基础上的结论更不稳健，因为这一结论主要依赖于模型中不存在任何形式的转移支付（side payment）这一假设。]

我们来回顾破坏引理（引理 3.5），接下来将会运用它。

破坏引理 如果 μ 是任何遵循严格偏好 P 的个体理性匹配，M' 是所有偏好 μ 甚于 μ_M 的男性。如果 M' 非空，那么存在一个配对 $\{m, w\}$ 能够破坏 μ，并且有 m 在 $M-M'$ 中，w 在 $\mu(M')$ 中。

下面的定理也能作为前面一些定理的证明，这个定理将会讨论一种任意的稳定匹配机制可以被谁操控以及可以被操控到什么程度。我们现在考虑同时包括男性和女性的联盟。我们知道这种联盟能够控制稳定匹配机制，因为不可能性定理告诉我们即使是个体也可以操纵它。就男性最优稳定机制的情形而言，我们可以从例 4.1 和定理 4.6 的证明中看到，单个女性（女性联盟也是如此）可以实施操控。下面的定理将告诉我们，不存在任何联盟能够（通过谎报偏好）成功实施操控，使得联盟中的每个成员都偏好新的结果甚于任何真实偏好下的稳定均衡。此结果可直接推出定理 4.7 和定理 4.10。我们将在一般（即不一定是严格的）偏好下介绍和证明此定理。

定理 4.11　成功操控的限制（Demange，Gale and Sotomayor）

令 P 是参与人的真实偏好（并不一定是严格的），$\bar{P}$ 在谎报偏好的男女组成的某个联盟 C 上不同于 P。那么对于 $\bar{P}$，不存在被 C 中所有成员都更偏好（与真实偏好 P 下的每个稳定匹配相比）的稳定匹配 u。

为了理解定理 4.11 证明了定理 4.7 和定理 4.10，考虑一种联盟中所有成员都是男性的特殊情况。那么定理 4.11 意味着，无论偏好 $\bar{P}$ 下的哪个稳定匹配被选中，都至少会有一个说谎者的收益不会比他在偏好 P 下男性最优稳定匹配时的收益更高，这就是我们所需要的结果。（当偏好不严格的时候，当然不存在男性最优稳定匹配的情况，因此为了避免提到男性最优稳定机制，我们必须重新叙述这一定理。或者，我们可以考虑运用由男性求婚并且包含决胜程序的推迟接受程序来解决这一问题，见 2.5.1 节。）

在定理 4.11 的证明中，我们需要一个新的定义。对于一个有真实偏好 $P(i)$ 的参与人 i，如果可以仅通过表明哪些参与人之间是无差异的而不改变任何参与人的顺序，从而将 $P'(i)$ 转变成真实偏好[用我们的符号体系解释，即如果 $P(i)$ 能通过在严格偏好序列 $P'(i)$ 中插入括号得到]，那么就称严格偏好序列 $P'(i)$ 与真实偏好序列 $P(i)$ 一致。对于任何偏好集 P(并不一定是严格的)，如果每个 $P'(i)$ 都对应于 $P(i)$，我们便说 P' 是一致的严格偏好集。

定理 4.11 的证明： 运用反证法。假设存在由一些男性和女性组成的非空子集 $\bar{M}\cup\bar{W}$ 谎报了他们的偏好，并且相较任何偏好集 P 下的稳定匹配，在偏好集 $\bar{P}$ 下的稳定匹配 μ 时福利都严格得到改善。如果 μ 不是个体理性的，那么就会存在某个人，比方说一个男性，在 μ 时和一个并不在他真实的可接受女性序列中的女性配对，所以他肯定是一个说谎者，并且在 $\bar{M}$

中，这便产生了矛盾。现在假设 μ 是个体理性的，很明显，μ 在偏好 P 下是不稳定的。让我们任意构造一个一致的严格偏好集 P'，使得任意一个参与人 x 在 P 下对 $\mu(x)$ 和其他某些匹配无差异，那么在 P' 下 x 会更偏好 $\mu(x)$。所以仅当（m，w）破坏偏好 P 下的匹配 μ 时（m，w）会破坏偏好 P' 下的 μ。由于每个偏好 P' 下的稳定匹配在偏好 P 下也是稳定的，所以

$$\mu(m) \underset{m}{>} \mu_M(m) \text{ 对 } \bar{M} \text{ 中的每个 } m \text{ 都成立，并且}$$
$$\mu(w) \underset{w}{>} \mu_W(w) \text{ 对 } \bar{W} \text{ 中的每个 } w \text{ 都成立} \quad (1)$$

其中 μ_M 和 μ_W 分别是（M，W，P'）上的男性和女性最优稳定匹配。如果 $\bar{M}$ 非空，那么我们可以对市场（M，W，P'）使用破坏引理，因为根据 (1)，$\bar{M}$ 是 M' 的一个子集。这就是说，存在一对 $\{m, w\}$ 满足 $\mu_M(m) \geqslant_m \mu(m)$ 和 $\mu_M(w) \geqslant_w \mu(w)$，因此会破坏 P' 和 P 下的匹配 μ。很明显，m 和 w 并不属于 $\bar{M} \cup \bar{W}$，因此他们也并没有谎报自己的偏好，所以他们也会破坏 $\bar{P}$ 下的匹配 μ，这便同 μ 是 $\bar{P}$ 下的稳定匹配这一假定事实相矛盾。如果 $\bar{M}$ 是空集，$\bar{W}$ 不是空集，结论同理可以对称地得到。

4.3.1 结论的稳健性

定理 4.10 指出，不仅没有一个男性个体能在谎报自己偏好的情况下得到好处，而且不会有男性联盟能通过让其中一些人谎报其偏好的方式使所有成员都获益。定理特别指出，这其中至少会有一个谎报偏好的男性没能从中获益。我们在前面就已经说过，关于联盟的结论没有关于个体的结论稳健。要理解这个意思，可以回顾一下例 2.31。在该例中，男性最优稳定匹配 μ_M 是对男性而言唯一的弱帕累托最优结果，即存在一个不稳定匹配 μ，会使男性至少和 μ_M 时一样好。事实上，除了男性 m_2（不管在 μ_M 还是 μ 时都会和女性 w_3 匹配）会对两种匹配表示无差异外，其他的男性都会更偏好 μ。

现在考虑，如果此例子中的男性 m_2 谎报他的偏好，说 w_3 是他的第一选择，那么提供偏好 P' 下的男性最优稳定匹配便和 μ 是一样的，此时除了 m_2，其他男性都提供了各自的真实偏好。这就是说，如果 m_2 在男性最优稳定匹配机制下如此篡改自己的偏好，那么得到的匹配是 $\mu'_M = \mu$ 而不是 μ_M。所以 m_2 可以在不损害自身利益的条件下帮助其他男性提高福利。当然，m_2 也没得到什么好处，这是由定理 4.10 推知的，就像引理 4.9 指出

的，只要 m_2 不受损，那么除了 m_2 以外的男性都不会因为 m_2 谎报偏好而受损。

然而，注意如果存在某种方式使其他的男性愿意为 m_2 的服务支付一笔酬金，那么这样一个男性联盟就有可能形成，并共同从谎报中获益。由于 m_2 在两个匹配中都和同一个配偶配对，因此可以认为一笔很小的报酬就可以使他愿意加入联盟并且将最终的结果由 μ_M 变成μ。又由于联盟中其他男性的收益很可能是巨大的，因此存在足够的动机形成此联盟。因此，定理 4.10 和定理 4.11 有关联盟的推断取决于如下事实：在我们所研究的婚姻市场里，我们已经预先假定在参与人之间不可能存在“转移支付”。[我们已经假设了每个参与人只关心自己的配偶最终会是谁，而不是关心其他参与人会和谁匹配，而且此博弈仅进行一次，因此便不会存在联盟在不同时间互利互惠的可能性。] 在第三部分我们将金钱引入模型时会发现，当市场同一方的参与人之间可以互相支付时，此前定理 4.10 和定理 4.11 有关联盟不可能操控结果的结论便不成立了。实际上，在第 7 章中有关拍卖市场的大部分讨论会关注竞标者之间怎样形成一个影响拍卖结果的联盟，这一做法和我们在此讨论的例 2.31 极为相似。此外，在 4.5 节中，在放宽所有的参与人都确切知道彼此的偏好这一假设时，我们可以看到男性联盟可能从谎报偏好中实现共赢，因为即使仅存在微小的不确定性，男性也会在不同外界状态之间权衡。鉴于此，我们重新叙述一下定理 4.10：为了使男性联盟从谎报偏好中实现共赢，必须存在一种让他们在内部分配利益的方法。

然而，我们可以观察到，即使是在其他的模型里，定理 4.7 中有关市场中获得其最优稳定结果的一方的结论仍然会继续成立，即不存在个体能够得到比提供真实偏好时更好的结果。

4.4 采用男性最优稳定匹配机制时，女性所面临的激励

正如我们在前一节中所讨论的，在男性最优稳定匹配机制下，采取诚实行为是所有男性的最优策略。但例 4.1 中说明，诚实对于女性群体来说并非最优选择。由定理 4.6 和定理 4.7 可以得到如下推论：

推论 4.12（Gale and Sotomayor） 当偏好是严格的且采用男性最优稳定匹配机制时，如果存在多个稳定匹配，那么总存在某个女性有激励谎报偏好。

换句话说，如果我们建议所有的女性都提供自己的真实偏好，并且她们也确实这样做了，那么她们中至少存在一人可以通过拒绝我们的建议来获得更高的收益。这引导我们考察其他建议的形式。

4.4.1 策略性均衡

我们来考虑这样一个问题：如果采取诚实行为不是最优策略，是否存在其他的策略集合，使得一旦所有女性均采用它，任何女性都没有偏离自己策略的激励？换句话说，我们是否可以给所有女性这样一个建议：一旦其被采用，所有女性都会去主动遵守？对于每个参与人都有此性质的策略被称作一个均衡（equilibrium）。

定义 4.13 如果对$M \cup W$中的每个参与人i来说，$Q(i)$是该参与人对于其他参与人策略Q_{-i}的最优反应，那么策略集$Q=\{Q(m_1),\ldots,Q(m_n),Q(w_1),\ldots,Q(w_P)\}$就是一个均衡。

对于一个策略集，若任一参与人均无法在其他参与人的策略不变时通过改变自己的策略得到更高的收益，就称这样的一个策略集为均衡。[这种均衡定义由纳什（Nash）创立并经常被称作“纳什均衡”，它是非合作博弈论中最重要的概念之一。]

此时，推论 4.5 给出的不可能性定理可以重新表述成如下形式：

推论 4.14 不存在这样的稳定匹配机制；在这种稳定匹配机制下，每个参与人都提供真实偏好总是一个均衡。

4.4.1.1 对均衡的解释

通过对参与人拥有的信息做出假设，我们可以从不同的角度来解释这种均衡。从一种劝诫的角度来看，即从一种向参与人提供建议的角度来看，均衡吸引人之处在于，任何其他的建议都会是适得其反的。假设最好的建议包含了策略集Q，每个参与人一个，但那并不是一个均衡。假定所有参与人都决定采纳这条建议。因为它不是一个均衡，所以至少有一个参与人的策略不是他或她此时的最优反应，因此那个参与人至少可以做得比采纳我们的建议更好。如果所有参与人都充分理解此博弈，我们将会发现此建议在所有参与人中的成功采用会使某些参与人背离它。然而，如果我们的建议是一个均衡，那么每个参与人都会觉得采纳我们的建议是在其他参与人也采纳此建议时的最优反应。所以均衡建议是唯一可以使所有的参与人同时认为这是一个好主意的细致建议（即为参与人给出具体的策略选择）。

从描述的角度来看（即尝试描述和预测参与人采用何种博弈行为），在一个预测参与人会选择一个非均衡策略集的博弈论中，至少有一个参与人犯错了，即他或她本可以采取另一个策略以获得更高的收益。经济学家不愿将其解释建立在参与人在逐利过程中始终在犯错的假设上，这导致他们的理论预测了某些可能达到的均衡。（在均衡状态下，参与人不会犯这种类型的错误。）正确预期的解释方式可以帮助我们更好地理解为何参与人在均衡中不犯错。

根据这种解释，参与人 i 预期其他参与人会选择的决策集 Q_{-i} 构成一个期望集。然后，他将选择对 Q_{-i} 的最优反应策略 $Q(i)$。我们将这样得到的策略组记作向量 Q^i，因此对参与人 i 来说，Q^i 包含了 i 对其他参与人策略的预测，以及 i 基于此预测的最优反应。当然，参与人 j 也能用这种方法得到一个策略 Q^j 的向量。均衡便是一种策略向量 Q，满足对任意参与人 i 和 j 都有 $Q^i=Q^j=Q$。也就是说，当每个参与人对其他参与人将会采取什么策略的猜测是正确的，并且每个参与人都采取了在此（正确的）预期下的最优反应时，参与人就采取了一组均衡策略。

显然，当参与人掌握了许多其他参与人的信息和博弈的详细信息，并基于此准确预期其他参与人的行为时，使用正确预期方式解释均衡是最有道理的。对均衡的某些描述性解释并不要求对参与人所掌握的信息进行如此强的假设。总的来说，参与人为达到均衡所需要的信息量取决于达到均衡的过程。信息需求最多的博弈是那些没有历史记录可查，并且参与人不能彼此交流的博弈，因为参与人仅能通过理论分析进行决策。与此相反的是，进化生物学家目前正在建立一个“策略”是基因的博弈模型。（在这些模型中，参与人将不再被假设为信息的使用者或进行权衡计算的人；相反，均衡的产生是对群体中随机出现策略随机选择的长期结果。）介于这两种模型之间的情况是：理性的参与人会与其他参与人进行交流（但不可能达成约束协议），之后再选择他们的策略。在这种类型的博弈中，均衡通常被解释为自我执行的约定：一旦均衡策略集被大家认同，相信其他人会遵守约定的条件的人没有激励违背他在合约中的承诺。均衡也可以解释为与某种社会惯例有关：当参与人了解历史上相似的参与人曾进行过的相似博弈时，他们便能据此形成准确预期。以上解释对应策略性均衡理论在不同应用中的情况。

为了统一思路，我们将会在后面的章节中假设，不管市场上形成均衡的过程如何，参与人都拥有足够多的信息使自己不犯错误，从而达到某个均衡。这是一个很强的假设，自然也会得到一些很强的结论。我们将会讨论这种假设的局限性：首先在均衡的相关背景下讨论，然后在 4.5 节中放松有关参与人信息的假设并讨论所谓的不完全信息博弈。然而，在对比均衡策略和占优策略时，可以得到一些假设均衡存在的想法。这将会告诉我们，（描述性的）假设均衡是可以达到的，以及用分析均衡的方式给参与人提建议可能会存在哪些限制。

假设某策略对某个参与人来说是均衡策略（即为某个均衡的一个元素）。相比假设它是一个占优策略，这是更宽松的假设。一个占优策略是不管其他参与人采取什么行动该参与人都会采取的最优反应，而一个均衡策略只需要是对均衡中其他策略的最优反应即可。所以运用均衡理论有两个潜在的限制：第一，当存在不止一个均衡时，参与人必须通过某种手段来协调其策略选择。如果那些策略分别适用于不同的均衡，那么均衡策略构成的集合可能不是一个均衡。第二，在求解一个均衡时，需要有关其他参与人偏好的大量信息。要注意的是，这与占优策略下的情形不同。如果参与人 i 的占优策略是 $Q(i)$，那么在给参与人 i 提供最优建议时根本就不需要有关其他参与人偏好的信息：最优建议总是采用策略 $Q(i)$。当然，如果 i 没有占优策略，那么他或她就需要根据其他参与人的行动做出决定。我们发现，参与人拥有足够的信息来达到均衡这一假设，可能会对他们到底需要知道多少信息产生影响。

4.4.2 均衡行为

在本节，我们考虑男性最优稳定机制下的博弈，并且集中考虑那些每个男性都选择了占优策略，并且提供了真实偏好的均衡。根据均衡的定义，很可能还存在其他的均衡。（比如，考虑偏好 Q，每个参与人提供的偏好都表明没有可接受的配偶。因此所有参与人都保持单身，这是一个均衡，因为在其他参与人提供的偏好不变时，没有参与人可以通过改变自己提供的偏好来改变这个结果。）但是考察参与人采用其占优策略时的均衡是合理的，因为当存在一个占优策略时，采用此策略总是参与人的最优反应之一。

既然观察到了采取诚实行为（说真话）并不是一个均衡，那我们就需要考虑均衡是否总是存在。定理 4.17 告诉我们均衡确实总是存在。在定理 4.15 中，我们先考虑所有偏好都必须是严格的这一情况，然后我们证明在这种情况下，对任意一组稳定匹配，都存在与之相对应的均衡策略集。（这个定理还会非常清楚地展示我们之前所说的，为达到均衡，参与人必须能够协调他们的策略。因为定理证明了如果存在很多稳定匹配，就会存在许多均衡，但只有当所有参与人都依照同一组稳定匹配选择自身的均衡策略时，才能形成均衡。）

定理 4.15（Gale and Sotomayor） 当所有的偏好都严格时，令 μ 是（M，W，P）的任意稳定匹配，假设每个女性 w 采用的策略都是在其偏好序列中将 $\mu(w)$ 作为唯一的可接受男性（并且每个男性提供他的真实偏好）。这是一个由男性最优稳定匹配机制引致的博弈均衡（μ 就是其生成的匹配）。

证明： 显然，μ 在 P'（即我们假设的偏好）下是稳定的。此外，μ 是（M，W，P'）下唯一的稳定匹配。[因为其他任意匹配都会让 $\mu(M)$ 中的某个 w 变成单身，而这与定理 2.22 矛盾!] 因此，μ 是（M，W，P'）下的男性最优匹配。

通过定理 4.7，我们得知对于每一个男性来说，说真话是在其他参与人采取任何策略选择下的最优反应。为了证明 P' 是一个均衡，假设某个 w 现在改变了她的提供偏好序列，并且在新的提供偏好集合 $P''=(P'_{-w}$，$P'(w))$ 下，新的男性最优配对 μ' 给她匹配的 $m'=\mu'(w)$ 在其真实偏好下优于 $\mu(w)$。那么之前 m' 必然被 μ 匹配给某个（与 w 相比）他更偏好的 w'，否则，$(m'$，$w)$ 将会成为（M，W，P）下 μ 的破坏配对。但 w' 在 μ' 下必然是单身，因为 m' 是她偏好序列 P' 上唯一的可接受男性。因此（m'，w'）在 P'' 下破坏了 μ'，矛盾!

当偏好并不严格且男性最优稳定匹配机制和生序过程被采用时，在定理 4.15 中所述的策略可能不在均衡中，尽管均衡存在。

不可能性定理表明，不存在稳定匹配机制使所有人说真话构成均衡。定理 4.15 和定理 4.17 表明：在采用一个男性最优稳定机制的情况下，均衡存在，并且此时女性篡改了自身偏好。这就引出了我们在本章开头所提出的问题：在考察了参与人面临的激励后，对于第 2 章中提出的稳定匹配总是存在这一假设，我们有必要重新考虑它吗？也就是说，在男性最优稳定匹配机制下，考虑到总有女性有激励篡改自身偏好，我们是否有理由认为此时的匹配在真实偏好下仍是稳定的？如果我们推断均衡会出现，那么接下来的定理对此问题给出了肯定的回答。

定理 4.16（Roth） 假设每个男性都采取占优策略并表达真实偏好，女性选择的策略集（偏好序列）$P'(w)$ 使男性最优稳定机制引致的匹配博弈产生均衡。相应地，（M，W，P'）下的男性最优稳定匹配也是（M，W，P）下的稳定匹配之一。

定理 4.16 表明，任意的均衡（其中男性提供真实偏好）产生了一个在真实偏好下稳定匹配。当偏好严格时，它便是定理 4.15 的逆命题。定理 4.15 表明任何在真实偏好下稳定匹配 μ 都可以由某个策略性均衡集得到。

证明： 假设 μ'_M 是（M，W，P'）下的男性最优匹配，其中（m，w）在 w 的真实偏好下将其破坏。下面证明，P' 不是一个均衡。假设 w 在她的提供偏好上仅列出 m 而不是 $P'(w)$，下面证明 w 将与 m 匹配。令 μ''_M 是新偏好 P'' 下的男性最优匹配，其中 P'' 只与 P' 在 w 的偏好序列上不同；若 w 未与 m 配对，则其在匹配 μ''_M 下单身。根据 μ''_M 的稳定性，m 偏好 $\mu''_M(m)$ 甚于 w。又根据假设，m 偏好 w 甚于 $\mu''_M(m)$， 故 m 偏好 $\mu''_M(m)$ 甚于 $\mu'_M(m)$。显然，在 P' 被限制在 $W-\{w\}$ 的情况下，匹配 μ''_M 在（M，$W-\{w\}$，P'）下是稳定的。因此 m 在（M，W，P'）的男性最优匹配下比他在（M，$W-\{w\}$，P'）下的 μ''_M 变得更糟了，这与定理 2.25 矛盾！

另一个证明定理 4.16 的方法是考虑男性求婚情况下的延迟接受过程。关键步骤如下：令 P' 是任意提供偏好（其中男性提供真实偏好），使 μ'_M 在真实偏好 P 下被某对（m，w）破坏。那么，m 必然在某一步向 w 求婚［因为 $P'(m)=P(m)$］，同时 w 拒绝了他。因此，如果 w 的提供偏好 $P''(w)$ 中将 m 列为她的第一选择，其他部分与 $P'(w)$ 相同，那么他必然可以与 m 匹配。因此，μ'_M 的不稳定性意味着 P' 不是一个均衡。

定理 4.15 表明，偏好严格时，通过适当篡改她们的偏好，女性可以在均衡时获得任意的稳定匹配。另外，定理 4.16 表明女性不能过于贪婪，因为任何使女性 w 与好于 $\mu_W(w)$ 的配偶匹配的策略集都不会是一个均衡。

通过研究均衡，我们研究了那些没有人能通过改变其策略而获益的策略集。我们还可以使用博弈的策略形式来考虑联盟行为。如果一个策略集可以生成均衡，且没有任何女性联盟可以通过改变其成员策略的方式使全体联盟成员的情况都得到改善，我们称此策略集生成了女性强均衡（strong equilibrium for the women）。

当偏好是严格的时，定理 4.15 表明女性通过采用一些均衡策略集可以实现任意的稳定匹配 μ。然而，除非 $\mu=\mu_w$，否则定理 4.15 中描述的特定均衡策略不会是一个女性强均衡。为了理解这一点，注意到如果 $\mu\neq\mu_W$，那么至少对两个女性来说，$\mu(w) \neq \mu_W(w)$，因为如果 $\mu(w_1) \neq \mu_W(w_1) = m_1$，那么根据定理 2.22，$m_1$ 在 μ 下不是单身，并且 $\mu(m_1) = w_2$，$\mu(w_2) = m_1 \neq \mu_W(w_2)$。为了说明 μ 并不是与女性强均衡对应的匹配，令 $\bar{W}$ 为所有满足 $\mu(w) \neq \mu_W(w)$ 的 w。让 $\bar{W}$ 中的每个 w 假装 $\mu_W(w)$ 是她唯一愿意接受的男性，那么 μ_W 在这些新偏好（其他所有参与人都像定理 4.15 中所述的那样提供偏好）下是稳定的。由于所有 $\bar{W}$ 中的 w 都被 μ_W 匹配，因此她们在新偏好下是按照男性最优匹配配对的。

在定义了一个特殊的解的概念后，我们再次想要了解女性强均衡是否总是存在。接下来的定理说明事实确实是这样的。（为了简化，我们在陈述和证明这些定理时假设偏好是严格的，因此最优稳定匹配存在。如果偏好不严格，这类匹配可以被理解为在生序后得到的匹配，正如我们之前的处理那样。）

定理 4.17（Gale and Sotomayor） 令 P' 是一个偏好集，其中每个男性都提供他的真实偏好，在每个女性都提供的偏好中，男性排序与真实偏好相同，但是将所有排在 $\mu_W(w)$ 之后的男性标记为不可接受。这样的偏好 P' 是在由男性最优稳定匹配机制引致的博弈中的女性强均衡（μ_W 即匹配结果）。

证明： 我们声明 μ_W 是（M，W，P'）下唯一的稳定匹配，因为显然 μ_W 是稳定的，且其他任何稳定匹配 μ' 对某些 w 必定有 $\mu'(w) \neq \mu_W(w)$，因此 w 在 μ' 下不是单身。那么通过构造 P'，w 偏好 $\mu(w)$ 甚于 $\mu_W(w)$。由于 μ_W 是女性最优稳定匹配，这意味着 μ' 在真实偏好下是不稳定的，因此它会被某对（m，w）破坏。然而，根据 P' 的构造过程，这意味着（m，w）在偏好 P' 下破坏了 μ'，这与 μ' 在 P' 下稳定这一假设矛盾！

既然 μ_W 是（M，W，P'）的唯一稳定匹配，那么它一定是 P' 下的女性最优稳定匹配。如果某个子集 $\bar{W}$ 可以通过提供不同的偏好来获得更好的支付，那么它会得到比女性最优稳定匹配下更好的支付，但是根据定理 4.10 和男女之间的对称性，这是不可能的。

例如定理 4.17 可以帮助我们理解如下问题：在实现均衡时，除了协调外，参与人还需要大量信息去计算自己的均衡策略。为了算出定理中描述的策略，每个女性需要知道 $\mu_W(w)$，而它的计算依赖于大量关于其他男性和女性偏好的信息。在某些情形下，这些信息很难得到。因此，对此类型定理的解读需要谨慎。我们会在 4.5 节再次对该问题进行说明。

我们之前曾评论说，将参与人协调至一个均衡会遇到很大困难。从这个角度看，能够确定 μ_W 是唯一可得的女性强匹配是个好消息。但是，下面的例子表明情况并非如此。

例 4.18　多重强均衡（Gale and Sotomayor）

真实偏好如下：

$$P(m_1): w_2, w_1, w_3$$
$$P(m_2): w_1, w_3, w_2, w_4$$
$$P(m_3): w_3, w_4$$
$$P(m_4): w_4, w_3, w_1, w_2$$

$$P(w_1): m_4, m_1, m_2$$
$$P(w_2): m_4, m_2, m_1$$
$$P(w_3): m_4, m_3, m_2$$
$$P(w_4): m_4$$

对于这些偏好，女性的最优稳定匹配如下：

$$\mu_W = \begin{matrix} w_1 & w_2 & w_3 & w_4 \\ m_1 & m_2 & m_3 & m_4 \end{matrix}$$

现在假设所有女性提供如下偏好 P'：

$$P'(w_1) = m_4, m_2$$
$$P'(w_2) = m_4, m_1$$
$$P'(w_3) = m_4, m_2, m_3$$
$$P'(w_4) = m_4$$

新偏好下的男性最优匹配是

$$\mu'_M = \begin{matrix} w_1 & w_2 & w_3 & w_4 \\ m_2 & m_1 & m_3 & m_4 \end{matrix}$$

尽管 $\mu'_M \neq \mu_W$，但我们仍可以验证 P' 是女性强均衡。事实上，没有任何包含 w_4 且是 W 的子集的 W'，可以通过提供一个不同的偏好来改善所有成员的境况（因为 w_4 的配偶是所有可能的人中最优的）。如果 W' 包含 w_3，那么就不可能改善 w_3 的境况，因为（m_4，w_4）会破坏新匹配；如果 W' 包含 w_2，它就不能通过提供其他偏好来使 w_2 得到更好的配偶，因为如果这样（m_4，w_4）或（m_2，w_3）就会破坏新匹配；如果 W' 包含 w_1，那么就不

可能提高 w_1 的收益，因为如果这样（m_4，w_4）或（m_1，w_2）就会破坏新匹配。

4.4.3　好策略和坏策略

假设某一刻女性可以得到信息来错报她们的偏好（正如定理 4.17 所述那样），在某种意义上，我们可以认为定理中描述的策略 $P'(w)$ 是女性最好的策略。这些策略导致了一个女性强均衡。在所有均衡（其中男性选择提供真实偏好的占优策略）中，此均衡是女性最偏好的匹配。

显然，如果某女性不知道 $\mu_W(w)$，那么建议她选择该策略是没用的。因此我们可以认为它只有在参与人知道其他人偏好的环境下才是好策略。这便引导我们去思考，在无法获得其他参与人偏好的情况下，我们可以给出什么建议。

我们已经观察到，在参与人有占优策略的情况下，协调问题和信息问题不会出现。特别地，定理 4.7 意味着：当采用男性最优稳定匹配机制时，男性可以自信地提供其真实偏好，而不用去管其他人的偏好是什么。所以这对男性而言是好策略，相对地，其他策略都是坏策略。我们已经知道，提供真实偏好对女性而言不是好策略，同时可以从被其他策略占优的角度考虑什么是坏策略。

根据我们关于占优策略的定义：无论其他人的策略如何，如果参与人 i 采用 $Q(i)$ 时的收益都不比其采用 $Q'(i)$ 时的差，那么我们称策略 $Q(i)$ 在某个参与人 i 上占优于策略 $Q'(i)$。现在我们要使这个概念更严格一些：

定义 4.19　如果 $Q(i)$ 占优于 $Q'(i)$，且至少有一个其他参与人的策略集 Q_{-i} 使得参与人 i 偏好 $Q(i)$ 时的结果甚于 $Q'(i)$ 时的结果，那么我们说参与人 i 的一个策略 $Q(i)$ 严格占优于另一个策略 $Q'(i)$。

为了简化讨论，我们在本节余下部分的阐述和证明中，假设所有女性的偏好是严格的。但是，每个结论也适用于女性偏好非严格的情况。我们说的女性第一选择，指的是该女性偏好中所有排名第一的男性。

如果只有一个女性 w，那么提供真实偏好是她的占优策略，因为这样她会得到接受她的男性中她最偏好的那个。如果她提供 $m' >_w m$，而实际上 $m >_w m'$，那么当 m 和 m' 是仅有的愿意娶她的男性时，她的情况会变坏。接下来，假设 W 中至少有 2 个女性。我们将证明，像定理 4.15 那样只列出一个男性不是占优策略，除非他恰巧是她的真实第一选择。实际上，我们可以通过以下两个定理来描述女性的被占优策略的特征。

定理 4.20（Roth） 在由男性最优稳定机制引致的博弈中，任何未将真实第一选择排在首位的策略 $P'(w)$ 都是严格占优的。

证明： 令 $P'(w)$ 即定理所描述的策略。设 m_1 是 w 的真实第一选择，我们接下来证明 $P'(w)$ 被 $P''(w)$ 严格占优，其中 $p''(w)$ 将 m_1 列在第一位，其余部分与 $P'(w)$ 相同。令 μ'_M 和 μ''_M 分别为相应的男性最优匹配（其他所有参与人的策略不变）。假设 $\mu''_M(w)\neq m_1$，则 $\mu''_M(m_1)>_{m_1}w$［否则 $(m_1,\ w)$ 会破坏 μ''_M］。因此 μ''_M 在偏好 $P'(w)$ 下是稳定的。所以由 μ''_M 的稳定性可知，$\mu'_M(m_1)\geqslant_{m_1}\mu''_M(m_1)$。这两个结论意味着 $\mu'_M(m_1)>_{m_1}w$。由于除了 m_1 外的其他元素在序列 $P'(w)$ 和 $P''(w)$ 中顺序相同，因此 μ'_M 在 $P''(w)$ 下稳定，且 $\mu''_M(w)=\mu'_M(w)$，故 w 在 $P''(w)$ 下并不比在 $P'(w)$ 下情况差。［若 $\mu''_M(w)=m_1$，此结论依然成立。］为了证明 $P''(w)$ 严格占优于 $P'(w)$，令 m' 是 $P'(w)$ 中的第一个元素。考虑以下偏好形式：$P(m')=w$，$P(m_1)=w$，而且没有其他男性接受 w。此时我们可以看到 $m_1=\mu''_M(w)>_w\mu'_M(w)=m'$。证毕。

定理 4.21 证明了：定理 4.20 描述了全部被占优策略。

定理 4.21（Gale and Sotomayor） 令 $P'(w)$ 为 w 的任意策略，满足以下条件：

(a) w 的真实第一选择被列在第一位；

(b) $P'(w)$ 中可接受的男性一样是 w 的真实偏好序列 $P(w)$ 中可接受的；

那么当男性最优稳定机制被采用时，$P'(w)$ 就不是严格被占优策略。

证明： 我们会证明对任何其他策略 $P''(w)$，存在其他参与人的策略 P_{-w} 使得 $\mu'_M(w)>_w\mu''_M(w)$，其中 μ'_M 和 μ''_M 分别是 $(M,\ W;\ (P'(w),\ P_{-w}))$ 和 $(M,\ W;\ (P''(w),\ P_{-w}))$ 下的男性最优匹配。令 m_1 是 w 的真实第一选择。那么一共有三种情况，我们先假设 $P''(w)$ 也满足假设 (a)。

情况 1：m 是 $P'(w)$ 上可接受但 $P''(w)$ 上不可接受的男性。那么对于 P_{-w} 我们假设 m 把 w 列为第一选择，同时没有其他人选 w。在 μ''_M 下，w 是自我匹配的，而 $\mu'_M(w)=m$，所以 w 偏好 μ'［因为 m 在真实偏好 $P(w)$ 下是可接受的］。

情况 2：m 是 $P''(w)$ 上可接受但 $P'(w)$ 上不可接受的男性。那么在 P_{-w} 下假设对某些 w' 有 $P_{-w}(m)=w,\ w'$；$P_{-w}(m_1)=w',\ w$；$P_{-w}(w')=m,\ m_1$，而且没有其他男性选 w 或 w'。那么 $\mu'_M(w)=m_1>_w\mu''_M(w)=m$。

情况 3：令 $P'(w)$ 和 $P''(w)$ 包含相同的可接受男性，但 w 在 $P'(w)$ 下偏好 m 甚于 m''，在 $P''(w)$ 下偏好 m' 甚于 m。假设 $P_{-w}(m_1)=w'$，w；$P_{-w}(m)=w$，w'；$P_{-w}(m')=w$，w'；$P_{-w}(w')=m'$，m_1，m，并且没有其他男性选 w 或 w'。以下结论的证明留给读者当作练习：当 $\mu''_M(w)=m'$ 时，$\mu'_M(w)=m_1$。

我们已经看到，如果 $P'(w)$ 满足（a）和（b），$P''(w)$ 满足（a），那么对于某个 P_{-w}，$\mu'_M(w)>_w\mu''_M(w)$。如果 $P''(w)$ 不满足（a），那么根据定理 4.20，存在某个 $p'''(w)$ 占优于 $P''(w)$，并且 P''' 满足（a），因此我们构造 P_{-w}，使得 $\mu'_M(w)>_w\mu'''_M(w)$，但是由于占优性，$\mu'''_M(w)\geqslant_w\mu''_M(w)$。证毕。

备注 1：定理 4.21 中的条件（b）是必要的，这是为了避免出现以下情况：$P'(w)=m_1$，m，其中 m 在 $P(w)$ 中不是可接受的男性。它被 $P''(w)=m_1$ 严格占优。

备注 2：注意例 4.18 中只使用女性的未被占优策略。因此，即使在参与人被限制只能使用未被占优策略时，也不能得到唯一的强均衡。

4.5　对他人偏好的不完全信息

我们一直到现在都没有对参与人确切地知道什么做出明确的假设。然而，正如我们在 4.4.2 节讨论的，关于参与人知道什么的假设已经在均衡策略中显露了。如果要探讨关于它的确切原因，就离最初目的太远了，但这和我们之前描述的博弈均衡分析中包含的对信息的假设在认知上一致，这种博弈称为完全信息博弈。

通常，关于完全信息博弈的假设是：在分析博弈模型中所要使用的所有信息对参与人来说都是共同知识（common knowledge）。（一条信息是共同知识意味着所有任意长度的“参与人 i 知道 j 知道 i 知道 j 知道……”这类形式的描述都是真的。所以如果一件事情公开发生了，那么它便成为一组人的共同知识，他们不仅知道了这件事情，而且知道其他人知道了这件事情，而且知道其他人知道他们知道了这件事情，如此循环下去。）假设策略正式模型（$N=M\cup W$，$\{D_i\}$，h，P）是共同知识的一个结果是，它暗示参与人知道所有其他人的偏好，因为这也是模型的一部分。这在定理 4.17 中表现得很明显，因为每个女性的均衡策略都要求她可以计算出匹配 μ_W。

公共知识假设是一个非常强的假设，我们必须放松这个假设来对很多重要情况建模。若博弈中有些为非公共知识，那么这种博弈就被叫作不完全信息博弈。接下来我们就来考察这种博弈。

考虑一个模型，其中的参与人不知道其他人的偏好，只知道这些偏好服从的概率分布。因为我们将涉及概率，所以我们不仅需要考虑参与人的偏好排序，而且需要考虑他们的期望效用函数。（仍然假设偏好是严格的。）我们还将考虑普通规则和策略集下的博弈，而不是像显示博弈中那样，参与人只简单提供其偏好。比如说，本章最开始考虑的男性求婚，女性接受或拒绝他们这一规则就定义了一个博弈，其中参与人所面临的决策不涉及提供任何偏好。

我们从期望效用函数开始。直到现在，我们都只考虑了参与人的简单偏好，即可以用偏好序列表示男性 m_1 偏好 w_1 甚于 w_2，偏好 w_2 甚于 w_3。但是如果我们想知道关于偏好的更多细节，比如，男性 m_1 可能更偏好选择与 w_2 匹配，还是更偏好选择彩票使他和 w_1 匹配的概率为 p，和 w_3 匹配的概率为 $1-p$，这便是可以用期望效用函数来捕捉的额外信息。

男性 m_i 的期望效用函数是一个实值函数 u_{m_i}，定义在 m_i 可能接受的所有匹配集合 $W\cup m_i$ 上，对于任何在 $W\cup m_i$ 上的 a，b，其有如下性质：

$$u_{m_i}(a)\geqslant u_{m_i}(b)\text{，当且仅当 } a>_{m_i}b$$

并且对于任何概率 p 以及彩票 $[pa;(1-p)b]$ [它选择 a 的概率为 p，选择 b 的概率为 $(1-p)$]，该彩票的效用由它的期望效用给出，即

$$u_{m_i}[pa;(1-p)b]=pu_{m_i}(a)+(1-p)u_{m_i}(b)$$

大量文献曾定义过什么类型的偏好可以如实地以这种方式来表现。然而，在本章，我们对此不深究，并假设当且仅当 $u[pa;(1-p)b]>u(c)$ 时，期望效用函数为 u 的参与人更偏好彩票 $[pa;(1-p)b]$ 甚于另一个选择 c（是不是彩票均可）。注意到参与人 m_i 可能拥有的全部期望效用函数的集合比所有他可能拥有的对可能匹配的偏好序列集合（有限）要大得多，因为一个期望效用函数不仅反映了对可能匹配的偏好序列，还测量了它们的大小，即测量了男性为不同匹配愿意冒的风险大小。

一个一般的关于他人偏好的不完全信息匹配博弈将由以下集合给出：

$$\Gamma=(N=W\cup W,\{D_i\}_{i\in N},g,U=X_{i\in N}U_i,F)$$

参与人的集合 N 包括待匹配的男性和女性。集合描述了每个参与人在博弈任何阶段面临的选择（也就是说，集合中的元素代表着参与人 i 在需要做决定的每一时点的行动）。函数 g 代表着所有参与人的行动与匹配或匹配的彩票之间的对应关系，也就是说，$g: X_{i \in N} D_i \rightarrow L[\mathrm{M}]$，其中 M 是在集合 M 和 W 之间的所有匹配方式，$L[\mathrm{M}]$ 是在 M 的所有（有限的）概率分布（彩票）的集合。集合 U_i 是所有定义在参与人的可得配偶或者单身概率上的所有期望效用函数的集合，而 F 是在 n 元效用函数 $u = \{u_i\}_{i \in N}$ 上的概率分布。一个解释是参与人的类型是由他或她的效用函数决定的，并且在必须选择他们的策略时，每一个参与人都知道自己的类型，同时在向量 u 的概率分布 F 是共同知识。完全信息博弈是分布 F 给一个向量 u 赋值为 1 的特殊情形。然而参与人的可能效用集合 U 非常大，我们通常只考虑 U 中的一个有正概率发生的子集下的博弈。为了简化，我们之后仅关注以正概率发生的效用函数集合可数的情况。在该情况下，因为每一个参与人 i 知道自己的效用函数 u_i，所以他或她就能通过将贝叶斯规则应用于 F，计算其他参与人在集合 $U_{-i} \equiv X_{j \neq i} U_i$ 中的效用 u_{-i} 的每一个向量的条件概率 $p_i(u_{-i} \mid u_i)$。

这不是我们所能想到的最一般的不完全信息模型（Harsanyi，1967，1968a，b）。尤其是，参与人知道自己和他人匹配的效用，尽管他们不知道对方属于什么“类型”。最终的匹配和此时每个参与人的效用大小都仅取决于参与人的行为，而不是他们的类型。（也就是说，每个参与人的效用取决于他或她自己的类型以及所有参与人的行为，而不取决于其他人的类型。）换一种方式来说，参与人的类型不影响他们的被需要程度，只影响他们的意愿。这看起来像对专业精英求职市场的很自然的假设。比如，在医院-实习生市场，在通常的面试结束之后，好学生可以将项目排序，反之亦然。但参与人不知道他们的首选将自己排第几。（注意到这个模型与面试过程也被模型化时不同，那时参与人对他们自己的偏好并不确定。）

参与人 i 的策略是从他或她的类型（此时是他的效用函数）到他或她的决定的函数，即 $\sigma_i: U_i \rightarrow D_i$。如果 $\sigma = \{\sigma_i\}_{i \in N}$ 表示每个参与人所选择的策略，那么对于任何参与人，效用函数向量 u，$\sigma(u) = \{d_i \in D_i\}_{i \in N}$ 都表示每个参与人所做的决定，其进而导致匹配（或者匹配的彩票）$g(\sigma(u))$。因此，一组策略选择将导致的匹配的彩票，其概率是由向量 u 上的概率分布 F 和函数 g 决定的。类型 u_i 的参与人 i 的期望函数是

$$u_i(\sigma)=\sum_{u_{-i}\in U_{-i}}P_i(u_{-i}\mid u_i)u_i[g(\sigma(u_{-i},u_i))]$$

一个策略性均衡集满足对于 N 中所有参与人 i 以及所有在 U_i 中的效用函数 u_i，有 $u_i(\sigma^*)\geqslant u_i(\sigma^*_{-i},\sigma_i)$ 对参与人 i 的所有其他策略成立。也就是说，当参与人 i 的效用是 u_i 时，策略 σ_i^* 决定了参与人 i 的决定 $d_i^*=\sigma_i^*(u_i)$，并且均衡条件要求对于所有参与人 i 和所有以正概率发生的类型 u_i，参与人 i 不能通过采用其他策略 $d_i=\sigma_i(u_i)$ 来获益。

4.5.1 显示博弈

我们现在转而考虑不完全信息博弈中的一种——显示博弈，在此博弈中参与人被要求只能提供（显示）他们的类型，即他们的效用。（我们之后也将考虑参与人只能提供序数效用而非基数效用的特殊情形。这不仅符合我们在完全信息中所考虑的特殊情况，也符合在 1.1 节、5.4 节和 5.5 节中讨论的采用显示过程的双边匹配市场的情形。）回忆一个在他人偏好下信息不完全的一般匹配博弈，它由如下形式给出：$\Gamma=(N=M\cup W,\{D_i\}_{i\in N},g,U=X_{i\in N}U_i,F)$。我们可以称 $[\{D_i\}_{i\in N},g]$ 为机制，称 $[U,F]$ 为博弈的信息状态。此时，一个博弈 Γ 被划分成一组参与人、一种机制和一个信息状态。一个显示博弈 Γ_R 是机制为 $[\{D_i=U_i\}_{i\in N},h]$ 形式的博弈，其中 h 为将提供的显示偏好转化为匹配或彩票的函数，即 h：$X_{i\in N}D_i\rightarrow L[\mathrm{M}]$。我们有时也称函数 h 为显示机制，因为每个参与人所面临的只是提供什么样的效用。我们将特别注意在一个显示博弈中的“说真话”策略 $\sigma_i^T(u_i)=u_i$，也就是说，每个参与人都总是提供自己的真实类型的策略。

对于任何不完全信息的一般博弈 Γ，和博弈 Γ 下的任何均衡 σ^*，我们能够将与 σ^* 对应的显示博弈定义为一个与 Γ 有同样参与人集合、信息状态的博弈 $\Gamma_R(\sigma^*)$，其中显示机制为 h：$h(u)=g(\sigma^*(u))$。也就是说，如果参与人的真实效用是 u，那么显示机制 h 输入任何提供效用集后生成的匹配（或匹配的彩票），与博弈 Γ 下的均衡生成的匹配相同。（也就是说，不管相应的显示博弈中参与人的真实类型是什么，如果他们的共同提供效用为 u，且 u 与参与人的真实类型一致，那么最终匹配就与 Γ 在策略下生成的匹配相同。）下述内容被广泛应用于不完全信息博弈的证明，称为显示原则。

显示原则　对于任何一般不完全信息匹配博弈的均衡，令 σ^* 表示相应的显示博弈，那么：

(1) 说真话是一个均衡。也就是，策略 $\sigma^T=\{\sigma_i^T\}_{i\in N}$ 是 $\Gamma_R(\sigma^*)$ 中的均衡。

(2) 当所有参与人在 $\Gamma_R(\sigma^*)$ 中说真话时，最终匹配（或者匹配的彩票）将和参与人在 σ^* 中采用 Γ 所得的均衡相同。

(2) 可直接从显示机制 h 的定义得出，不取决于策略是否为原博弈 Γ 的均衡解。(1) 要求说真话是显示博弈的一个均衡，是由 σ^* 是 Γ 的一个均衡这一事实得出的：在其他所有参与人都在显示博弈中讲真话的条件下，如果效用为 u_i 的参与人 i 能通过提供其他效用函数 v_i 而获利，那么在其他人采用策略 $\sigma^*(u_i)\equiv d_i^*$ 时，他或她可以采用 σ^* 而不是 $\sigma(u_i^*)\equiv d_i$ 在博弈 Γ 中得到相同结果并获利。但是如果这样，σ^* 将不是均衡，这与假设相悖。

若对于任意提供效用 u，结果 $h(u)$ 是一个稳定匹配或稳定匹配的彩票，也就是 $h(u)\in L[S(u)]$，那么我们说 h 是一种稳定的显示机制。由于稳定匹配的集合仅仅受到效用排序的影响，即如果 $u=(u_1,\dots,u_{n+p})$ 是期望效用函数的一个向量，那么存在一个特别的序数偏好向量 $P=P(u)$ 与这些效用对应，并且任意两个有相同对应偏好的效用向量的稳定匹配集合都是相同的。也就是说，当 $P(u)=P(v)=P$ 时，$S(u)=S(v)=S(P)$。

当然，当稳定匹配集合仅反映期望效用函数的顺序信息时，选择一种稳定匹配机制可以更细致地使用期望效用。在完全信息的例子里，我们认为机制只依赖于提供偏好。（之前曾提到过，这与使用集中匹配机制的市场情况相符，比如美国医院-实习生市场。）男性最优和女性最优稳定匹配机制只取决于偏好而不是效用。更正式地，我们可以在 $M\cup W$ 的参与人集合里定义如下特殊显示机制。

定义 4.22　一种序数（并非随机的）稳定匹配机制是定义在所有效用向量 u 上的函数，使得 $h(u)$ 在 $S(P)$ 里，其中，P 是和 u 相对应的偏好。并且如果 v 是另一个与 P 相对应的效用向量，那么 $h(u)=h(v)$。

注意到在使用一种序数机制时，参与人提供效用函数和提供相应的偏好是等价的。与序数稳定机制相对的是，之前定义的一般稳定显示机制被称为随机基数稳定机制，这反映的是它们可能在使得 $P(u)=P(v)$ 的 u 和

v下生成不同(并且随机)的结果。比如，我们可能考虑产生μ_W和μ_M(各有0.5的概率）的随机机制，或者产生提供效用的数值高的那方最优的稳定匹配的基数机制。(后一种机制的激励性质非常不具有吸引力)。

4.5.2 均衡和稳定

最初的结果是一个不可能性定理，它完全否定了定理4.16中当男性最优稳定机制被采用时关于完全信息情况下的均衡结论。它表明在不完全信息情况下，没有什么机制的均衡拥有像在完全信息情况下男性最优稳定机制所拥有的那种稳定特性。证明的思路是：由显示原则得出，如果这样的机制存在，那么将有以说真话作为均衡的稳定显示机制，然后证明没有这样的显示机制存在。定理4.23的证明也说明定理4.4可以推广到基数机制和不完全信息情况。

定理 4.23（Roth） 如果市场的每边都有至少两个参与人，那么对于任意一般匹配机制$[\{D_i\}_{i\in N}, g]$，都存在这样的信息状态$[U, F]$——对于每一个博弈的均衡都有：对于U中的一些u，$g(\sigma(u))\notin L[S(u)]$。[并且满足$g(\sigma(u))\notin L[S(u)]$的集合$u$在$F$下有正概率。] 也就是说，不存在一个机制有如下特性：在真实偏好下，至少有一个均衡在博弈的每一个实现环节总是稳定的。

为了明白为什么必须要求市场的每边有至少两个参与人，注意到，因为偏好是严格的，市场每边仅有一个参与人的博弈必然有一个稳定匹配，其中每个参与人都与其相互排序最靠前的可接受选择匹配。在这样一个博弈中，不难看出在采用一种稳定机制时，所有参与人都提供自己的真实偏好是一个占优策略。

证明着眼于每边只有两个参与人的市场，并举出一个反例，即一个信息状态导致每一种稳定显示机制（因此所有机制）均不再有效。当样本的集合变大时，对于证明中的四个参与人，只要他们的偏好不变，便可以嵌入任何更大的参与人集合而不影响任何结果（因为在更大的市场里，这四个参与人不将任何新参与人作为自己的可接受匹配。)

反例

先考察参与人的序数偏好，再考虑他们的效用函数。参与人集合为$N=M\cup W$，其中$M=\{m_1, m_2\}$，$W=\{w_1, w_2\}$。参与人最可能的类型对应如下偏好：

$$P(m_1)=w_1,w_2 \qquad P(w_1)=m_2,m_1$$
$$P(m_2)=w_2,w_1 \qquad P(w_2)=m_1,m_2$$

参与人 m_2 和 w_2 没有其他以正概率实现的类型，但是 m_1 和 w_1 每人有两种类型，以下为他们的另一可能偏好：

$$P'(m_1)=w_1 \qquad P'(w_1)=m_2$$

m_1 的偏好是 $P'(m_1)$ 而不是 $P(m_1)$ 的概率为 q，w_1 的偏好是 $P'(w_1)$ 而不是 $P(w_1)$ 的概率也为 q。令

$$P=(P(m_1),P(m_2);P(w_1),P(w_2))$$
$$P'=(P'(m_1),P(m_2);P(w_1),P(w_2))$$
$$P''=(P(m_1),P(m_2);P'(w_1),P(w_2))$$
$$P'''=(P'(m_1),P(m_2);P'(w_1),P(w_2))$$

是分别以概率 $(1-q)^2$、$q(1-q)$、$q(1-q)$ 以及 q^2 出现的偏好集。

我们将假设，对于每一个参与人的每个类型，与其第一选择匹配的效用为 2，与其第二选择匹配的效用为 1，与其第三选择匹配的效用为 0。因此，举例来说，当 m_1 的偏好为 $P(m_1)$ 时，他的效用为 $u_{m_1}(w_1)=2$，$u_{m_1}(w_2)=1$，$u_{m_1}(m_1)=0$；当他是偏好为 $P'(m_1)$ 的类型时，他的效用为 $u'_{m_1}(w_1)=2$，$u'_{m_1}(m_1)=1$，$u'_{m_1}(w_2)=0$。

对于某些可能类型的实现，有三种不同的匹配可能是稳定的，可表示为

$$\mu=\begin{bmatrix} m_1 & m_2 \\ w_1 & w_2 \end{bmatrix},\ v=\begin{bmatrix} m_1 & m_2 \\ w_2 & w_1 \end{bmatrix},\ \tau=\begin{bmatrix} m_1 & m_2 & (w_1) \\ (m_1) & w_2 & w_1 \end{bmatrix}$$

与稳定匹配集合对应的可能类型组合为

$$S(P)=\{\mu,v\}; \qquad S(P')=\{\mu\};$$
$$S(P'')=\{v\}; \qquad S(P''')=\{\tau\}。$$

定理 4.23 的证明： 由对称性，不妨设当提供的偏好 P 对应效用 u 时，任何稳定显示机制 h 选择稳定匹配 μ 的概率至少为 0.5。(若 h 选择 v 的概率大于 0.5，则将 w_2 换为 m_2。) 我们将证明在其他参与人采取说真话策略时，h 使得 w_2 有激励谎报自己的效用，并且因此对于任何稳定显示机制，当信息状态和例中相同时，说真话不是一个均衡。

令 σ 为四元组策略，当参与人的真实类型符合偏好 P 时，将提供的效

用向量标记为$\sigma|P$，将符合其他偏好的效用向量标记为$\sigma|P'$、$\sigma|P''$，以及$\sigma|P'''$。那么，w_2 的期望效用 u_{w_2} 为

$$u_{w_2}(\sigma)=(1-q)^2 u_{w_2}(h(\sigma|P)) + q(1-q)[u_{w_2}(h(\sigma|P'))+u_{w_2}(h(\sigma|P''))] + q^2 u_{w_2}(h(\sigma|P'''))$$

所以，如果 q 足够小，那么除了 P 以外的任何状态下的潜在损失在期望效用上都会被最可能的状态 P 下的收益抵消。例如，对于$q=0.01$，w_2 更偏好确定地得到 v（牺牲其他状态下的其他匹配），而不是在状态 P 下以至少 0.5 的概率得到 μ。w_2 实际上可以通过这样做来实现这个结果：在所有其他参与人采取说真话策略的情况下，w_2 可以提供与 $P'(w_2)=m_1$ 相符而不是与她的真实偏好相符的效用函数。其原因是：当其他所有参与人提供与 P 相符的效用，而 w_2 提供与 $P'(w_2)$ 相符的效用时，唯一的稳定匹配为 v，所以任何稳定机制都必须在这种情况下选择 v。说真话不是一个均衡，因为当其他参与人采用说真话策略时，w_2 更偏好提供与 $P'(w_2)$ 相符的效用。（因为 w_2 只有一种类型是以正概率实现的，就影响其他参与人的期望效用而言，这便是她的全部策略了。）

根据显示原则，现在完成了证明：因为如果存在总是生成稳定均衡的机制，那么相应的显示机制将是一种以说真话为均衡的稳定机制。

下面的定理表明，定理 4.10 的结果也不能推广到不完全信息的情况。（即使）在男性最优稳定机制下，男性联盟也能通过篡改他们的偏好使自己获得更好的匹配结果。尽管如此，我们将在定理 4.26 中证明，提供真实偏好仍然是男性的占优策略。

定理 4.24（Roth） 在偏好信息不完全的博弈中，男性最优稳定机制可能会被男性联盟操控。

证明： 参考如下示例，由例 2.31 加上参与人 w_4 改编。

参与人为 $N=M\cup W$，其中 $M=\{m_1, m_2, m_3\}$，$W=\{w_1, w_2, w_3, w_4\}$。与最可能出现的参与人类型一致的偏好如下：

$$P(m_1)=w_4,w_2,w_1,w_3 \qquad P(w_1)=m_1,m_2,m_3$$
$$P(m_2)=w_4,w_1,w_2,w_3 \qquad P(w_2)=m_3,m_1,m_2$$
$$P(m_3)=w_1,w_2,w_3 \qquad P(w_3)=m_1,m_2,m_3$$
$$P(w_4)=w_4$$

注意，在这些偏好下，w_4 不愿与任何一个男性匹配。除了 w_4 对应上述偏好外，每个参与人只有一种类型出现的概率为正。女性参与人 w_4 有两种类型以正概率出现，她的另一种可能的偏好是 $P'(w_4)=m_1, m_2$。

女性参与人 w_4 的偏好是 $P'(w_4)$ 而非 $P(w_4)$ 的概率为 q（q 很小）。令 $P=(P(m_1), P(m_2), P(m_3), P(w_1), \cdots, P(w_4))$ 和 $P'=(P'(m_1), \cdots, P'(w_4))$ 表示两种可能的偏好集，相应的概率分别为 $1-q$ 和 q。

令 $\mu_M(P)$ 和 $\mu_M(P')$ 分别表示 P 和 P' 下得到的男性最优稳定匹配。则

$$\mu_M(P)=\begin{pmatrix} m_1 & m_2 & m_3 & (w_4) \\ w_1 & w_3 & w_2 & w_4 \end{pmatrix}$$

$$\mu_M(P')=\begin{pmatrix} m_1 & m_2 & m_3 & (w_3) \\ w_4 & w_1 & w_2 & w_3 \end{pmatrix}$$

在其他样本都提供自己的真实偏好时，若 q 足够小（特别地，当 $q<[u_{m_1}(w_2)-u_{m_1}(w_1)]/[u_{m_1}(w_4)-u_{m_1}(w_1)]$ 时），m_1 和 m_2 的联盟可以通过提供偏好 $Q(m_1)=w_2, w_1, w_3$ 和 $Q(m_2)=w_4, w_3$ 来确保自身获得更高的期望效用。这是因为

$$\mu_M(Q|P)=\begin{pmatrix} m_1 & m_2 & m_3 & (w_4) \\ w_2 & w_3 & w_1 & w_4 \end{pmatrix}$$

$$\mu_M(Q|P')=\begin{pmatrix} m_1 & m_2 & m_3 & (w_3) \\ w_2 & w_4 & w_1 & w_3 \end{pmatrix}$$

注意，在真实偏好为 P 时，男性参与人 m_1 和 m_3 都会从 m_2 的谎报中获益，并且此时 m_2 获得了与提供真实偏好条件下相同的配偶。但当真实偏好为 P' 时，m_2 的情况较 m_1 提供其真实偏好时得到了改善；同时，尽管 m_1 在此时情况较差，但由于 q 值很小，若 m_1 和 m_2 都根据 Q 谎报偏好，他仍将获得更高的期望效用。值得注意的是，在提供偏好时，m_1 和 m_2 都不知道真实的偏好是 P 还是 P'。

正如 4.3.1 节讨论的，即使是在完全信息的情况下，仍然可能存在谎报偏好的联盟，可以不损害联盟中任何一人并改善其中某些人的情况。这意味着定理 4.10 的结论（即男性联盟不能操控男性最优机制以利己）并不是特别稳健。一旦男性可以进行任何形式的转移支付，上述结论就不再成立。定理 4.24 显示，在其他人偏好不确定的情况下，便可能发生在期望效用上的转移支付，此时男性可以在不同实现状态之间交换利益。需要注意

的是，此时的结论对任意正概率 q 都成立，即使 q 十分小，关于偏好也仅存在非常小的不确定性。

4.5.3 占优策略和劣势策略

与均衡状态下的结论不同，在完全信息状态下有关占优策略的结论可以推广至不完全信息状态下。我们从一个关于完全信息显示博弈下和相应的不完全信息显示博弈下占优策略之间关系的命题开始。（这里的“相应的”意味着有相同的机制和参与人集合，但允许存在不同的信息状态，即不同的效用分布 F。）

命题 4.25（Roth） 在任何完全信息显示博弈 Γ 中（即每一个确切的 u），如果 h 是使提供真实偏好 u_i 成为参与人 i 的占优策略的机制，则说真话策略 $\sigma_i^T(u_i)=u_i$ 在相应的其他参与人偏好信息不完全的博弈 Γ^* 中是一个占优策略。

证明： 假设上述命题不成立，则存在一个策略 σ_i 满足 $\sigma_i(u_i)\neq u_i$，且至少在某个实现 $u\in U$ 下结果更优。这与在效用函数为 u 的完全信息博弈中，参与人 i 提供 u_1 是占优策略这一事实矛盾。

下面是命题 4.25 和定理 4.7 的直接推论。

定理 4.26（Roth） 在他人偏好信息不完全的匹配中，男性最优稳定机制使每个男性提供自己的真实偏好成为其占优策略；也就是说，$\sigma_i^T(u_i)$ 是每个男性的占优策略。（类似地，女性最优稳定机制也使每个女性提供自己的真实偏好成为其占优策略。）

采用一种相似的、逐个考察每个参与人的实现类型的论证方式可以让我们得到与定理 4.20 对称的结论。

定理 4.27（Roth） 在他人偏好信息不完全的匹配中采用男性最优稳定机制时，对于 U_i 中的每一个 u_i，如果任意女性 w_i 的一个策略 $\sigma_i(u_i)$ 没有将其真实第一选择列为提供偏好的第一选择，那么此策略是被占优的。

证明： 考虑某个女性 w_i 的一个策略 σ_i，至少在一个（U_i 中的）u_i 下提供效用 $\sigma_i(u_i)$，其中排序最靠前的并不是 u_i 下排序最靠前的配偶，即使 $M\cup\{w_i\}$ 中 $\sigma_i(u_i)$ 最大化的配偶并不是 u_i 最大化的配偶 s^*。令 σ_i^*：$U_i\rightarrow D_i$ 为一个仅在 $u_i\in U_i$ 下不同于 σ_i 的策略。更进一步地，假设在 $M\cup\{w_i\}$ 中，当 $s\neq s^*$ 时，$\sigma_i^*(u_i)(s)=\sigma_i(u_i)(s)$，并且 s^* 最大化了

$\sigma_i^*(u_i)$。回忆此时的匹配结果和 w_i 相应的效用，仅仅取决于参与人的提供效用（他们的行为）而不是他们的类型。所以根据定理 4.20 可知，在任何其他参与人的策略选择下，女性 w_i 选择 σ_i^* 至少和选择 σ 一样好，并且在一种其他参与人的选择策略中前者要严格好于后者。

由于男性最优稳定机制是一个序数机制，定理 4.7 和定理 4.20 的证明与定理 4.26 和定理 4.27 的证明并没有本质区别，其中在前两个定理描述的博弈中，参与人提供偏好，而在后两个定理描述的博弈中，参与人提供效用。

在命题 4.25 和有关定理 4.27 的证明的相关讨论中，展示了一种“占优策略原则”，其将完全信息博弈下关于占优策略的结果移植到了非完全信息博弈下，正如定理 4.26 和定理 4.27 那样。我们可以看到，完全信息博弈下关于均衡的结果不能移植。

4.5.4　完全和不完全信息模型的讨论

由于这个部分讨论的问题在很大程度上是由真实市场参与人行为的经验主义问题引出的，因此以对建模问题的讨论结束本章是合适的。首先是关于稳定性的定义，其在完全信息模型和不完全信息模型中是相同的。在不完全信息模型的讨论中，这种稳定性实际上是事后稳定，这是因为即使所有的偏好都成为公共信息，一个稳定匹配仍将保持稳定。

这个要求并不是非常苛刻，因为当一个匹配被考虑时，每个参与人都知道他更偏好那个选择。虽然每个参与人都不知道他最偏好的选择怎样评价他，但是，对此假设的违反正是许多有意思的市场出现不稳定性的原因。例如，在医院-实习生市场里，一个收到其第三选择邀请的医科实习生，能够轻易联系到第一和第二选择，以确定他们更偏好他还是其他候选人。在 20 世纪 40 年代晚期，此市场还未引入稳定匹配过程，正是这类问询沟通造成了大量的违约（无论口头协议或是什么形式），从而影响了市场的运行（参考 Roth，1984a）。

一个重要的建模问题是，完全和不完全信息模型分别适用于何种情况。显然，在此模型希望刻画的大多数市场中，参与人都不能准确知道其他参与人的偏好。但是不那么引人注意的问题是：什么样的（如果存在的话）事前信念可以被认为是参与人的共同知识？因此，这两种类型的模型都是有代价的。对于某种关于稳定性的问题来说，它的事前特点使两种模型的区别不再重要。对于其他问题，没有什么其他的办法来检验这两种模型和它们所给出的答案，从而甄别它们对这些市场做了什么牵强的假设。也正是通过这种方式，对在完全信息模型下实现均衡的信息要求，导致了本章之后对不完全信息情况的探索。但是，此时得到的均衡结果并不好，并且不完全信息条件下均衡的一般特点仍然是一个待解决的问题。

4.6 文献指南

本部分的很多结果都是由许多学者共同给出的，他们不断对早期结果进行拓展或简化之前的证明。因此很多结果都来源于多篇文献。

不可能性定理（定理 4.4）由 Roth（1982a）提出并证明。其另一种证明由 Theodore Bergstrom 和 Richard Manning 独立发现。Roth（1982）最初的证明要求有三个男性和女性，进而证明了即使在参与人仅能篡改其偏好排序而不能改变谁是可接受的或不可接受的时，此结论依然会成立。我们对于定理 4.6 的证明借鉴了 Gale 和 Sotomayor（1985b）对推论 4.12 的证明，但是略有修改。

定理 4.7 来自 Roth（1982a）。引理 4.8 和引理 4.9 此时作为证明的一部分。定理 4.7 作为定理 4.10 的推论被 L. E. Dubins 和 D. A. Freedman 在 1981 年的论文中独立发现，这篇论文也首次对后面的定理给出了证明。定理 4.10 的一个更短的证明出现在 Gale 和 Sotomayor（1985a）的论文中[他们使用了引理 3.5，其适用性是由 Hwang（n. d.）发现的]。Roth（1984b）发现这些定理并不依赖严格偏好。定理 4.11 来自 Demange，Gale 和 Sotomayor（1987）。

Roth（1982b）和 Bird（1984）发现了单边租房市场模型中相关的策略性结果。正如之前提到的，在例 4.3 中讨论的“运动选秀”过程使每个参与人提供其真实偏好成为占优策略，因为我们面对的是一对一配对。在实际运动选秀中，每个队都需要进行很多轮选择，因此按照它的偏好排序进行选择不是一个占优策略，并且均衡的结果可能不是帕累托最优。Brams 和 Straffin（1979）曾经讨论过这个问题。

定理 4.15、定理 4.17 和定理 4.21 中的证明以及例 4.18 均由 Gale 和 Sotomayor 提供。定理 4.16 和定理 4.20 来自 Roth（1984b，1982a），其使用了建立在延迟接受过程上的证明（本书将其作为定理 4.16 的另一种证明）。这些结果的证明来自 Gale 和 Sotomayor（1985b）。策略性均衡的一般定义来自 Nash（1951）。Moulin（1986）提出了一种处理存在占优策略博弈的方法（这一成果为我们了解这些概念提供了极大的帮助）。Roth 和 Vande Vate（1989）讨论了与定理 4.16 相关的情况：匹配机制随机地选取一个提供偏好下的稳定匹配。

4.5 节关于对他人偏好的不完全信息匹配博弈的模型和所有结论都来自 Roth（1989a）。不完全信息博弈的一般形式源自 Harsanyi（1967，1968a，b）。显示原则（4.5.1 节）被广泛用作不完全信息博弈下的证明方法，可参考 Myerson（1985）对此问题和相关问题的处理方法，他的方法对我们理解这个工具起了很大作用。

另一类与 4.5 节不同但和这里讨论的一般性问题有关的不完全信息模型可以参考被称为"找工作"的相关文献。这些模型考察了公司和工人在搜寻费用很高时是如何互相了解的。因此在这些模型中，参与人不能准确了解他们自身的偏好，因为这些偏好是由其他参与人的类型决定的，而他并没有获得这类信息。其中代表性的论文是 Mortensen（1982）以及 Diamond 和 Maskin（1979，1982）。

在本章结束之前，我们要指出本章的很多结果具有社会选择理论（经济学理论的一个分支）的影子。事实上，最初的不可能性定理是 Arrow 在 1951 年关于某些类型的社会选择函数不可能性的证明。Gibbard（1973）和 Satterthwaite（1975）证明了这个结果是如何与使提供真实偏好成为参与人占优策略的一般性过程的不可能性相结合的。Peleg（1978）指出，策略性均衡和强均衡因此应该被给予关注。Dasgupta，Hammond 和 Maskin（1979），Green 和 Laffont（1979）以及 Peleg（1984）提供了关于什么类型的结果可以被"执行"，即会获得什么样的策略性均衡的文献，他们还研究了那些可进一步探讨的特殊领域。4.5 节中的个人不完全信息模型可以参考 Kalai 和 Samet（1985）。

第二部分

多对一匹配：公司-雇员模型

第 5 章和第 6 章将探讨多对一匹配模型。在现实的双边市场中，多对一匹配可能是最典型的情况：市场的两方分别为一个机构，且这个机构由很多个体构成，例如，大学录取很多学生（但至少在任何给定的时间，学生通常只进入一所大学），公司雇用很多工人，医院同时雇用很多实习生等同时进行的匹配。

构建多对一匹配模型的一个核心问题是对机构的偏好进行建模，因为这涉及不同学生群体、工人等的比较，而这些问题并不会出现在婚姻模型中。我们将看到一对一匹配和多对一匹配之间存在重要的差异和惊人的相似性。第 5 章中的结果将对 1.1 节中医院-实习生市场所述的现象进行解释，同时也将简要描述相关市场中一些进一步的实证观察。

第 5 章探讨的模型与第 6 章介绍的两个模型之间的主要区别在于它们对机构偏好建模的方法。在第 5 章中，对学生、实习生等群体的偏好来源于对个人的偏好，而在第 6 章中，我们直接关注群体偏好并考虑更普遍的偏好。另一个不同之处在于，对于货币支付（薪酬、学费等），第 5 章中仅将其作为决定偏好的特征之一进行隐含模拟，而在第 6 章中我们明确地对薪酬进行建模。

第 5 章　大学录取模型和医院-实习生市场

5.1　正式模型

医院-实习生市场和前几章中用简单模型刻画的婚姻市场有明显的相似点。医院-实习生市场中有两类参与人——医院和医科实习生，并且市场的功能是将二者进行匹配。（严格地说，我们指的是医院的项目而不是医院，因为医院里有不同的实习生项目，并且分开管理，而学生向项目提交申请。）因为实习生薪水是每个职位简介中的一部分，而不是通过医院和实习生协商决定的，所以薪水不会在我们的模型中起到明显的作用，只是一个决定学生对医院的偏好的因素。类似地，我们也假定医院对学生有偏好，即它们有能力将申请职位的学生排序，正如它们被国家居民匹配项目所要求的那样。医院-实习生市场和婚姻市场最主要的区别是，医院项目可能雇用超过一个学生，尽管每个学生只能申请一个项目。（一个特定的医院项目提供的所有职位都是相同的，因此想提供不同的职位的医院必须将职位分到不同的医院项目中。）这个市场的规则是：双方同意后，学生和医院需要签订雇佣合同，任何一个医院都可以选择让一些职位空闲，并且如果学生愿意，他们可以与项目进行匹配（可以之后在二级市场中申请职位）。

当然，有许多其他的匹配问题也满足上述要求，即市场一边是个人，另一边是机构（例如，学生和大学或者公司和员工）。这里讲述的正式模型是对在理论文献中经常被称作“大学录取”模型的模型的重新表述。我们在这里将会使用一些术语，并且在大多数的章节里我们将机构称为“大学”。5.4 节是个例外，在那里我们将展示直接对医院-实习生市场进行研究的结果，其中的机构被称为“医院”。

所以我们的正式模型的首个要素是两个有限且无交集的集合，即 $C=\{C_1,\cdots,C_n\}$ 和 $S=\{s_1,\cdots,s_m\}$，分别代表学校和学生。每个学生都有对于学校的偏好，每个学校也都有对于学生的偏好。和婚姻模型一样，我们假设这些偏好是完备的、可传递的，从而可以用序列 $P(C)=s_1,,s_2,C,s_3$，…表示，意味着大学 C 偏好录取 s_1 甚于 s_2；相比不录取任何人，更偏好录取他们两个之中任何一个，即宁愿闲置一个录取名额也不录取他们（例如 s_3）。类似地，用序列 $P(s)=C_2,C_1,C_3,s,\cdots$代表学生 s 的偏好，与婚姻模型类似，它表明学生 s 唯一会去的学校是 C_2，C_1，C_3，并且按这个顺序选择。我们用 $C_i>_sC_j$ 来表示相比 C_j 学生 s 更愿意去 C_i；用 $C_i\geqslant_sC_j$ 来表示 s 对 C_i 的偏好程度不低于 C_j，即他更愿意去 C_i，或者对二者没有明显偏好。类似地，$s_i>_Cs_j$ 和 $s_i\geqslant_Cs_j$ 表示大学 C 对于单个学生的偏好 $P(C)$。如果 $C\geqslant_ss$，那么对于学生 s 来说大学 C 是可接受的；如果 $s\geqslant_CC$，那么对于大学 C 来说学生 s 是可接受的。与婚姻问题中相同，我们把偏好序列缩减到只包括可接受的选项。

与婚姻模型的第一个区别是，对于每个大学 C，会有一个正整数 q_C 来表示大学 C 的配额［大学可以提供的“职位”（position）数量，即大学可以录取的最大学生数量（所有的 q_C 个“职位”是完全相同的，这反映了学生对大学的不同“职位”的偏好程度没有区别）。］当我们用 C_i 表示一个特定的大学时，它的配额就会被表示为 q_i。

大学录取模型的结果是学生和大学匹配，即一个学生至多被一所大学录取，一所大学至多录取与它的配额一致的学生。正如婚姻问题中那样，没有被任何大学录取的学生会被认为是“自我匹配”，并且大学没有录取任何学生的空缺“职位”也会被认为是和自己进行了匹配。匹配是双边的，即当且仅当这所大学录取了这个学生时，我们才说一个学生被给定的大学录取。

为了给一个正式定义，我们首先定义对于任意集合 X 而言，X 的无序元素族是 X 中一组可能重复的且不包含顺序的元素。所以一个 X 中的给定元素可能在 X 的无序元素族中出现不止一次，这也是其与 X 的无序元素子集不同的地方。我们现在可以正式地定义匹配（match）如下：

定义 5.1 匹配 μ 是从集合 $C\cup S$ 到集合 $C\cup S$ 的无序元素族的函数。

(1) 对于每个学生 s 有公式 $|\mu(s)|=1$，并且当公式 $\mu(s)=s$ 时有公式 $\mu(s)\notin C$；

(2) 对于每所大学有公式 $|\mu(C)|=q_C$，如果 $\mu(C)$ 中的学生数量 r 小于 q_C，那么 $\mu(C)$ 包含 q_C-r 个 C 中的元素；

(3) $\mu(s)=C$ 等价于 s 在 $\mu(C)$ 中。

所以 $\mu(s_1)=C$ 表示学生 s_1 在匹配 μ 中被大学 C 录取，并且 $\mu(C)=\{s_1,s_3,C,C\}$ 表示大学 C 有 4 个配额，录取了学生 s_1 和学生 s_3，还有两个空位。[我们将 $\mu(C)$ 中的元素写在表示集合的大括号中间。]

我们可以用图形表示匹配，如

$$\mu_1 \quad \begin{matrix} C_1 & C_2 & (s_4) \\ s_1 s_3 C_1 & s_2 & s_4 \end{matrix}$$

表示大学 C_1 有 3 个配额，并和学生 s_1、s_3 进行了匹配；大学 C_2 有 1 个配额，并和 1 个学生进行了匹配；学生 s_4 没有被匹配。

5.1.1 对于匹配的偏好

在我们对婚姻模型的介绍中，每个参与人对于两个匹配的偏好取决于他对他自己在两个匹配下的配偶的偏好。我们现在认为学生一样如此，因为在每个匹配中，学生只有不匹配和与一所大学匹配两种情况，而且我们已经描述了学生对于大学的偏好。但是，尽管我们已经描述了大学对于学生的偏好，但因为每所拥有不止 1 个配额的学校为了比较两个可选的匹配必须有能力比较不同的学生群体，因此我们必须描述大学对于学生群体的偏好。(等我们描述了大学对于匹配的偏好，我们的模型才能成为定义完整的博弈。)

将大学对于学生群体的偏好和对于单个学生的偏好相连的最简单的假设要求：如果 $\mu(C)$ 将大学 C 与其第三和第四选择的学生相连，$\mu'(C)$ 将其与第二和第四选择的学生相连，那么大学 C 偏好 $\mu'(C)$ 甚于 $\mu(C)$。特别地，我们令 $P^{\#}(C)$ 表示在大学录取问题中，大学 C 对在任何匹配 μ 下可能得到的匹配结果 $\mu(C)$ 的偏好关系。如果任意两个匹配结果只在一个学生上有不同，并且大学 C 偏好包括其更偏好的学生的那个匹配（如果大学 C 对两个学生是无差异的，那么大学 C 对两个匹配也无差异），则我们称大学 C 对学生群体的偏好 $P^{\#}(C)$ 对大学 C 对单个学生的偏好 $P(C)$ 是响应的 (responsive)。

定义 5.2 如果对于任意 $\mu(C)$ 中的 σ 和不在 $\mu(C)$ 中的 s_k 而言有 $\mu'(C)=\mu(C)\cup\{s_k\}\backslash\{\sigma\}$，那么当且仅当 C 偏好 s_k 甚于 σ 时[在 $P(C)$ 下]，C 偏好 $\mu'(C)$ 甚于 $\mu(C)$[在 $P^{\#}(C)$ 下]，这种对学生群体的偏好关系 $P^{\#}(C)$ 是响应的[对单个学生的偏好 $P(C)$]。

我们用 $\mu'(C)>_C\mu(C)$ 来表示根据大学 C 的偏好 $P^{\#}(C)$，大学 C 偏好 $\mu'(C)$ 甚于 $\mu(C)$，用 $\mu'(C)\geqslant_C\mu(C)$ 来表示 C 对 $\mu'(C)$ 的偏好程度不差于 $\mu(C)$。$\mu'(C)$ 和 $\mu(C)$ 不是单点集表明了我们在讨论偏好 $P^{\#}(C)$ 而不是大学 C 对单个学生的偏好。请注意，即使 C 对单个学生有严格的偏好，C 也可能对匹配 $\mu'(C)$ 和 $\mu(C)$ 无差异。

也要注意在任何偏好 $P(C)$ 下可能存在不同的响应偏好序列 $P^{\#}(C)$，例如，一所拥有 2 个配额的大学并不能根据响应性(responsiveness) 来比较将它与自己的第二和第三选择配对的匹配和将它与自己的第一和第四选择配对的匹配。但是，大学 C 对于单个学生的偏好排序 $P(C)$，可以通过考察 C 在 $P^{\#}(C)$ 下对于包含不多于一个学生(和 q_C-1 个 C) 的那些匹配 $\mu(C)$ 之间的排序获得。大学有响应偏好的假设实际上意味着大学对于学生群体的偏好和其对于单个学生的偏好自然地相关。(在第 6 章中我们将会考虑更复杂的偏好，其中公司不能对单个员工进行排序。)

我们之后便假设大学具有响应个体偏好的群体偏好，并且该偏好是完备的和可传递的。每个参与人对于两个可选的匹配的偏好和他对于自己在两个匹配中的匹配对象的偏好相一致。

和婚姻模型一样，以下的一些结果依赖参与人有严格的偏好这一假设。令人欣喜的是，我们只需要假设大学对于单个学生有严格偏好：没有必要假设大学对学生群体有严格偏好。具体原因等我们讲到定理 5.26 时就会完全清楚了。该定理指出，当大学对单个学生有严格偏好时，它们就不会对在稳定匹配中与其配对的学生群体无差异，即使它们可能对其他学生群体无差异。

5.2 稳定性和群体稳定性

如果某个学生 s 和大学 C 满足公式 $\mu(s)=C$，且有一方对对方来说是不可接受的，那么匹配 μ 是个体非理性的。这样的匹配也会被不满意的参与人破坏。在婚姻问题中，这个术语反映了市场规则允许每个参与人不接受这样的匹配。

类似地，如果大学 C 和学生 s 在 μ 中没有进行匹配，但是他们二者都偏好彼此甚于他们目前的配对，则称他们破坏了匹配 μ。即如果 $\mu(s) \neq C$，$C >_s \mu(s)$，且对于一些在 $\mu(C)$ 中的 σ 来说，$s >_C \sigma$，那么 μ 被大学一学生的组合破坏了。[注意 σ 可能等于一些在 $\mu(C)$ 中的学生 s'，或者如果在 $\mu(C)$ 下大学 C 有一个或多个空缺"职位"时，σ 可能等于 C。] 这么说可能更清楚，匹配会被婚姻模型中那种不稳定的个人或者一对参与人破坏，因为有些参与人既有激励（因为偏好是响应的）又有能力去打乱此匹配。所以，和在婚姻模型中一样，现在我们需要定义稳定匹配 —— 尽管我们将不得不回答这样定义的稳定匹配集合是否可以和婚姻模型发挥相同的作用这一问题。

定义 5.3　如果匹配 μ 没有被任何单个参与人或者大学—学生的组合破坏，那么这个匹配是稳定的。

乍一看，这种结对（pairwise）稳定性的定义并不充分，因为我们可能要考虑一所大学和一些学生（他们都可能同时被这个大学录取）的组合体[①]（coalition），或者许多大学和许多学生的组合体。我们现在对上述组合体进行考察，并说明当偏好是响应的时，关注简单的大学—学生组合就已经足够了。

我们可以称匹配 μ "群体不稳定"，或者说它被组合体 A 破坏了——如果存在另一个匹配 μ' 和组合体 A（可能包含许多学生或者许多大学，或者二者都有），那么对于所有 A 中的学生 s 和所有 A 中的大学 C，满足：

(1) $\mu'(s) \in A$（即 μ' 将 A 中的每个学生匹配到 A 中的大学）；

(2) $\mu'(s) >_s \mu(s)$（即 A 中的每个学生偏好新匹配甚于旧匹配）；

(3) $\sigma \in \mu'(C)$ 意味着 $\sigma \in A \cup \mu(C)$（即 A 中的每个大学通过 μ' 匹配的新学生也在 A 中，尽管它仍然与 $\mu(C)$ 时的"旧"学生保持匹配关系）；

(4) $\mu'(C) >_C \mu(C)$（即 A 中的每个大学偏好新的学生群体甚于旧的学生群体）。

这说明，如果通过他们之间的相互配对，A 中的学生和大学都可以获得好于 μ 的匹配，那么 μ 被一些由大学和学生组成的组合体 A 破坏了。

---

① 英文原词与之前讨论策略性行为时的"联盟"相同，但是此时将其译为"组合体"，以淡化"联盟"一词暗含的主动结合的意思，仅意味着存在一种对原集合的划分。——译者注

定义 5.4 一个群体的稳定匹配是一个不会被任何组合体破坏的匹配。

我们现在看到，在大学录取模型中，（当偏好是响应的时）关于群体稳定性的定义完全等价于（结对）稳定性的定义。

引理 5.5 当且仅当一个匹配是（结对）稳定的时，这个匹配是群体稳定的。

证明： 如果 μ 在单个学生或者大学上，或者在一个学生—大学的组合上是不稳定的，那么它在包含相同元素或组合的组合体上是群体不稳定的。

另外，如果 μ 被组合体 A 及结果 μ' 破坏，令 C 在 A 中，那么 $\mu'(C) >_C \mu(C)$ 意味着在 $\mu'(C)-\mu(C)$ 中存在学生 s 且在 $\mu(C)-\mu'(C)$ 中存在 σ 使得 $s >_C \sigma$。[否则，对于所有在 $\mu(C)-\mu'(C)$ 中的 σ 和在 $\mu'(C)-\mu(C)$ 中的 s 有 $\sigma \geqslant_C s$，通过重复使用偏好是响应的和可传递的，可知它意味着 $\mu(C) \geqslant_C \mu'(C)$。] 由此得到 s 在 A 中并且 s 偏好 C 甚于 $\mu(s)$，所以 μ 在 s 和 C 上是不稳定的。

引理 5.5 和 3.1 节的定理 3.3 有显然的关联，因为它们都表明，源于任何大小的组合体的不稳定性可以通过对小组合体的考察发现。我们将会在 5.7 节中看到，婚姻模型中稳定匹配集合和核之间的一致性婚姻模型此时不再存在。

5.3 大学录取模型和婚姻模型的关联

引理 5.5 让我们只需关注小组合体，但是其对大学录取模型的意义远不止于此。引理 5.5 提到稳定和群体稳定匹配可以只通过对于个体的偏好来发现——即不需要知道大学对于学生群体的偏好 $P^{\#}(C)$。[这在偏好没有响应性的时候不成立，见例 6.6。] 所以稳定（或者组合稳定）的匹配集合对于偏好 $P^{\#}(C)$ 中的变化并不敏感，只要那些偏好对于偏好 $P(C)$ 保持响应性。

这表明了大学录取模型确实和婚姻模型很相似，并且很多从婚姻模型中得到的结果可以立刻推广到大学录取模型中。这实际上是一个仍存在学术争论的问题。我们现在来考虑这个问题。

5.3.1　相关的婚姻市场

考虑特定的大学录取问题，其中大学 $C=\{C_1, \cdots, C_n\}$，有配额 $q_1, \cdots, q_n$，以及学生 $S=\{s_1, \cdots, s_m\}$。学生和大学对于个体的偏好是 $P=\{P(C_1), \cdots P(C_n); P(s_1), \cdots, P(s_m)\}$。

我们可以考虑相关的婚姻市场，每个有配额 q_C 的大学 C 被分为 q_C“份”相同的“自己”，因此在相关市场上，参与人是学生和大学的录取职位，每个职位的配额都为 1。换句话说，我们用大学 C 的 q_C 个录取职位（表示为 $c_1, c_2, \cdots, c_{q_C}$）替代了 C。每个录取职位有和大学 C 相同的对于学生个体的偏好。因为每个职位 c_i 都只有 1 个配额，所以我们不用考虑其对学生群体的偏好。

我们描述学生的偏好时有一些空白，因为学生对于每个大学的不同录取职位（现在成为独立的参与人）是无差异的。由于严格偏好的假设很重要，为了不使阐述变得复杂，我们假设在每个学生的偏好序列中用 $c_1, c_2, \cdots, c_{q_C}$ 替代 C。换句话说就是，如果学生 s 在原先的大学录取问题中偏好 C 甚于 C'，那么学生 s 在我们建立的婚姻市场中偏好 C 的所有录取职位甚于 C' 的所有录取职位，并且为了简便，我们设定 s 在 C 中严格偏好 c_1 甚于其他录取职位，并依此类推。

如果对于个体的偏好是严格的，那么在原始的大学录取问题中的匹配和由其衍生出的婚姻市场中的匹配之间会有自然的一对一的对应。即大学录取问题中一个将大学 C 和学生 $\mu(C)$ 配对的匹配 μ，会和相关的婚姻市场中使其与同样的学生配对的匹配 μ' 对应，其中所有学生按照其在偏好 $P(C)$ 里的顺序和 C 的相应录取职位配对。[换句话说，如果 s 是 $\mu(C)$ 中 C 最偏好的学生，那么 $\mu'(s)=c_1$，依此类推。] 更进一步地，这个一对一的对应保留了匹配的稳定性。[注意，由于与大学 C 对应的所有参与人 $c_1, c_2, \cdots, c_{q_C}$ 有着相同的偏好，为了让对应于大学录取问题中的稳定匹配 μ 的婚姻市场中的匹配 μ' 是稳定匹配，它必须使 $\mu(C)$ 中最被偏好的学生和 c_1 匹配，第二被偏好的学生和 c_2 匹配，依此类推。] 如果对于个体的偏好不是严格的（特别地，大学对于一些学生是无差异的），在相关婚姻市场中就会有超过一个匹配和大学录取问题中的一个给定匹配对应，因为由 $\mu(s)=C$ 决定的在相关的婚姻市场中和学生 s 匹配的大学录取职位不是唯一确定的。

我们有下面的引理，证明留给读者自行练习。

引理 5.6 当且仅当在婚姻市场中对应的匹配是稳定的时，一个大学录取问题的匹配才是稳定的。

因此，我们证明的一些在婚姻模型中成立的定理，例如定理 2.8（对于每个婚姻市场，稳定匹配的集合是非空的），将会通过引理 5.6 立刻推广到大学录取模型中。（当然，这些结果依赖于大学的偏好是响应的，如果不是，那么稳定匹配的集合可能是空集，见例 2.7。）在后面的内容中，我们将会讲到一些其他可由引理 5.6 推广的定理，这些定理将会在两个市场间建立重要的联系。

另一个非常重要的关系是，婚姻市场是大学录取问题中每个大学的配额为 1 个的特例。这使得我们可以把不可能性定理（定理 4.4）推广到大学录取模型中，即没有稳定匹配机制（定义在所有这类婚姻市场上）能使所有参与人提供真实偏好成为一个占优策略。如果我们现在将稳定匹配机制定义在大学录取类问题上［所以一种稳定匹配机制是定义在所有大学录取问题（S，C，P）上的函数，其得出的是在 P 下的稳定匹配］，那么在所有大学录取模型中都不存在使所有参与人提供真实偏好成为一个占优策略的稳定机制。（因为如果存在，我们就可以把它应用到特定的婚姻问题上，这和不可能性定理矛盾!）

这就是说，一个否定的结果，像不可能性定理（即不可能设计一种机制，使得在每个婚姻市场上都得到某种特定结果），可以推广到大学录取问题上，因为婚姻市场问题就是特殊的大学录取问题。并且，特定的积极结果，例如稳定匹配的存在，可以通过引理 5.6（它在两个市场间建立了联系）推广。然而，我们仍将看到，大学录取问题和简单的婚姻市场有重要区别。下面我们初步讨论婚姻市场的哪些结果无法推广。

5.3.2 与婚姻市场联系的边界

大学录取问题和婚姻市场的区别体现在不同的方面，这取决于我们是观察与稳定匹配集合的结构相关的结果，还是观察与参与人的策略性决策相关的结果。

引理 5.6 在大学录取问题和婚姻市场的稳定匹配之间建立了关联。然而，由于稳定匹配可以在忽略大学对于学生群体的偏好这一情况下被发现，因此这个结果并不能让我们直接研究大学对于不同（稳定或者不稳定的）匹配的偏好。我们需要重新审视像定理 2.12、定理 2.13 和定理 2.16 这样比较最优稳定匹配和不同匹配的结论，以及像定理 2.24、定理 2.25

和定理2.26这样比较不同市场中的稳定匹配的结论。比较稳定匹配和不稳定匹配的定理2.27也需要被再次检验。我们会看到大多数这样的定理可以推广到大学录取模型中，有时还会有一些新收获。但是必须小心，因为一些对于婚姻市场成立的结论，例如定理2.27，对于大学录取问题不成立。[并且，再次申明，如果偏好不是响应的，那么几乎没办法在不考虑对于学生群体的偏好的情况下定义稳定匹配（见例6.6），而且稳定匹配的集合可能是空集，见例2.7。]

当我们考虑策略性问题时，我们会看到两个市场有一些实质性的区别。这是因为任何一个有多于1个配额的大学，在婚姻市场中，就类似一个组合体，而非独立参与人。这使得我们可以加强不可能性定理的最终结论（见定理5.14），但是会弱化许多婚姻市场中关于策略性行为的其他结论。（分别比较定理4.7和定理5.14，定理4.10、定理4.11和推论5.15，定理4.16和推论5.17。）

现在我们最先要做的，是1.1节提到的，在大学录取模型与美国医院-实习生市场的历史和组织形式之间建立联系。

5.4 医院-实习生市场

通过引理5.6我们已经知道，医院-实习生市场的稳定匹配的集合不是空集。我们也很容易看出如何通过修改第2章中提出的延迟接受算法来直接证明它——如果医院正在“求婚”，那么每个医院会在每一步进行足够多的“求婚”来满足配额；相反，如果学生进行“求婚”，那么每个医院只有在配额用尽之后才开始拒绝可接受的学生。这样修改后，很明显，延迟接受算法在医院-实习生市场中是一种稳定匹配机制，即对于任何偏好P，它生成了一个P下的稳定匹配。

然而，由于我们这里的目的是解释1.1节中描述的事件，所以仅仅证明稳定匹配的存在或研究任意一种稳定匹配机制的特点并不够。相反，我们需要研究1951年在这个市场采用的那种算法，看看它有什么特性。通过描述，我们会发现它在医院-实习生市场中也是一种稳定匹配机制。

5.4.1 NIMP算法

以下是Roth（1984a）给出的描述：

NIMP算法具体如下：每个医院项目对申请它的学生进行排序（对任

何不可接受的学生标记“X”），并且每个学生对他所申请的每个医院项目进行排序（用相似的方式表明不可接受的医院项目）。这些序列会被邮寄到中央结算所（central clearing house），在那里那些不接受这个医院项目的学生被删除，医院项目认为不可接受的学生也被删除……因此编辑过的序列是可接受对象的序列。

这些序列进入了由匹配阶段（matching phase）和试验性匹配与更新阶段（tentative-assignment-and-update phase）组成的序列处理算法中。匹配阶段的第一步（1∶1 步骤）是看有没有学生或医院项目互为对方排名最靠前的选择。（如果医院项目 H_i 有 q_i 个配额，那么序列中前 q_i 个学生是其排名最靠前的选择。）如果没有这样的匹配，那么进入匹配阶段的第二步（2∶1 步骤），将学生的偏好序列中排名第二的医院项目和这些医院项目的偏好序列中排名最靠前的学生做比较。如果任何一步后没有发现匹配，则算法进入下一步（统称 k∶1 步骤），在该步寻找如下的学生-医院项目配对：学生是医院项目的偏好序列中排名最靠前的，医院项目处在学生靠前序列的第 k 位。一旦某一步后发现匹配了，算法就进入试验性配对与更新阶段。

当算法从匹配阶段的 k∶1 步骤进入试验性匹配与更新阶段时，k∶1 的匹配就是试验性的，即每个在他排名第 k 位的医院项目中排名最靠前的学生是试验性地与那个医院项目配对。之后学生和医院项目的序列就会按照以下方式更新：任何学生 s_j 将比他的试验性匹配排序靠后的医院项目从他的序列中删除（所以与其第 k 选择试验性匹配的学生 s_j，更新后的序列只包括他前 k 个选择），并且任何在他的序列中被删除的医院项目也将学生 s_j 从它们的序列中删除。（所以每个医院项目更新后的序列只包括那些没有与其更偏好的医院项目试验性匹配的申请者。）注意，如果一个医院项目的列表中一名排名最靠前的学生被删除了，那么排名稍靠后的学生便进入排名最靠前的范围中，因为医院项目的序列中学生数量变少了，但是其配额仍然与原先的序列相同。当这些序列以这样的方式更新后，算法回到匹配阶段，继续检查更新后的序列是否存在新匹配。任何在匹配阶段建立的新试验性匹配会取代原先的包含相同学生的试验性匹配。注意，新的试验性匹配只能改善学生的试验性匹配，因为所有排位更靠后的医院项目已经被删除了。当没有新的试验性匹配产生时，算法结束，这时试验性匹配成为最终的匹配。换句话说，算法结束时，被试验性匹配的学生和医院项目被正式地匹配在一起。任何在算法中没有被试验性匹配的学生或者医院项目就以未匹配状态收场，他们必须通过和其他没有匹配的学生或医院项目直接协商进行随后的安排。

注意，这个流程不能允许医院项目或学生在两个选项之间无差异，因此提交的序列是严格偏好序列。图 5.1（Roth，1984a）展示了用图形表示的 NIMP 算法。

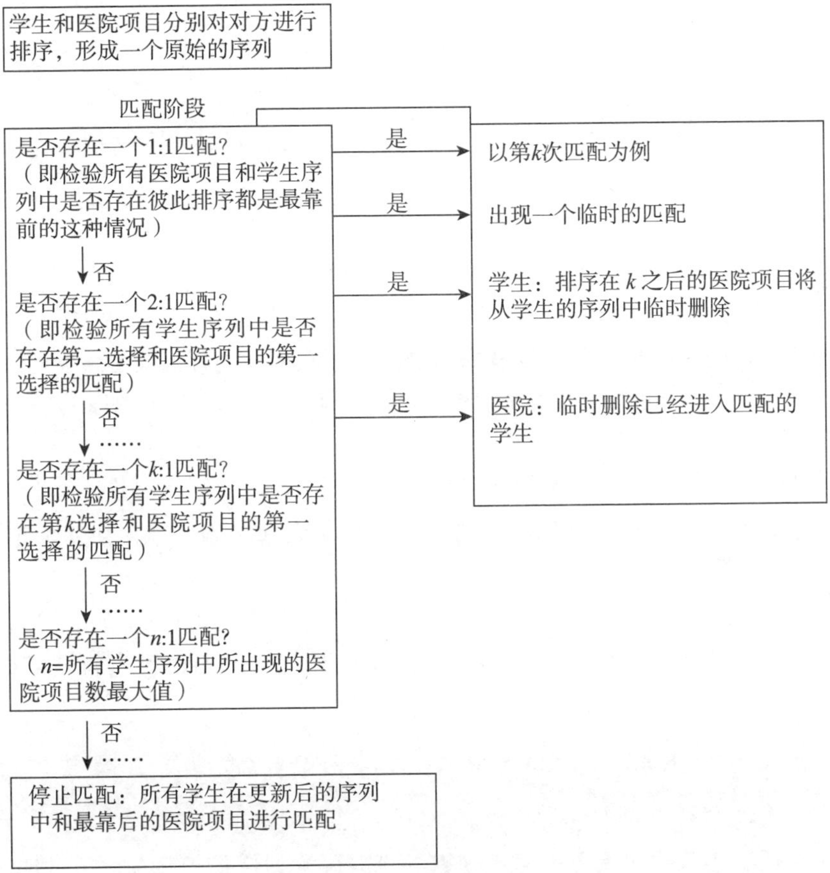
学生和医院项目分别对对方进行排序，形成一个原始的序列
匹配阶段
是否存在一个1:1匹配？（即检验所有医院项目和学生序列中是否存在彼此排序都是最靠前的这种情况）
否
是否存在一个2:1匹配？（即检验所有学生序列中是否存在第二选择和医院项目的第一选择的匹配）
否
……
是否存在一个k:1匹配？（即检验所有学生序列中是否存在第k选择和医院项目的第一选择的匹配）
否
……
是否存在一个n:1匹配？（n=所有学生序列中所出现的医院项目数最大值）
否
……
停止匹配：所有学生在更新后的序列中和最靠后的医院项目进行匹配
是
是
是
是
以第k次匹配为例
出现一个临时的匹配
学生：排序在 k 之后的医院项目将从学生的序列中临时删除
医院：临时删除已经进入匹配的学生

图 5.1　NIMP 算法

为了看出开始时对提交的偏好序列的编辑有何作用，我们考虑一个例子，在这个例子中，有 3 个学生和 2 个医院项目，每个医院项目有 1 个配额，提交的偏好序列如下（只列出可接受的选项）。

$$P(H_1)=s_1,s_2,s_3;\quad P(H_2)=s_1,s_2,s_3$$

$$P(s_1)=H_1,H_2;\quad P(s_2)=H_1;\quad P(s_3)=H_1,H_2$$

在这个例子中，唯一的稳定匹配是

$$\mu=\begin{matrix} H_1 & H_2 & (s_2) \\ s_1 & s_3 & s_2 \end{matrix}$$

但如果匹配和 NIMP 算法的试验性匹配阶段是在没有编辑过的偏好上进行的，则不稳定匹配

$$\mu'=\begin{matrix} H_1 & H_2 & (s_2) & (s_3) \\ s_1 & (H_2) & s_2 & s_3 \end{matrix}$$

会出现，因为在 s_1 和 H_1 匹配后，没有新的 $k:1$ 匹配建立。这是因为剩下的有职位空缺的医院项目 H_2，将 s_2 排在最前，但是 H_2 没有在 s_2 的可接受序列中。然而，当算法的初始编辑步骤发挥作用时，H_2 编辑后的偏好序列变成了 $P(H_2)=s_1$，s_3，之后算法得到了稳定匹配 μ。

注意，NIMP 算法和有多个配额时的延迟接受算法在此处存在显著区别，举个例子，偏好是否会被初始编辑不会对延迟接受算法有任何改变。令人惊喜的是，这两个不同的算法是等价的稳定匹配机制，下面我们详细解释。

5.4.2 NIMP 算法是稳定匹配机制

这部分我们将讲述 NIMP 算法是一种稳定匹配机制，其在任何给定的偏好下，都会得到医院最优稳定匹配。

定理 5.7 和定理 5.8 的证明和我们对于延迟接受算法的处理十分接近，并且一并证明了 NIMP 算法等价于延迟接受算法（即当医院进行"求婚"时的情况，并且认为它们可以向多个学生"求婚"）。

定理 5.7（Roth） NIMP 算法是稳定匹配机制，即它可以在任意给定偏好下生成稳定匹配。

证明： 当算法结束时，每个医院项目 H_i 在最后更新过的序列中和前 q_i 个选择（即排名最靠前的选择）进行匹配。(这个之所以成立是因为当试验性 $k:1$ 匹配仍可以找到时，算法不会结束。) 这个匹配是稳定的，因为当任何在医院项目 H_i 的序列中排在此医院项目最终匹配者之前的学生 s_j，在试验性匹配中匹配到了在这个学生的序列中排在 H_i 之前的医院项目时，在医院项目的 H_i 的序列中这个学生就会被删除。因此，在最终的匹配中，s_j 获得了排在 H_i 之前的医院项目的职位。最终的匹配在任何类似的 H_i 和 s_j 下是稳定的。

定理 5.7 为 1.1 节描述的 NIMP 算法为什么能得到高自愿参与率（对比 1945—1951 年集中匹配过程引入之前，混乱的“重新缔约”情况）的解释提供了第一个环节。

在给定的对于个体的偏好向量 P 下，如果有稳定匹配使医院项目（以下简称医院）H 和学生 s 匹配，我们继续说（和婚姻模型一样）他们对于对方来说是可得的。对于每个有配额 q_i 的 H_i，令 a_i 表示可得的学生的数量，并且定义 $k_i = \min\{q_i, a_i\}$。那么在由医院和学生提供的任何序列向量 P（对于个体的严格偏好序列，因为无法在序列中表示无差异）下，NIMP 算法可得到对于医院来说的最优匹配，其结论甚至更强。

定理 5.8（Roth）　对于任何提供的对于个人的（严格）偏好序列，NIMP 算法生成了将每个医院 H_i 与其排序最靠前的 k_i 个可得学生配对的匹配。

证明：我们只需证明没有任何可得学生从医院的序列中被删除，所以最终给每家医院匹配其排名最靠前的 q_i 个可得学生（如果该医院有那么多可得学生的话；或者 $a_i < q_i$ 时，其所有可得学生）即可。

这可以通过归纳得出。假设算法直到 r 次迭代时，仍没有可得的学生从医院的序列中被删除，但是在 $r+1$ 次迭代中，学生 s_j 试验性地和医院 H_i 匹配，且被从医院 H_k 的序列中删除。那么任何将 s_j 和 H_k 匹配并且将其他可得的学生匹配给 H_i 的匹配都是不稳定的，因为 H_i 在 s_j 中的排序在 H_k 之前，s_j 在 H_i 中的排序在其他之前。（因为当没有可得的学生从 H_i 的序列中被删除时，s_j 是在 r 次迭代后 H_i 序列中排序最靠前的。）s_j 对 H_k 来说不是可得的。

注意医院有响应偏好的假设表明：医院在提供的偏好序列下，偏好 NIMP 算法得出的匹配甚于任何其他的稳定匹配——换句话说就是，此匹配是（独一无二的）医院最优稳定匹配。还需要注意的是，此时最优的结果比婚姻模型更强。类似于婚姻市场里的男性最优稳定匹配中，男性可以得到他们最偏好的可得配偶，这里，每个医院得到它们最偏好的 k_i 个可得学生。我们可以得到以下推论：

推论 5.9　当偏好是严格的时，存在医院最优稳定匹配使得每个医院对它和其他任何稳定匹配同样喜欢，也存在学生最优稳定匹配使得每个学生对它和其他稳定匹配同样喜欢。

当偏好是严格的时，学生最优稳定匹配的存在性与第 2 章中的证明方法相同。

虽然之前的结果和婚姻模型的类似，但下面的定理和婚姻市场的相关结果却相去甚远。

定理 5.10（Roth） 当对于个体的偏好是严格的时，学生最优稳定匹配对于学生是弱帕累托最优的，但是医院最优稳定匹配对于医院甚至不是弱帕累托最优的。

证明： 相对于学生最优稳定匹配，“没有匹配被所有学生都更偏好”这一结论来自讨论婚配问题时的类似结果（定理 2.27）和引理 5.6。

类似结果对于市场中医院这一方不成立的证明将通过下面的例子得出。考虑3家医院 $H=\{H_1, H_2, H_3\}$ 和4个学生 $S=\{s_1, s_2, s_3, s_4\}$ 的问题。医院 H_1 有配额 $q_1=2$，其他医院各有 1 个配额。真实偏好 P 是

$$
\begin{array}{ll}
P(s_1)=H_3,H_1,H_2 & P(H_1)=s_1,s_2,s_3,s_4 \\
P(s_2)=H_2,H_1,H_3 & P(H_2)=s_1,s_2,s_3,s_4 \\
P(s_3)=H_1,H_3,H_2 & P(H_3)=s_3,s_1,s_2,s_4 \\
P(s_4)=H_1,H_2,H_3 &
\end{array}
$$

可以直接地证明医院最优的（且是唯一的）稳定匹配是 μ_H，其中 $\mu_H(H_1)=\{s_3, s_4\}$，$\mu_H(H_2)=\{s_2\}$，$\mu_H(H_3)=\{s_1\}$。

现在考虑匹配 μ' 满足 $\mu'(H_1)=\{s_2, s_4\}$，$\mu'(H_2)=\{s_1\}$ 和 $\mu'(H_3)=\{s_3\}$。它给了医院 H_2 和 H_3 它们第一选择的学生，所以它们都偏好此匹配甚于 μ_H。因为医院 H_1 有响应偏好，它相比 μ_H 严格偏好 μ'。因此，每个医院偏好 μ' 甚于 μ_H。

为了理解为什么此时医院-实习生市场和婚姻市场不同，回忆例 2.31，它说明了在婚姻市场某一方的参与人的最优稳定匹配只需要对他们弱帕累托最优。换句话说就是，在婚姻市场中，尽管没有匹配使所有男性都偏好它甚于男性最优稳定匹配，但在该例子中，除了一个男性外，所有男性都偏好某个其他匹配，而且剩下的那一个人在两种匹配中获得相同的配偶。现在，在和医院-实习生市场对应的婚姻市场中，医院这一方是医院职位作为参与人，所以，定理 2.27 和引理 5.6 告诉我们不存在匹配可以让所有医院在每个职位上都得到比在医院最优稳定匹配中更好的学生。但是当然，就像我们看到的，这不代表全部医院并不都偏好某个其他匹配。在夫妻算法下，指定的领导人可能被匹配到他或她的在波士顿的第一选择，另一个人可能被匹配到某个其相对不太喜欢的在波士顿的工作。如果纽约的医院偏好 s_1 和 s_2 甚于目前被匹配到此工作的学生，不稳定性就会产

生，因为这对夫妻愿意得到两个在纽约的职位，纽约的医院也偏好得到 s_1和 s_2。

5.4.3　已婚夫妻

在 1.1 节中我们提到，至少在 1973 年，大量已婚夫妻拒绝参与 NIMP 算法过程，或者拒绝接受通过这个过程分配给他们的工作。在前面讨论的基础上，这会让我们怀疑夫妻的出现可能将不稳定性引入市场了。事实上，直到 20 世纪 80 年代中期之后，NIMP 算法才被修改以包括特定的过程来解决夫妻问题，这一修改使得不稳定性产生的过程（以及它们之所以如此普遍的原因）变得清楚。然而，我们也会看到，并不是某时使用的特定过程出现了问题，真实情况要更复杂，因为已婚夫妻的引入使任何匹配都不稳定。

简单地说，20 世纪 80 年代中期前，状况是这样的：同时从医学院毕业，希望找到同一社区中两个职位的夫妻有两个选项。第一个是不参与 NIMP 算法过程，直接和医院进行商议。（直接和这两个人之一进行商议的医院仍可以通过集中匹配程序来填补空缺职位。）另一个选择是，他们可以（在被医学院的教务长证实为合法夫妻后）以夫妻身份一同参与 NIMP 算法过程，通过特殊的“夫妻算法”进行匹配。

夫妻算法简述如下。夫妻被要求指定其中一个人作为“领导人”，并且为每个人提交对职位的偏好序列。换句话说就是，夫妻提供两个偏好序列，每人一个。将夫妻中的“领导人”按照平常的匹配方法进行匹配，编辑另一个人的偏好序列并删除与其距离远的职位，然后如果可以的话，将第二个人匹配到“领导人”附近的职位。

容易理解为什么不稳定性经常发生。考虑夫妻$\{s_1, s_2\}$，他们的第一选择是某两个在波士顿的职位，第二选择是某两个在纽约的职位。（如果 s_1 和 s_2 对于不同的医学方面感兴趣，或者有不同的医学成绩，他们能否在同一个医院项目下获得两个职位就说不准了。一般他们会不得不选择两个不同的医院项目。）

注意，为了描述这种不稳定性，我们提出对市场中参与人基本模型进行修改。由两个学生组成的夫妻共用一组对职位对（pair of positions）的偏好。上述夫妻算法的部分问题是它不会允许夫妻提供他们对于职位对的偏好。从 20 世纪 80 年代开始，第一次可以使夫妻在集中匹配程序中表达此类偏好的修改完成了。然而，下面的定理让我们看到问题远比这复杂。

定理 5.11（Roth，Sotomayor） 在包含夫妻的医院-实习生问题中，稳定匹配集合可能是空集。

证明：考虑医院为 $H=\{H_1, H_2, H_3, H_4\}$ 的市场，每家医院提供 1 个职位，并且其对于学生 $S=\{s_1, s_2, s_3, s_4\}$ 有严格偏好，具体见表 5.1。

有两对学生是夫妻，$\{s_1, s_2\}$ 和 $\{s_3, s_4\}$。每对夫妻对于有序医院对 (ordered pairs of hospitals) 有严格的偏好（在表 5.1 中呈现）。因此夫妻 $\{s_1, s_2\}$ 的第一选择即 s_1 匹配到 H_1，s_2 匹配到 H_2，其最差选择即 s_1 匹配到 H_2，s_2 匹配到 H_1。表 5.2 中列出了 24 组学生和医院满足个体理性的匹配，以及每组匹配不稳定的原因。因此将学生 s_i 匹配到医院 $H_i (i=1, \cdots, 4)$ 的匹配 1 是不稳定的，因为医院 H_2 和夫妻 $\{s_3, s_4\}$ 都更偏好学生 s_4 匹配到 H_2。（因为 H_2 偏好 s_4 甚于 s_2，并且 $\{s_3, s_4\}$ 偏好 H_3H_2 甚于 H_3H_4。）

表 5.1 **医院和夫妻的偏好**

医院的偏好排序				夫妻的偏好排序	
H_1	H_2	H_3	H_4	$\{s_1, s_2\}$	$\{s_3, s_4\}$
s_4	s_4	s_2	s_2	H_1H_2	H_4H_2
s_2	s_3	s_3	s_4	H_4H_1	H_4H_3
s_1	s_2	s_1	s_1	H_4H_3	H_4H_1
s_3	s_1	s_4	s_3	H_4H_2	H_3H_1
				H_1H_4	H_3H_2
				H_1H_3	H_3H_4
				H_3H_4	H_2H_4
				H_3H_1	H_2H_1
				H_3H_2	H_2H_3
				H_2H_3	H_1H_2
				H_2H_4	H_1H_4
				H_2H_1	H_1H_3

注意，这里稳定匹配集合是空集而不是“刃形”（knife-edge）。例如，改变了将学生 s_4 作为第一选择的 H_2 的偏好后，本例依然成立。是否存在

某个对夫妻偏好的可能约束条件，能确保稳定匹配总是存在，依然是个开放性问题。

表 5.2　　**每个匹配都是不稳定的**

匹配	H_1	H_2	H_3	H_4	相对于以下项不稳定
1	s_1	s_2	s_3	s_4	s_4，H_2
2	s_1	s_2	s_4	s_3	s_4，H_2
3	s_1	s_3	s_2	s_4	s_2，H_4
4	s_1	s_3	s_4	s_2	s_4，H_1
5	s_1	s_4	s_2	s_3	s_2，H_4
6	s_1	s_4	s_3	s_2	s_4，H_1
7	s_2	s_1	s_3	s_4	s_4，H_1
8	s_2	s_1	s_4	s_3	s_4，H_2
9	s_2	s_3	s_1	s_4	s_2，H_4
10	s_2	s_3	s_4	s_1	s_4，H_1
11	s_2	s_4	s_1	s_3	s_2，H_4
12	s_2	s_4	s_3	s_1	s_4，H_1
13	s_3	s_1	s_2	s_4	s_4，H_2
14	s_3	s_1	s_4	s_2	s_2，H_3
15	s_3	s_2	s_1	s_4	s_2，H_4
16	s_3	s_2	s_4	s_1	s_2，H_3
17	s_3	s_4	s_1	s_2	s_1，H_1
18	s_3	s_4	s_2	s_1	s_2，H_1
19	s_4	s_1	s_2	s_3	s_4，H_2
20	s_4	s_1	s_3	s_2	s_2，H_3
21	s_4	s_2	s_1	s_3	s_2，H_4
22	s_4	s_2	s_3	s_1	s_2，H_3
23	s_4	s_3	s_1	s_2	s_3，H_3
24	s_4	s_3	s_2	s_1	s_4，H_4

观察发现，20 世纪 80 年代开始使用的夫妻算法是一种特别具有不稳定倾向的机制，并且当夫妻在市场中出现时，一些不稳定性可能是无法避免的。这一特点有力地解释了为什么与医学院单身毕业生的高自愿参与率相反，夫妻不愿参与集中匹配程序。这不是一个容易解决的问题，特别是随后的研究（见 5.8 节）告诉我们：对于包含已婚夫妻的大市场而言，是否存在稳定匹配的问题可能是无法计算的。

5.4.4 实习生的地理分布

我们在 1.1 节中提到，许多乡村医院很难招到实习生，其大多数职位只能招到外国医学院的学生。这种现象在多大程度上损害了实际的或者可感觉到的乡村医疗质量成为医疗界的主要关注点。因此，是否可以通过修改 NIMP 算法改变实习生在医院的分布的讨论开始了。

容易明白，为什么这看起来像是一个有吸引力的解决方法。毕竟，绝大部分实习生（没有和其他医科实习生结婚的那些学生）会去他们通过匹配被分配到的地方。所以如果可以改变算法以使医院获得一个更好的实习生分布，那么此问题就能得到改善。

然而，从历史经验来看，如果这么做会受到许多限制。高自愿参与率是和匹配机制的稳定性紧密联系的。任何可能被采用的不稳定匹配给了学生和医院激励去寻找双方都更喜欢的匹配，并且这个市场的历史证明，他们确实是遵照这些激励行动的。所以任何通过自愿参与方式进行的实习生重新分配想要成功，都必须以一种不牺牲匹配稳定性的方式进行。以下两个定理证明了对于目前考虑的问题，这些限制没有任何解决可能。

定理 5.12 当所有对于个体的偏好都是严格的时，被雇用的学生的集合和被占据的职位的集合在每个稳定匹配中是相同的。

此定理的证明通过类似于讨论婚姻问题时的结果（定理 2.22）和引理 5.6 即可得出。

所以任何在某个稳定匹配中没有将所有职位填满的医院也不能在任何其他的稳定匹配中填满所有职位。下一个结果证明了这类医院不仅被填满的职位数量不会变，而且会在所有稳定匹配中聘用相同的实习生。

定理 5.13（Roth） 当对于个体的偏好是严格的时，任何在某稳定匹配中没有用完配额的医院在每个稳定匹配中都会和完全相同的学生群体匹配。

关于这个定理的证明我们将在引理 5.25 的证明后面给出，因为它将为我们提供一个简单的证明方法。

从定理 5.12 和定理 5.13 的角度看，乡村医院缺乏实习生，特别是缺乏在美国医学院受过教育的实习生的状况，不太可能通过修改匹配算法而实质上被改变。事实上，除非学生对乡村医院的偏好发生系统性的改变（此种对偏好的改变经常被考虑，例如免除接受乡村医院的学生的贷款），否则只要可得到的职位数量和合格的学生数量相对保持不变，任何依靠自愿机制组织市场的情况（只要导致稳定匹配）都会产生相同的结果。

5.4.5　策略性问题

我们现在讨论策略性问题，这个问题由因 NIMP 算法出现而被抛弃的“试验”算法引出：提供真实偏好是否总是符合参与人利益？从婚姻市场的特殊例子中的不可能性定理（定理 4.4）来看，我们知道没有稳定匹配机制可以让所有参与人具有这种特性。但是在婚姻市场中我们发现，一种生成市场一方最优稳定匹配的机制可以让提供真实偏好成为另一方参与人的占优策略（定理 4.7）。我们可能因此希望相似的结果对于医院-实习生市场同样成立，也就是产生医院最优稳定匹配的 NIMP 算法，可以让提供真实偏好成为医院的占优策略。然而事实并非如此。

正如下一个定理所展示的，定理 4.7 并不能由一对一匹配推广到多对一匹配。

定理 5.14（Roth）　不存在某种稳定匹配机制可以让所有医院提供他们的真实偏好成为占优策略。

用来证明定理 5.10 的例子同样可以用来证明此定理。（由于使所有医院获得占优策略的稳定匹配机制应该对所有例子都成立，因此一个反例就足以证明没有这样的稳定匹配机制存在。）

证明：令参与人集合 H 和 S、配额和真实偏好 P 与定理 5.10 证明中的例子相同。那么可以直接发现：当所有参与人提供他们的真实偏好时，稳定匹配集合包含一个特定的匹配 $\mu=\mu_H=\mu_S$。因此，任何稳定匹配过程都必须选择结果 μ，而且医院 H_1 得到匹配 $\mu(H_1)=\{s_3, s_4\}$；换句话说就是，医院和第三、第四选择的学生匹配。

现在假设医院 H_1 转而提供（虚假的）偏好 $P'(H_1)=s_1, s_4, H_1$，并且所有其他参与人仍然提供真实偏好，因此提供偏好的向量就是 $P'=(P'(H_1), P(H_2), P(H_3), P(s_1), \cdots, P(s_4))$。可以直接发现，任何在 P' 下的稳定匹配的集合也必然包含一个独一无二的匹配，这个匹配 $\mu'(H_1)=\{s_1, s_4\}$，$\mu'(H_2)=\{s_2\}$，$\mu'(H_3)=\{s_3\}$。因此任何稳定匹配过程都必须选择匹配 μ'。因为 H_1 得到的匹配 $\mu'(H_1)=\{s_1, s_4\}$ 比他之前的 $\mu(H_1)=\{s_3, s_4\}$ 要好，所以他提供 $P'(H_1)$ 比提供真实偏好 $P(H_1)$ 更好。这就完成了证明。

根据这个证明得出的一个明显推论就是，定理 4.10 和定理 4.11 不能从婚姻模型的特殊例子推广。即我们有：

推论 5.15 在大学录取模型中，定理 4.10 和定理 4.11 的结论不成立。参与人联盟（事实上，单个参与人情况下依然成立）可以通过谎报偏好使它的情况比其他任何稳定匹配下更好。

尽管定理 5.14 证明了，没有稳定匹配机制可以给医院一个占优策略，但是对于学生来说，情况和婚姻问题是相同的，即我们有了以下结论：

定理 5.16（Roth） 一种产生学生最优稳定匹配的稳定匹配机制让所有学生提供真实偏好成为他们的占优策略。

证明： 如果定理不成立，那么存在某个医院-实习生市场，其中学生可以通过谎报他们的偏好获利，这表明学生也可以在相应的婚姻市场中谎报他们的偏好以获利，这和定理 4.7 相悖。

所以相关文献中所称的"没有医院或者学生在 NIMP 算法过程中有办法使自己比提供真实偏好时更好"的说法，是错误的。然而，如果反过来，即产生学生最优而不是医院最优稳定匹配，那么对于学生来说（对医院不成立），提供真实偏好就成为他们的占优策略。

在婚姻市场的例子中，这些结果很难帮助我们为学生或者医院定义所谓的"好"策略。在 NIMP 算法下也没有占优策略，所以他们面临一个复杂的决策问题。即使在完全信息假设下，我们也无法像在婚姻市场中那样研究均衡。这是因为婚姻市场中有很多纳什均衡，但因为缺少占优策略，我们无法像 4.4.2 节那样删除不合理的均衡，从而也很难区别它们。

然而，由于定理 5.16 说明学生最优稳定匹配机制的存在使提供真实偏好成为学生的占优策略，我们可能希望至少能把定理 4.16 推广到市场这一方，这样我们至少可以说，在使学生提供真实偏好成为占优策略的最优稳定匹配机制下，每个均衡都是稳定的。但是此结论也无法从婚姻模型推广，哪怕部分地推广。同样，这个结果是定理 5.14 的证明过程的推论。

推论 5.17 在大学录取模型中，婚姻市场中定理 4.16 的结论不成立，即使在学生最优稳定匹配机制下依然如此。当所有学生提供真实偏好时，学生最优稳定匹配机制下的均衡可能在真实偏好下不稳定。

证明： 在定理 5.14 的证明中我们可以发现，当使用学生最优稳定匹配机制时，医院的策略依然是均衡策略。

总的来说，尽管存在谎报偏好的均衡可以产生真实偏好下的稳定匹配，但也有谎报偏好的均衡产生的是任意个体理性的匹配。它们既可能稳定，也可能不稳定。

定理 5.18（Roth）　在任何稳定匹配机制下，都存在可以产生真实偏好下任意个体理性匹配的谎报偏好纳什均衡。

证明： 令 μ 代表任意真实偏好下的个体理性匹配（也包括稳定匹配），并且让每个学生 s 提供一个偏好序列，其中 $\mu(s)$ 是唯一可以接受的选择，每个医院 H 也提供一个偏好序列，其中只有在 $\mu(H)$ 中的学生是可以接受的。那么 μ 会是在提供的偏好下唯一的稳定匹配，所以它就是稳定匹配机制唯一的结果；并且只要所有其他参与人提供的序列没有变，就没有参与人可以通过提供其他偏好而获利。

很明显，这不是一个特别有意义的结论。一方面，个体理性的匹配也包含了全部不太可能发生的均衡，因此均衡下谎报偏好得到的匹配集合规模大到无意义。另一方面，证明中用到的均衡策略要求对参与人进行大量的协调工作，但是一般说来，这一要求无法在当前研究的经济环境下实现。因此，均衡下可以获得任何个体理性匹配这一事实并不意味着特定匹配可以通过某种合理的均衡获得，也不意味着可以放弃“参与人完全知道其他人的偏好信息”这一不现实的假设。如果可以通过引入对均衡定义更严格的限制条件来获得更具说服力的结论，那将非常棒，正如我们将定理 4.16 应用在婚姻市场上那样，通过排除男性的被占优策略，在均衡中得到了唯一的稳定匹配。

从医院-实习生市场观测到的证据有力地表明，市场正在变得稳定（或者，至少快要消除市场在引进 NIMP 算法之前的那种“无序重新缔约状态”），并且这也被其他市场的情况佐证了（见 5.5 节）。或许，更进一步的理论解释可能来自对信息不完全模型的研究。如在 4.5 节中，更好地考虑学生和医院的具体可用的信息。

同时，在此市场中的策略性问题下，我们唯一有信心的结论就是“它很复杂”，因为在目前市场的管理规则下，无论是学生还是医院都没有占优策略。此市场上关于均衡行为的假设直接面临着在第 4 章讨论的协调和信息问题。因此，仍存在许多未解决的问题。

5.5 一些实证方面的进一步说明

有几个原因说明了我们为什么要在一本充满数学理论的书中，花很大精力描述美国医生如何得到他们的第一份工作。一个原因是为了说明我们研究的理论本身具有实际背景；另一个原因就是让读者知道这种理论如何与实证研究联系起来；而第三个原因是，来自美国医院-实习生市场这个特殊市场的经验教训可以推广到更广泛的各种新手劳动力市场①（entry level labor market）和其他匹配过程。

虽然为了紧扣写作目的，我们不能围绕这一点讨论过多，但是要补充一点评论。

对于理论的实际背景，我们已经花费了大量的笔墨解释医疗市场的历史，说明了1951年引入的集中匹配机制是一种稳定匹配机制，此外越来越多的已婚夫妻在市场中引入不稳定性。可能仍然有人会反对这个观点，认为这些都是市场上的巧合，以及对参与率的真正解释不在于此。

例如，可能会推测，任何集中的市场组织都可以解决1951年前的问题，而且有已婚夫妻的市场所遇到的困难与不稳定性无关，而是与年轻夫妻无法做出选择有关。

理想情况下，我们希望能够进行严格控制的实验以检验这些竞争性假说［在经济学中实验室实验确实越来越常见，参见Roth（1987，1988a）对经济学中的实验进行的一般性讨论，以及Harrison和McCabe（1989）通过实验初步研究了延迟接受算法在婚姻问题上的运用］，但对于涉及复杂的自然组织历史的理论，我们要不断地寻找“自然实验”，以帮助我们区分竞争性假设。

当我们跨越大西洋，并审视英国的新医生如何获得他们的第一份工作时，便会发现一个符合要求的类似自然实验。

下面的简述摘自Roth（1989 b）。

5.5.1 英国内科医生和外科医生的区域市场

20世纪60年代中期，在英格兰、苏格兰和威尔士的内科医生和外科医生的新手市场，遇到了20世纪40年代和50年代美国市场中也出现过的问题。

① 英文原词指的是行业新手的市场，其中的劳动力往往是刚刚入行的新手，他们希望借助市场中的职位对行业有进一步的了解，以获得更好的职位。——译者注

其中最主要的是，在许多情况下，确定“预定”职位（类似于美国的实习，刚毕业的医科生被强制选择）的日期已经提前到医科生毕业前的许多年。这些职位的市场是区域性的，而不是全国性的，但在许多区域市场上或多或少出现了同样的问题。（这些区域市场大约有 200 个职位，近年来类似的美国市场有 20 000 个职位。）

英国医疗当局了解美国市场的经验，并且决定在很多区域市场中引入集中匹配机制，使用计算机算法来处理学生和医院的偏好序列，其算法基本类似美国系统中的算法，但要进行调整以适合当地条件。这些算法大多并不是稳定匹配机制，并且那些不稳定机制几乎没能解决他们的问题，因而最终被放弃了。（有些算法在被抛弃前遇到了严重的激励问题，例如，自愿参与率低，或是出现谎报偏好的策略性行为。）目前已知的是，他们只引入了两种基于稳定匹配机制的算法（在爱丁堡和加的夫）。这些算法都非常成功，且一直使用到了今天。英国在不稳定的市场机制方面的经验与美国 1951 年之前的情况之间的共同点，以及英国在稳定的市场机制方面的经验与美国 1951 年之后的情况之间的共同点，都证实了稳定性的作用至少符合我们之前的认识。

到目前为止，我们大部分的讨论都只关注到了稳定的市场机制，因而继续对英国不稳定的市场机制进行详细讨论应该会有启发性。我们接下来便要这么做。

5.5.1.1 一些不稳定的市场机制：优先级匹配的经验

本节讨论两个密切相关的匹配方案，即 20 世纪 60 年代末在纽卡斯尔和伯明翰出现并随后被遗弃的方案。这些方案将学生对特定医院项目的排名与顾问（导师）医生对学生的排名结合，从而生成学生被某顾问雇用的“优先级”。学生与顾问的总体匹配是按照优先级顺序逐个建立匹配的结果。这就是说，在算法的第一步中，所有优先级最高的匹配被建立。之后，在有空余职位的顾问和仍然需要职位的学生中寻找第二优先级的匹配，如此继续。

纽卡斯尔和伯明翰的方案都以顾问对学生的排名和学生对顾问的排名这两个数的乘积为基础获得优先级。如果顾问和学生都把对方列为第一选择，即一个“（1，1）匹配”，则他们的优先级为一；如果顾问把学生列为第一选择而学生把顾问列为第二选择，即一个（1，2）匹配，则他们的优先级为二［顾问把学生列为第二选择而学生把顾问列为第一选择，即一个（2，1）匹配的优先级也为二］。

这两个方案的不同在于在优先级相同时如何生序。在伯明翰，以对顾问有利的规则生序，所以（1，2）匹配比（2，1）匹配的优先级更高。在纽卡斯尔，以对学生有利的规则生序。下面的例子详细解释了这些算法并证明了以下命题。

命题 5.19 每个方案都可能会产生不稳定匹配。

例 5.20 顾问和学生的偏好排序如下。每名顾问只提供一个职位。

$P(C_1)=s_1,\cdots$ $\quad P(s_1)=C_1,\cdots$

$P(C_2)=s_1,s_3,s_2,s_4,s_5,s_6$ $\quad P(s_2)=C_2,C_1,C_3,C_4,C_5,C_6$

$P(C_3)=s_3,s_4,\cdots$ $\quad P(s_3)=C_4,C_3,\cdots$

$P(C_4)=s_4,s_3,\cdots$ $\quad P(s_4)=C_3,C_4,\cdots$

$P(C_5)=s_1,s_2,s_5,s_3,s_4,s_6$ $\quad P(s_5)=C_1,C_2,C_5,C_3,C_4,C_6$

$P(C_6)=s_2,s_5,\cdots$ $\quad P(s_6)=C_5,C_2,\cdots$

伯明翰算法生成了以下匹配(每个匹配后的括号中显示的是其优先级：C_1s_1(1，1)，C_3s_3 和 C_4s_4(1，2)，C_2s_2(3，1)，C_5s_6(6，1)，C_6s_5(2，6)。这样的结果是不稳定的，因为 C_5 和 s_5 是彼此的第三选择，但在伯明翰的匹配中他们并不互相匹配，而是同他们的第六选择匹配。纽卡斯尔算法生成了以下匹配：C_1s_1(1，1)，C_3s_4 和 C_4s_3(2，1)，C_2s_2(3，1)，C_5s_6(6，1)，C_6s_5(2，6)。这一结果相对于 C_5 和 s_5 也是不稳定的。

到目前为止，所有分析都以参与人提供他们的真实偏好为基础。在考虑可能使参与人采取其他行为的激励之前，回顾匹配系统引进后的情况、它如何失败，以及被弃用的那段历史都会对我们有所启发。以下对导致纽卡斯尔算法被弃用的事件的描述，来自那里的研究生院院长 John Anderson 博士的一封信：

每半年会有少量的空缺职位。这是此问题的背景，毕业生和职位之间的不平衡解释了为什么电脑匹配方案会失败。可以理解的是，在该区域周边的顾问急于填补这些职位，经常与大学生私下安排……电脑匹配方案之外的私下安排逐渐蔓延到教学医院。那些严格遵守方案计划的顾问常常发现无人可雇，因为没有办法阻止私下安排，对计划外的操作也没有制裁。

20 世纪 70 年代末和 80 年代初出现了越来越多的问题，主要是私人安排和正式的方案之间的冲突。有人觉得电脑方案是一种没有人性的机制，它抑制了学生和顾问之间的个人联系。同时在电脑方案被使用的最后一段时间，我们发现，在多达80%的情况下学生和顾问只在电脑系统中提交他们的第一选择……因此，导致系统被弃用的最主要原因是它不能让学生和顾问以有序的方式参与进来，这便导致那些严格遵守规则的参与人受到了损失。

伯明翰的经历是类似的。集中匹配程序在1966年由一小部分医院发起，几年后失败了，1971年又开始大范围地使用，又一次失败，1978年再次使用，并在1981年左右最终被弃用。造成这些方案屡次失败的原因是短时间内使用集中匹配机制后，大量顾问和学生再次提前私下安排了职位，这给那些没有事先确定职位就参加电脑方案的人造成了损害。为了理解这种现象，只需考虑这些优先程序给参与人提供的激励。为此，再回想例5.20。为了使例子更清楚，假设顾问 C_1 到 C_4 都在最好的教学医院，C_5 在次理想的地区医院，C_6 在一个相对不受欢迎的乡村医院。同样，假设学生 s_1 到 s_5 都是医学院的优秀毕业生，s_6 稍逊。然后 C_5 失望地得知他的新成员是 s_6，同时他得知他更喜欢的学生 s_5 对自己的安排也不满意，s_5 原本更偏好为 C_5 工作。如果 C_5 提交的偏好序列中 s_5 是他的第一选择，那么他们可能会被匹配，当 s_5 提交的偏好序列中 C_5 是他的第一选择时依然如此。因此，此例说明了存在激励使学生和顾问提交不真实的偏好序列。

此外，这些不稳定的优先级排序系统使这种激励累积，也就是说，越多的参与人修改其提交的偏好序列以改善他们的匹配，其他参与人这样做的动力就越大。为了说明这一点，假设例5.20中的 C_5 决心在来年不再遭受同样的命运，因此，他在正式匹配开始之前与下一年毕业的一位优秀学生接触。这意味着他们同意相互匹配，并可以通过将彼此列在各自偏好序列第一位的方式使之实现。吸取 s_5 教训的学生便愿意接受这一建议。（在这些相对较小的市场的特定环境下，此种协议的双方可以确信它会被实行。）考虑在正式匹配中的情形，此时一些职位已经预先安排（1，1）的匹配。假设学生 t_1，t_2 和 t_3 已经与顾问 C_3，C_4 和 C_5 进行了类似安排，但顾问 C_2 并不知道，并提供他真正的排序 t_1，t_2，t_3，t_4，t_5，…；t_4 也提供他真正的排序 C_3，C_4，C_5，C_2，…。虽然他们彼此都是对方可获得的最好匹配，但是 C_2，t_4 并不知道这一点。遗憾的是他们的排名之积是16，而且 C_2 最终选择的学生很可能是他的第15选择。

因此，在包含了提前安排情况的匹配中，对于不知情的学生和顾问，如果他们没有事先匹配好的话，结果会很差。此外，当参与人的前 n 个选择都意味着在正式匹配中仅有一个优先选择（如前面引自 Anderson 的内容）时，参与人私下与他的第 $n+1$ 个选择达成协议对他来说是最好的。所以我们已经证明了以下命题：

命题 5.21（Roth） 在优先级匹配系统中，提供真实偏好不是任何人的占优策略，此外，还存在参与人只提交第一选择的多重均衡。

事实上，命题 5.21 并不能充分反映已被充分证明的内容。在优先级匹配下，都把对方排在第一位的学生和顾问，无论其他参与人做什么，他们都会被匹配。因此，困扰许多均衡的协调问题不会出现在这里。一对参与人可以通过私下安排保证他们的匹配在均衡中实现。这在很大程度上解释了为什么在这种不稳定机制下，出现了很高比例的事先安排，以及那些通过优先级匹配程序进行匹配的参与人为什么受到了损害。

5.5.1.2 一些建模问题

这种实证研究与纯数学的抽象研究当然非常不同，需要考虑的是符合市场制度的特定模型（正如考虑包括已婚夫妻的市场下不稳定性的出现，就要求我们扩展基本的医院-实习生模型）。有一个例子可以帮助我们说明该问题。

在苏格兰某地区引入的一个稳定匹配程序中，为了同以前的习俗保持一致，某些医院项目可以声明它们不希望接受数量超过 1 的女医生。医院可以利用此选项提供一个包括许多位排名很靠前的女毕业生的偏好序列，但规定真正被录取的不多于 1 个。为了分析这种模式，当然要考虑引进这种“歧视性配额”是否会影响稳定匹配的存在。修改原基本模型以使其适用于此问题，并将证明命题 5.22 的任务留给读者作为练习。

命题 5.22（Roth） 在具有歧视性配额的医院-实习生模型中，结对稳定匹配集合始终非空。

我们没有提及但对英国市场和美国市场研究都非常重要的另一个建模问题是，在英国每个学生必须寻求两个职位：内科和外科。所以研究这种市场的正式模型必须是多对二模型，而不是大学录取模型中的多对一模型。不难证明当所有偏好都是响应的时，这种模型（Roth，1989b）中的稳定匹配集合仍非空，但下述命题表明，为多对一匹配建立的结对稳定性和成组稳定性间的关系，即引理 5.5，不一定仍然成立。

命题 5.23（Roth） 在响应偏好下的多对多匹配模型中，稳定匹配不一定群体稳定，甚至不一定帕累托最优。

我们通过下例来证明：

例 5.24　响应偏好下的多对多匹配（Roth）

有 4 家公司和 4 个员工，每家公司有 2 个配额，其（响应）偏好如下：

$$P^{\#}(w_1)=\{F_1,F_2\},\{F_1,F_3\},\{F_1,F_4\},\{F_2,F_3\},\{F_2,F_4\},\{F_3,F_4\},\{F_1\},\{F_2\},\{F_3\},\{F_4\}$$

$$P^{\#}(w_2)=\{F_2,F_1\},\{F_2,F_4\},\{F_2,F_3\},\{F_1,F_4\},\{F_1,F_3\},\{F_4,F_3\},\{F_2\},\{F_1\},\{F_4\},\{F_3\}$$

$$P^{\#}(w_3)=\{F_3,F_4\},\{F_3,F_1\},\{F_3,F_2\},\{F_4,F_1\},\{F_4,F_2\},\{F_1,F_2\},\{F_3\},\{F_4\},\{F_1\},\{F_2\}$$

$$P^{\#}(w_4)=\{F_4,F_3\},\{F_4,F_2\},\{F_4,F_1\},\{F_3,F_2\},\{F_3,F_1\},\{F_2,F_1\},\{F_4\},\{F_3\},\{F_2\},\{F_1\}$$

$$P^{\#}(F_1)=\{w_4,w_3\},\{w_4,w_2\},\{w_4,w_1\},\{w_3,w_2\},\{w_3,w_1\},\{w_2,w_1\},\{w_4\},\{w_3\},\{w_2\},\{w_1\}$$

$$P^{\#}(F_2)=\{w_3,w_4\},\{w_3,w_1\},\{w_3,w_2\},\{w_4,w_1\},\{w_4,w_2\},\{w_1,w_2\},\{w_3\},\{w_4\},\{w_1\},\{w_2\}$$

$$P^{\#}(F_3)=\{w_2,w_1\},\{w_2,w_4\},\{w_2,w_3\},\{w_1,w_4\},\{w_1,w_3\},\{w_4,w_3\},\{w_2\},\{w_1\},\{w_4\},\{w_3\}$$

$$P^{\#}(F_4)=\{w_1,w_2\},\{w_1,w_3\},\{w_1,w_4\},\{w_2,w_3\},\{w_2,w_4\},\{w_3,w_4\},\{w_1\},\{w_2\},\{w_3\},\{w_4\}$$

每个参与人对个体的偏好 P 可以从其偏好序列集合 $P^{\#}$ 的最后 4 个(单个)中得到。将每个参与人与其第四选择集的每个参与人配对[即 $\mu(w_1)=\{F_2,\ F_3\}$，$\mu(F_1)=\{w_3,\ w_2\}$ 等]的匹配 μ 是(结对)稳定的。为了明白这一点，请注意，对每一个 w_i，对 $\mu(w_1)$ 的所有改进都涉及公司 F_i，但没有公司 F_i 对单独的 w_i 感兴趣，因为 w_i 是公司 F_i 的最差选择。它被将参与人与各自的第三选择配对的匹配 μ' 占优。(在每种情况下，选择的响应偏好要满足参与人偏好与第一和第四选择匹配甚于与第二和第三选择匹配。)

很容易从这个例子看出为什么引理 5.5 的结论不能推广到多对多匹配的情形。在多对一匹配条件下，如果匹配 μ 是群体不稳定的，则可以找到破坏它的员工-公司（学生-大学）对。然而在本例中，μ' 将每一个员工与一家在 μ 中他更喜欢的公司和一家他更不喜欢的公司匹配；企业也是如此。所以唯一有效的联盟比“员工-公司”这一匹配的规模大。

例 5.24 表明，在多对多匹配中，即使没有一对参与人可以同时行动从而使其情况得到改善，也可能有一个更大的联盟，通过在参与人之间的重新匹配，使其所有成员获得更好的职位。不用说，识别和组织大联盟可能会比双方间私下安排更困难。此外，稳定机制下英国区域市场的经验表明，结对稳定性在这些市场中仍然是非常重要的。

关于今后实证研究的方向，我们指出这里讨论的两项研究（Roth，1984a，1989b）都是寻找可以为观察到的市场结果和稳定的结果集之间建立联系的市场环境的。二者的关系可能是十分紧密的，因为所讨论的市场中使用了电脑匹配程序，可以验证参与人提供的偏好和市场结果间的精确关系。但这种理论并不局限于这样的市场，随着对其他新手劳动力市场行为的了解的增加，我们能够更好地将某些现象与生成稳定结果的市场联系起来，将其他现象与不能生成稳定结果的市场联系起来。顺着这种方式，我们有可能将这种实证研究的理论预测运用到彻底分散组织的双向匹配市场中。

一个有趣的媒介情形由 Mongell（1988）和 Mongell 与 Roth（1989）描述，他们考察了很多美国高校中的女生联谊会每年与新成员匹配的过程。他们采用了集中匹配程序，但此程序一般不会导致稳定匹配，因为该机制存在促使市场参与人不完全说出他们的真实偏好的激励，所以市场的多数实际匹配是之后在分散市场上完成的。Mongell 和 Roth 观察了市场数据，发现参与人的策略性行为实际上导致了稳定匹配。

最后，其实不用再强调数学理论自身对市场上行为的结论的证明比实证研究对此数学理论的证明更加有效。但是至少有一位作者的观点会因此理论呈现时经验证据比重的变化而改变。

我们现在的研究从经验研究转向寻找基本的大学录取模型的理论性质。

5.6 大学录取模型中稳定市场的比较

我们已经知道，多对一匹配的大学录取模型和一对一匹配的婚姻市场模型在很多方面都是不同的。到目前为止，它们之间最主要的区别是，婚姻模型的规律并不适用于大学录取模型；比如，在婚姻市场中，一方的最优稳定匹配对此方来说是帕累托最优的；并且对于一方的参与人而言，在一种产生该方最优稳定匹配的稳定机制下，提供各自的真实偏好是他们的占优策略，但定理 5.10 和定理 5.14 告诉我们对于大学录取模型而言，这些结果都不再成立。

在这一节，我们将开始讨论这两个模型之间的相反类型的差异：观察那些在更一般的大学录取模型中成立但在婚姻市场模型这种特例下不成立的规律。我们继续假设所有的学生和大学对于个体的偏好都有完备性和传递性，并且大学对学生群体有响应的偏好。在这一节中我们将进一步假设，除非另加说明，否则所有对于个体的偏好都是严格的。这里指明，我们并不假设大学对于群体的偏好是严格的：大学可以对不同的学生群体无差异。

5.6.1　主要结果：一个例子

我们通过一个例子来引出主要的结果，假设一所大学，比如大学 C，举行了一次入学考试，根据学生在考试中的成绩对他们进行评估，并且按照他们的平均成绩对新入学班级进行评估（所以尽管我们可以假设在考试中不存在平均分相同的同学，即大学 C 对于个体的偏好是严格的，但它对新入学班级不一定有严格的偏好，因为两个平均分相同的班级对它来说是无差异的）。因此，不同的稳定匹配就会给大学 C 不同的新入学班级。然而对于这个例子，我们的结果表明，大学 C 在稳定匹配时不存在两个不同的新入学班级的平均成绩相同。进一步地，对于大学 C 将会在稳定匹配中获得的任意两个不同的新入学班级，我们可以进行如下的严格对比：除去在两个新入学班级都出现的学生，其中一个新入学班级里的任意一个学生都会比另一个新入学班级里的任意一个学生的考试成绩好。

更加通俗地讲，这个结果说明，在一个对所有个体都有严格偏好的大学的入学问题上，没有一个大学会对它在稳定匹配时所录取的两个（不同的）学生群体表现无差异。进一步讲，对于每一对稳定匹配，每个大学将会更偏好其中一个匹配下的每一个学生，甚于另一个匹配下的任何仅出现在此匹配中的学生。这些结论从数学角度上讲是不寻常的，并且也对运用这些模型来理解日常生活中的一些经济现象有着重要意义。

他们在数学层面上不寻常是出于以下方面的原因，比如，第一个结论可以被转述成，如果一个匹配是稳定的（因此也处于核中，参考 5.7 节），并且对大学来说，如果存在某个包含与此匹配之下的新入学班级无差异的另一个匹配，那么第二个匹配就不在核中。因此，我们有办法通过检查仅仅一个参与人（大学）的偏好来判断一个结果是否在核中。由于核的定义中涉及对参与人联盟的偏好，因此这个结果令人相当吃惊，并且事实上我们没有其他类似的关于博弈中核的结果（除了核中最多只包括一个结果的例子）。

对用这类模型来研究可观察市场和匹配过程这一方法来说，此结果的重要影响体现在将任何组织模型化为独立参与人而非一群参与人的建模问题中。虽然可以近似地接受将一个组织里（一小部分）的个体描述为拥有共同偏好的参与人的近似模型（例如，当关于参与人的信息主要是类似标准化考试的成绩时），但是实际上假设他们对新入学班级的偏好相同包含了比想象中更多的信息。举个例子，在对美国的医院-实习生市场的研究中，市场中机构一方的参与人被模型化为医院内提供特定种类实习的项目。每个项目将会与几个医生匹配，我们可以想到有些人将会根据一个候选组群中水平最高的成员来衡量该组群，然而另一部分人会通过衡量分组中水平最差的成员来评估。这种系统性的兴趣分歧要求将医院项目管理结构模型化得更加具体，并且将这个项目模型化成单一的参与人就变得不那么合适了。然而，这一节的结论（特别是推论 5.28）证明，这种偏好的分歧不会在比较稳定匹配时造成影响。因为对于在稳定匹配下能被录取的候选人组群来说，按最优秀成员评价时分组的排序和按照最差成员评价时分组的排序是一样的。

5.6.2　主要结论

引理 5.25（Roth and Sotomayor）　假设大学和学生对个体有严格的偏好，并且令 μ 和 μ' 为 (S, C, P) 下的稳定匹配，使得存在一些 C 满足 $\mu(C) \neq \mu'(C)$。令 $\bar{\mu}$ 和 $\bar{\mu}'$ 为与婚姻市场中 μ 和 μ' 对应的稳定匹配。如果 $\bar{\mu}(c_i) >_C \bar{\mu}'(c_i)$ 对于某个 C 中的 c_i 成立，那么 $\bar{\mu}(c_j) \geqslant_C \bar{\mu}'(c_j)$ 对于 C 中的所有 c_j 成立。

证明： 很显然，对于所有的 $j > i$，有 $\bar{\mu}(c_j) >_C \bar{\mu}'(c_j)$ 成立。因此，先假设这一结论不成立，那么就存在一个数 j 使得 $\bar{\mu}(c_j) >_C \bar{\mu}'(c_j)$ 成立，但又有 $\bar{\mu}'(c_{j+1}) \geqslant_C \bar{\mu}(c_{j+1})$。定理 5.12 告诉我们，$\bar{\mu}'(c_j) \in S$。令 $s' \equiv \bar{\mu}'(c_j)$。根据分解引理，$c_j \equiv \bar{\mu}'(s') >_{s'} \bar{\mu}(s')$。进一步地，有 $\bar{\mu}(s') \neq c_{j+1}$，因为 $s' >_C \bar{\mu}'(c_{j+1}) \geqslant_C \bar{\mu}(c_{j+1})$。[这里，第一个偏好不等式成立的原因是，对于相关的婚姻市场中任意稳定匹配 $\bar{\mu}'$，有 $\bar{\mu}'(c_j) >_C \bar{\mu}'(c_{j+1})$ 对于所有的 j 都成立。] 因此有 $c_{j+1} >_{s'} \bar{\mu}(s')$，因为在相关的婚姻市场问题中偏好 s'（或

任意 s）下，c_{j+1} 紧跟在 c_j 之后。所以 $\bar{\mu}'$ 被 s' 和 c_{j+1} 破坏，这与 μ 的稳定性矛盾（通过引理 5.6 得到）。

我们现在可以给出之前我们延迟的定理 5.13 的简短证明。

定理 5.13 的证明： 回顾一下，如果一个大学 C 有一些空缺"职位"，在对应的婚姻市场模型中的任何稳定匹配里就会存在最高标号为 c_j 的个体。根据定理 5.12，这些"职位"在任何稳定匹配下一直是空缺的，即 $\bar{\mu}(c_j)=\bar{\mu}'(c_j)$ 对于所有符合条件的 j，也因此对所有的 j 成立，因为引理 5.25 证明了如果 $\bar{\mu}(c_i)>_C\bar{\mu}'(c_i)$ 对于 C 中的某个 c_i 成立，那么 $\bar{\mu}(c_j)>_C\bar{\mu}'(c_j)$ 将会对所有的 $j>i$ 成立。

由于大学对于群组的偏好响应于他们对于个体的偏好，下面的结论由定理 5.25 得到。

定理 5.26（Roth and Sotomayor） 如果大学和学生对于个体有着严格的偏好，那么大学对于那些在稳定匹配中会被录取的学生群组有着严格的偏好。即如果 μ 和 μ' 是稳定匹配，那么一个大学 C 仅在 $\mu(C)=\mu'(C)$ 时对于 $\mu(C)$ 和 $\mu'(C)$ 是无差异的。

证明： 如 $\mu(C)\neq\mu'(C)$，不妨设 $\bar{\mu}(c_i)>_C\bar{\mu}'(c_i)$ 对于 C 中的某个"职位" c_i 成立，这里 $\bar{\mu}$ 和 $\bar{\mu}'$ 分别对应婚姻市场下的匹配 μ 和 μ'。由引理 5.25，$\bar{\mu}(c_j)\geqslant_C\bar{\mu}'(c_j)$ 对于 C 中所有的 c_j 都成立。所以通过重复使用 C 偏好的响应性和传递性得到 $\mu(C)>_C\mu'(C)$。[首先将 $\mu'(C)$ 和一个在"职位" c_1 上与 $\mu(C)$ 相同、在其他所有"职位"上与 $\mu'(C)$ 相同的匹配进行对比（在相应婚姻市场中），然后将此新匹配和一个在 c_1 和 c_2 上与 $\mu(C)$ 相同、在其他所有"职位"上与 $\mu'(C)$ 相同的匹配对比，并继续这样进行下去。在逻辑链中，偏好的响应性决定了每组比较的结果，同时传递性保证了我们想要的结果。]

当然，引理 5.25 的结论和定理 5.26 的证明并不涉及对应的婚姻问题。假设 μ 和 μ' 是（S，C，P）中的稳定匹配，其中 C 满足 $q_C=k$，同时使得 $\mu(C)\neq\mu'(C)$ 和 $\mu(C)=\{s_1,\cdots,s_k\}$ 及 $\mu'(C)=\{s_1',\cdots,s_k'\}$ 成立，这里学生按照偏好进行排列，即 $s_i>_C s_{i+1}$ 和 $s'_i>_C s'_{i+1}$ 对于所有的 i 均成立。如果 i 是使 $s_i>_C s'_i$ 成立的任意编号，那么 $s_j\geqslant_C s_j'$ 对于所有的 $j\in\{1,\cdots,k\}$（以及 $s_j>_C s'_j$ 对所有的 $j>i$ 全成立），$\mu(C)>_C\mu'(C)$ 成立（最后的不等式由定理 5.26 的证明得到）。

在进一步得到更深一层的结论之前，让我们先停下来，思考一下我们从中可以学到什么。考虑一所大学 C，其 $q_C=2$，并且偏好 $P(C)=s_1$，s_2，s_3，s_4。设有两个匹配 μ 和 v，其中 $\mu(C)=\{s_1, s_4\}$，$v(C)=\{s_2, s_3\}$。那么在不知道任何学生和其他大学偏好的情况下，我们可以得出 μ 和 v 不可能都是稳定匹配的结论。注意到无论 C 可能会偏好 $\mu(C)$ 或者 $v(C)$ 中任意一个，还是对于这两者无差异，这个结论都成立。

回顾一下，关于个体偏好给定的情况下，稳定（或群体稳定）匹配的集合并不对大学关于学生群体的偏好变化敏感（只要这些偏好响应于大学关于个体的偏好）。因此定理 5.26 不仅告诉了我们每个大学对稳定匹配下的学生群组的实际偏好，也告诉了我们在个体偏好给定时，它所可能有的关于群组的所有不同偏好。这意味着，令 $P(C)$ 为大学 C 对于个体学生的偏好，定理 5.26 告诉我们，如果 μ 和 μ' 都是稳定匹配，那么就不会有响应于 $P(C)$ 的偏好对于 $\mu(C)$ 和 $\mu'(C)$ 的两个学生群体无差异。下面这条定理将会更加清楚地说明这一点。

定理 5.27（Roth and Sotomayor） 假设对个体的偏好是严格的，并令 μ 和 μ' 是 (S, C, P) 下的稳定匹配。如果 $\mu(C)>_C\mu'(C)$ 对于某个大学 C 成立，那么 $s>_C s'$ 对于所有 $\mu(C)$ 中的 s 和 $\mu'(C)-\mu(C)$ 中的 s' 也成立。即，C 会偏好在匹配 μ 下的每个新入学学生，甚于每一个在 μ' 下但没有在 μ 下入学的学生。

证明： 假设有一个相关的婚姻市场 (S, C', P) 以及对应于 μ 和 μ' 的稳定匹配 $\bar{\mu}$ 和 $\bar{\mu}'$。令 $q_C=k$，因此 C 由 c_1，…，c_k 组成。首先注意到 C 在 μ 和 μ' 条件下都会招满学生，因为如果不是这样，那么由定理 5.13 就会得到 $\mu(C)=\mu'(C)$ 的结论。所以 $\mu'(C)-\mu(C)$ 是 S 集合的一个非空子集，因为 $\mu(C)\neq\mu'(C)$。令 $s'=\bar{\mu}'(c_j)$ 对某个 c_j 成立，使得 $s'\notin\mu(C)$。那么 $\bar{\mu}(c_j)\neq\bar{\mu}'(c_j)$。根据引理 5.25，有 $\bar{\mu}(c_j)>_C\bar{\mu}'(c_j)$。分解引理告诉我们 $c_j>_{s'}\bar{\mu}(s')$。所以通过在相关婚姻市场上的模型构建就可以得到 $C>_{s'}\mu(s')$，因为 $\mu(s')\neq C$。因此，由 μ 的稳定性可知，$s>_C s'$ 对于 $\mu(C)$ 下的所有 s 都成立，证毕。

为了说清楚定理 5.27 到底使我们知道了哪些新的东西，我们再次考虑一所 $q_C=2$ 的大学 C，其偏好 $P(C)=s_1$，s_2，s_3，s_4。考虑两个匹配 μ 和 v，其中 $\mu(C)=\{s_1, s_3\}$，$v(C)=\{s_2, s_4\}$。那么这个定理就说明，如果 μ 是稳定的，则 v 不是稳定的，反之亦然。

下面的一则推论由上一条定理和响应偏好的定义直接推出。

推论 5.28（Roth and Sotomayor）　假设大学 C 对于学生个体有偏好 $P(C)$，并设 $P^{\#}(C)$ 和 $P^{*}(C)$ 为其响应于 $P(C)$ 的对于学生群体的偏好（但在其他情形下是任意的）。那么对于每对稳定匹配 μ 和 μ' 来说，当且仅当 $\mu(C)$ 在 $P^{*}(C)$ 下比 $\mu'(C)$ 更被偏好时，$\mu(C)$ 在偏好 $P^{\#}(C)$ 下比 $\mu'(C)$ 更被偏好。

推论 5.28 正式提出了我们之前的介绍性评论，解释了为什么不同的个体（对于学生个体的偏好相同）在这类模型中可以被统一模型化为一个参与人，例如大学 C。

下面的例子诠释了这一节中的一些结论。

令对个体的偏好如下：

$$
\begin{array}{ll}
P(s_1)=C_5,C_1 & P(C_1)=s_1,s_2,s_3,s_4,s_5,s_6,s_7 \\
P(s_2)=C_2,C_5,C_1 & P(C_2)=s_5,s_2 \\
P(s_3)=C_3,C_1 & P(C_3)=s_6,s_7,s_3 \\
P(s_4)=C_4,C_1 & P(C_4)=s_7,s_4 \\
P(s_5)=C_1,C_2 & P(C_5)=s_2,s_1 \\
P(s_6)=C_1,C_3 & \\
P(s_7)=C_1,C_3,C_4 &
\end{array}
$$

并假设配额 $q_{C_1}=3$，对于 $j=2$，…，5，$q_{C_j}=1$。那么，稳定结果的集合就是 $\{\mu_1，\mu_2，\mu_3，\mu_4\}$，其中

$$\mu_1=\begin{pmatrix} C_1 & C_2 & C_3 & C_4 & C_5 \\ s_1s_3s_4 & s_5 & s_6 & s_7 & s_2 \end{pmatrix}$$

$$\mu_2=\begin{pmatrix} C_1 & C_2 & C_3 & C_4 & C_5 \\ s_3s_4s_5 & s_2 & s_6 & s_7 & s_1 \end{pmatrix}$$

$$\mu_3=\begin{pmatrix} C_1 & C_2 & C_3 & C_4 & C_5 \\ s_3s_5s_6 & s_2 & s_7 & s_4 & s_1 \end{pmatrix}$$

$$\mu_4=\begin{pmatrix} C_1 & C_2 & C_3 & C_4 & C_5 \\ s_5s_6s_7 & s_2 & s_3 & s_4 & s_1 \end{pmatrix}$$

注意到这些是此时仅有的全部稳定匹配，且

$$\mu_1(C_1)\underset{C_1}{>}\mu_2(C_1)\underset{C_1}{>}\mu_3(C_1)\underset{C_1}{>}\mu_4(C_1)$$

对于任何相应的偏好都成立。

5.6.2.1 当对于个体的偏好不是严格的时

下面的例子显示，作为婚姻问题的一种情况，稳定匹配集合中的很多结构性特点都取决于对个体的严格偏好。具体说来，定理 5.27 的结论在以下例子中并不成立。

令对个体的偏好如下（如果大学对两个学生表现无差异则用括号将他们括在一起）。大学 C_1的配额为 2，C_2的配额为 1。

$$P(C_1)=s_1,[s_2,s_3] \quad P(s_1)=C_2,C_1$$
$$P(C_2)=[s_2,s_3],s_1 \quad P(s_2)=C_1,C_2$$
$$P(s_3)=C_1,C_2$$

那么

$$\mu=\begin{pmatrix} C_1 & C_2 \\ s_1,s_3 & s_2 \end{pmatrix}, \quad \mu'=\begin{pmatrix} C_1 & C_2 \\ s_2,s_3 & s_1 \end{pmatrix}$$

是稳定的，且有 $\mu(C_1)>_{C1}\mu'(C_1)$，但是

$$s_3\in\mu(C_1),\ s_2\in\mu'(C_1)-\mu(C_1),\quad 且\ s_3 \not>_{C_1} s_2$$

5.6.3 大学录取模型的深入结论

在婚姻问题中，对于可能配偶有着严格偏好的个体必定在稳定匹配时对他们的配偶有着严格偏好。前一节的结论表明，当对个体的所有偏好都是严格的时，大学对于稳定匹配时所分到的新入学班级也有着严格偏好（即使他们可能对于其他潜在新入学班级无差异）。这些结果因此在大学录取和婚姻问题的稳定匹配上建立起更深刻的联系。

在这一节，我们会用这些结果为大学录取问题建立起一些曾在第二章中为婚姻模型建立的结果。除了定理 5.34 和定理 5.35 外，这些结论都非常依赖引理 5.25。我们继续假定在这一节中所有对个体的偏好都是严格的。在下文中，我们用 $\mu>_C\mu'$ 表示 $\mu(C)\geqslant_C\mu'(C)$ 对于所有的 $c\in C$ 成立，此外 $\mu(C)>_C\mu'(C)$ 对于 C 中的某个 c 成立。

定理 5.29 如果 μ 和 μ' 是 $(S,\ C,\ P)$ 下的稳定匹配，那么 $\mu>_C\mu'$ 当且仅当 $\mu'>_S\mu$ 时成立。

证明： 假设 $\mu(C)\geqslant_C\mu'(C)$ 对于 C 中所有的 c 都成立，且存在 C 中的某个 c 使得 $\mu(C)>_C\mu'(C)$ 成立。一种证明方法是使用引理 5.25，另一种

证明方法是使用大学偏好的响应性，我们会发现，这和对于 C' 中所有的 c_i 有 $\bar{\mu}(c_i) \geqslant_{c_i} \bar{\mu}'(c_i)$ 都成立和 C' 中存在某个 c_j 使 $\bar{\mu}(c_j) >_{c_j} \bar{\mu}'(c_j)$ 成立是等价的，其中 $\bar{\mu}$ 和 $\bar{\mu}'$ 分别是与相关婚姻市场（S，C'，P'）中的 μ 和 μ' 对应的稳定匹配。这一点反过来当且仅当 $\bar{\mu} >_{C'} \bar{\mu}'$ 的时候成立，因此当且仅当 $\bar{\mu}' >_S \bar{\mu}$（由定理2.13得到）时也成立，这也意味着 $\mu' >_S \mu$。

由这个定理当然可以直接得到如下推论。

推论5.30　在市场（S，C，P）中一方的最优稳定匹配是另一方的最差稳定匹配。

如果 μ 和 μ' 是匹配，那么我们可以定义

$$\lambda(C)=\begin{cases}\mu(C)\text{，}\mu(C)>_C\mu'(C)\\ \mu'(C)\text{，其他情况下}\end{cases}$$

$$\lambda(s)=\begin{cases}\mu(s)\text{，}\mu'(s)>_s\mu(s)\\ \mu'(s)\text{，其他情况下}\end{cases}$$

即 λ 可以通过将 $\mu(C)$ 或者 $\mu'(C)$ 中更被大学偏好的那个分配给每个大学 C，同时将 $\mu(C)$ 或者 $\mu'(C)$ 中更不被学生喜欢的分配给学生 s。注意到，如果要求 λ 是一个匹配便要求它有如下性质：当且仅当 s 在 $\lambda(C)$ 中时 $\lambda(s)=C$。如果 s 被 λ 分配到不止一所大学，它便不是匹配了。（对于任意的两个匹配 μ 和 μ'，λ 并不一定总是一个匹配。）

类似地，我们定义

$$v(s)=\begin{cases}\mu(s)\text{，}\mu(s)>_s\mu'(s)\\ \mu'(s)\text{，其他}\end{cases}$$

$$v(C)=\begin{cases}\mu(C)\text{，}\mu'(C)>_C\mu(C)\\ \mu'(C)\text{，其他}\end{cases}$$

如果 λ 是一个匹配，那么很显然，λ 在 $>_C$ 下是 $\{\mu, \mu'\}$ 的最小上界，而在 $>_S$ 下是 $\{\mu, \mu'\}$ 的最大下界。类似婚姻市场，我们定义：

$$\lambda=\mu \bigvee_C \mu' \quad \text{且} \quad \lambda=\mu \bigwedge_S \mu'$$

根据对称性，如果 v 是一个匹配，那么

$$v=\mu \bigvee_S \mu' \quad \text{且} \quad v=\mu \bigwedge_C \mu'$$

我们将证明，如果 μ 和 μ' 是稳定的，那么 λ 和 v 都将会是稳定匹配。这一

事实意味着稳定匹配集合在$>_C$和$>_S$下将会是一个格。

定理 5.31 令μ和μ'是（S，C，P）下的稳定匹配。那么λ和v便是稳定匹配。

证明： 假设(S，C'，P')是与(S，C，P)对应的婚姻市场，稳定匹配$\bar{\mu}$和$\bar{\mu}'$分别对应于μ和μ'。根据定理 2.16，我们已经知道$\bar{\lambda}=\bar{\mu}\vee_{C'}\bar{\mu}'$是($S$，$C'$，$P'$)下的稳定匹配。现在观察，如果$\lambda(C)=\mu(C)$，那么根据引理 5.25 有$\bar{\mu}(c)\geqslant_c\bar{\mu}'(c)$对于所有$C$中的$c$都成立，所以$\bar{\lambda}(c)=\bar{\mu}(c)$对于$C$中所有的$c$都成立。因此如果$s$在$\mu(C)$中，就会存在$C$中的某个$c$满足

$$s=\bar{\lambda}(c) \tag{1}$$

为了看出λ是一个匹配，用反证法假设S中存在某个s，$\mathbf{C}$中存在C和$C'(C\neq C')$，并且使s同时属于$\lambda(C)$和$\lambda(C')$。那么，根据(1)式存在一个C中的c和C'中的c'，使得$s=\bar{\lambda}(c)=\bar{\lambda}(c')$，这便与此前$\bar{\lambda}$是匹配这一事实矛盾。

匹配λ是稳定的，因为如果$s>_C s'\in\lambda(C)$，那么根据(1)式，C中存在某个c使得$s'=\bar{\lambda}(c)$和$s>_c\bar{\lambda}(c)$成立。但是根据$\bar{\lambda}$的稳定性，有$\bar{\lambda}(s)>_s c$，这也就意味着$\lambda(s)>_s C$，并且(C，s)不会破坏λ。同理，我们可以证明v是稳定匹配。

翻译成代数语言，定理 5.29 和定理 5.31 可以得到如下结果：

推论 5.32 在偏序关系$>_C$或$>_S$下稳定匹配集合形成了一个格，其中第一个偏序关系下的格对偶（dual）于第二个偏序关系下的格。

最后，我们得到一个和分解引理相似的定理。

定理 5.33 如果μ和μ'是在(S，C，P)下的两个稳定匹配，并且在$c\in C$和$s\in S$时满足$C=\mu(S)$或者$C=\mu'(s)$，那么如果$\mu(C)>_C\mu'(C)$，则$\mu'(s)\geqslant_S\mu(s)$。[或者如果$\mu'(s)>_S\mu(s)$，则有$\mu(C)\geqslant_C\mu'(C)$。]

证明： 假设有婚姻市场(S，C'，P')和相应的稳定匹配$\bar{\mu}$和$\bar{\mu}'$。定义$S(\bar{\mu}')=\{s\in S;\ \bar{\mu}'(s)>_S\bar{\mu}(s)\}$和$C'(\bar{\mu})=\{c\in C';\ \bar{\mu}(c)>_c\bar{\mu}'(c)\}$。同理定义$S(\bar{\mu})$和$C'(\bar{\mu}')$。

由分解引理(特别是推论 2.21)可得，$\bar{\mu}$和$\bar{\mu}'$将$S(\bar{\mu}')$映射到$C'(\bar{\mu})$，将$S(\bar{\mu})$映射到$C'(\bar{\mu}')$。如果有$\mu(C)>_C\mu'(C)$，那么根据引理 5.25，对于C中所有的c有$\mu(c)\geqslant_c\mu'(c)$成立。那么$c\notin C'(\bar{\mu}')$对于C中所有的c

成立。进而，$\bar{\mu}'(c)$ 和 $\bar{\mu}'(c)$ 在 $S(\bar{\mu}')$ 中，或者 $\bar{\mu}(c)=\bar{\mu}'(c)$ 对于 C 中所有的 c 成立。因为 s 被 $\bar{\mu}$ 和 $\bar{\mu}'$ 匹配给 C 中的某个“职位”，我们可得出 $\mu'(s)\geqslant_s\mu(s)$。现在，如果 $s\in S(\bar{\mu}')$，那么根据分解引理，$\bar{\mu}(s)$ 和 $\bar{\mu}'(s)$ 就应该在 $C'(\bar{\mu})$ 中。因为 s 被 $\bar{\mu}$ 和 $\bar{\mu}'$ 匹配给 C 中的某个“职位”，所以使用引理 5.25 即可证明原结论。

下面的两个结果是定理 2.24 和定理 2.25 在大学录取模型上的推广，考察了增加参与人偏好中的可接受对象和向市场中加入新的参与人时的结果。

定理 5.34 (Gale and Sotomayor)　假设 $\bar{P}\geqslant_C P$ 并令 μ'_C，μ_C，μ'_S 和 μ_S 为相应的最优稳定匹配。那么

$$\text{在 } P \text{ 下，} \mu_C \underset{C}{\geqslant} \mu'_C\text{，以及 } \mu'_C \underset{S}{\geqslant} \mu_C$$

并且有

$$\text{在 } P \text{ 下，} \mu'_S \underset{S}{\geqslant} \mu_S\text{，以及 } \mu_S \underset{C}{\geqslant} \mu'_S$$

同理，如果 $\bar{P}\geqslant_S P$，那么也可以得到对称的结果。

证明：假设 $\bar{P}\geqslant_C P$。考虑婚姻市场 (S, C', P') 和 $(S, C', \bar{P}')$ 分别对应于 (S, C, P) 和 $(S, C, \bar{P})$，其中对所有 S 中的 s 都满足 $P'(s)=\bar{P}'(s)$。那么则有 $\bar{P}'\geqslant_{C'} P'$。如果 $\bar{P}\geqslant_S P$，考虑相应的婚姻市场 (S, C', P') 和 $(S, C', \bar{P}')$，并要求 $\bar{P}'\geqslant_S P'$。此时运用定理 2.24 即可得到结论。

定理 5.35 (Gale and Sotomayor)　设 C 包含在 C^* 中并且 μ_S 为 (S, C, P) 条件下的 S 最优匹配，并令 μ_S^* 为 (S, C^*, P^*) 条件下的 S 最优匹配，其中 P^* 和 P 在 C 上是相同的。那么

$$\mu_S^* \underset{S}{\geqslant} \mu_S \text{ 在 } P^* \text{ 下成立，并且 } \mu_S \underset{C}{\geqslant} \mu_S^*$$

如果 S 属于 S^*，那么也可以得到对称的结果。

证明：假设 C 属于 C^*。考虑与 (S, C, P) 和 (S, C^*, P^*) 相应的婚姻市场为 (S, C', P') 和 $(S, C^{*\prime}, P^{*\prime})$，其中 P^* 与 P' 在 C' 上相同。如果 S 属于 S^*，那就足以说明对于 S 中所有的 s，有 $P'(s)=P^{*\prime}(s)$ 成立。运用定理 2.25 即可得到结论。

5.7 稳定匹配的核

我们现在来关注稳定匹配集合 $S(P)$ 和博弈的核之间的关系。按照定义 3.1 的思路做如下定义：匹配 μ' 通过包含于 $C\cup S$ 中的联盟 A 占优于另一个匹配 μ，要求对于 A 中的所有学生 s 和大学 C 满足：

如果 $C'=\mu'(s)$，那么 $C'\in A$，且如果 $s'\in\mu'(C)$，那么有 $s'\in A$；以及

$\mu'(s)>_s\mu(s)$ 且 $\mu'(C)>_C\mu(C)$

同理，一个匹配 μ' 通过包含于 $C\cup S$ 的联盟 A 弱占优于 μ，要求 A 中所有的学生 s 和大学 C 满足：

如果 $C'=\mu'(s)$，那么 $C'\in A$；如果 $s'\in\mu'(C)$，那么 $s'\in A$；以及
$\mu'(s)\geqslant_s\mu(s)$ 且 $\mu'(C)\geqslant_C\mu(C)$

和

对于 A 中的某个 s 有 $\mu'(s)>_s\mu(s)$ 成立，或者
对于 A 中的某个 C 有 $\mu'(C)>_C\mu(C)$ 成立

即如果 μ' 通过 A 占优于 μ，那么联盟 A 中每个有效①成员都会严格地偏好 μ' 甚于 μ。然而如果 μ' 通过 A 弱占优于 μ，那么 A 中的每个成员将至少会和喜欢 μ 一样喜欢 μ'，并且 A 中至少有一个成员会严格地偏好 μ' 甚于 μ。

博弈的核 $C(P)$ 是所有不被任何其他匹配占优的匹配的集合。由弱占优定义的核 $C_W(P)$ 是由所有不被任何其他匹配弱占优的匹配所构成的集合。因为弱占优也是一种占优，所以 $C_W(P)$ 将会包含于 $C(P)$ 中。当偏好是严格的时，这两种核在婚姻模型中相同，但在大学录取模型中不同。然而，当偏好是响应的时，并且当偏好对于个体是严格的时，稳定匹配集合就会和弱占优条件下的核相同。

命题 5.36（Roth） 当偏好对于个体是严格的时，有 $S(P)=C_W(P)$。

证明： 如果 μ 不在 $S(P)$ 中，那么 μ 是不稳定的，并且存在某对学生 s 和大学 C，使 $\mu(C)$ 中某个 σ 满足 $s>_C\sigma$。那么 μ 就会被任意满足 $\mu'(s)=C$

① “有效”指此时联盟满足上述定义，即一个配对两边的全部参与人必须在联盟中。结合命题 5.36 之后的例子便可以更清晰地对其进行理解。——译者注

和$\mu'(C)=s\cup\mu(C)-\sigma$的匹配$\mu'$通过$C\cup s\cup\mu(C)-\sigma$联盟将其弱占优。另外，如果$\mu$不在$C_W(P)$中，那么$\mu$就会被某个匹配$\mu'$通过一个联盟$A$弱占优，所以会存在某个学生或者大学偏好$\mu'$甚于$\mu$。（如果$\mu$并不是个体理性的，那么它便也不是稳定的，这一点我们已经证明过。）假设相较μ而言某个C更偏好μ'，那么就一定会存在$\mu'(C)-\mu(C)$中的学生s和$\mu(C)-\mu'(C)$中的某个σ使得$s>_C\sigma$。[如果不是这样，那么会有$\sigma\geqslant_C s$对于$\mu'(C)-\mu(C)$中的所有s以及$\mu(C)-\mu'(C)$中的所有σ成立，这也就意味着$\mu(C)\geqslant_C\mu'(C)$，因为C有响应偏好。]因此μ会被(s，C)破坏，所以它是不稳定的。如果A中某个满足$\mu'(s)=C$的学生s偏好μ'甚于μ，那么由$\mu'(C)\geqslant_C\mu(C)$同样可以得出，存在一个$\mu'(C)-\mu(C)$中的学生s'(可能和s不同)和$\mu(C)-\mu'(C)$里的σ使得$s'>_C\sigma$。那么，μ将被(s'，C)破坏就是显然的事了。

所以在核$C(P)$中，可能存在一个不稳定的结果。不妨考虑以下情形：市场中仅有一所大学，该大学有2个配额，而有3个学生，满足$P(C)=s_1$，s_2，s_3，并且C大学对于每个学生都是可接受的。那么，唯一的稳定匹配会使$\mu(C)=\{s_1，s_2\}$。但是，满足$v(C)=\{s_1，s_3\}$的不稳定匹配v属于$C(P)$，因为它不会被任何联盟占优。[因为偏好μ甚于v的联盟$\{C，s_2\}$对于μ来说不是有效的，而对μ有效的联盟$\{C，s_1，s_2\}$其成员并不都偏好μ甚于v。]

注意到，当对于个体的偏好不是严格的时，弱占优定义的核可能是空的。考虑一个例子，在这个例子中，有2个学生和1所大学，该大学的配额为1。对于该大学来说，这2个学生都是可接受的，且是无差异的。则两个个体理性的匹配都是弱占优的，尽管二者都是稳定的。

5.8 文献指南

这个多对一匹配模型被Gale和Shapley命名为“大学录取模型”。两人1962年的论文将此模型与婚姻模型放在一起进行研究。在他们的模型中，大学偏好被定义在对个人的偏好上，而不是对群体的偏好上。他们发现解决婚姻问题时采用的延迟接受算法在多对一匹配模型中依然可用，同时他们也证明了，类似于婚姻问题中那样定义的稳定匹配和最优稳定匹配在多对一模型中依然存在。类似本章的大学录取模型，大学偏好既被定义在对学生群体的偏好上也被定义在对学生个体的偏好上，这个结论最早见于Roth（1985a）。

有时，学者们相信在很多重要的方面，多对一匹配模型和一对一匹配模型并没有太大区别，因此主要关注婚姻模型。正因为如此，一些不正确的观点渐渐在文献中蔓延，并认为婚姻模型下的结论能自动推广到多对一匹配模型下。

Roth（1984a）关于医院-实习生市场的研究第一次将这种不同清晰地展示出来。（由于该论文研究的是真实市场，所以明确考虑每个医院项目可能雇用不止一个实习生是十分必要的。）这些考虑使得 Roth（1985a）重新构建模型并在这一章展示出来。那篇论文介绍了响应偏好的概念，并观察到有些定理被误认为可以从一对一模型推广而来，而实际上并不行。这个模型的形式和初步结果展示在 5.1.1 节中，而 Roth（1985a）重新构建的大学录取模型展示在 5.2 节中。

5.4 节关于医院-实习生市场的模型基本参考了 Roth（1984a），其中定理 5.7、定理 5.8、定理 5.11 和定理 5.12 均来自那篇文章。定理 5.11 表明存在夫妻的市场可能没有固定匹配这一结果也被 Sotomayor 在未发表的笔记中单独证明了。说明定理 2.27、定理 4.7 和定理 4.10 并不能从婚姻市场模型中推广的定理 5.10 与定理 5.14 来自 Roth（1985a），定理 5.16、定理 5.18 也一样。而定理 5.13 来自 Roth（1986）。

定理 5.11 和定理 5.14 表明，有些事并不总是发生：有夫妻的市场下稳定匹配并不总是存在；同样对于医院而言，提供自身真实偏好并不总是其最优反应。但他们没有说明这种情况发生得有多频繁，以及对此情景进行识别的困难程度。然而对一些问题的研究已经有了进展。就定理 5.11 来说，Ronn（1986，1987）表明，决定有夫妻的市场是否存在稳定匹配这一问题计算起来是复杂的。换句话说，它是“np 完全”（一种计算运算时间的方法）问题。当所有对个体的偏好都是严格的时，Ronn 表明这个问题也是 log(p)复杂的（一种计算所需内存大小的方法）（Garey and Johnson，1979）。所以对于存在夫妻的大市场，即使存在稳定匹配，找到它也可能并不现实。就定理 5.14 来说，Wood（1984）的初步研究表明，在证明中用到的例子可能既不稀少也不普遍。在该例中，一些医院能通过谎报自己的偏好获益。

5.5 节对英国医生市场的研究来自 Roth（1989b）。除了 Roth（1984a，1989b）中关注的英美医生如何获得第一份工作的机制外，另一种被细致研究的匹配机制是“偏好报价系统”，它被大学用来为女性联盟匹配新成员（Mongell，1988；Mongell and Roth，1989）。一些关注不同分散决策的新手市场的初步经验研究也已展开。Sondak 和 Bazerman（1988）中就记录了一个关于分散化市场的实验性研究。

5.6 节紧紧围绕 Roth 和 Sotomayor（1989）的论文。由引理 5.25 得到的定理 5.26 和推论 5.28 都来自此论文。由于 David Gale 的建议，引理 5.25 的证明比两人的原始证明更短。定理 5.29 和定理 5.31 中总结了婚姻模型下的已知结论（可能已经在大学录取模型中出现，但第一次正式证明是放在这里）。定理 5.34 和定理 5.35 来自 Gale 和 Sotomayor（1985a）。

命题 5.36 是关于稳定匹配集合和在弱占优定义下的核之间的关系，它是由 Roth（1985b）通过假设大学对学生群体的偏好而得到证明的。

最后我们注意到，对医院-实习生市场的研究使我们可以对思想的演化历史发表一些有意思的评论。NIMP 算法是一种稳定匹配机制（定理 5.7），它最早出现于 1951 年，比 Gale 和 Shapley 的论文整整早了十年，与 Gillies（1953a，b）和 Shapley（1953a）对博弈的核的定义处于同时代［参见 Stalnaker（1953）关于 NIMP 算法的说明］。NIMP 算法代替了更早的试行算法，因为更早的算法无法给参与人提供他们真实偏好的占优策略。虽然 NIMP 算法也不能实现这一点（定理 4.4、定理 5.14），但这一点很晚才在经济理论中被发现（参见如 Green and Laffont，1979）。因此，对该市场组织方式的研究结果后来成为重要的经济理论。作为“理论指导实践”的例子，Gale 和 Shapley（1962）以及 Roth（1984a）的一些研究已经开始在关于这些市场的医学文献中出现。例如，NIMP 算法现在被以延迟接受过程的方式描述给参与人。

这段历史给了我们一个简要地反思“科学前沿有何作用”的机会，这一问题有时看起来是不必要的困扰。1951 年的 NIMP 算法是一种稳定匹配机制，由一个关注实际问题的委员会提出，是一个杰出而显著的成就。但这之后对此成就的认可和赞许并未削减 Gale 和 Shapley（1962）的贡献，他们两人独立发展了一种相关机制。也许这么说会使该观点更明确：哥伦布被认为是美洲的发现者，每个上过学的孩子都知道他到那儿时美洲人已经生活在那里了，而且他也并非第一个完成往返航行的（维京人或其他人在他之前）。重要的是，哥伦布不是发现美洲的第一个人，但是最后一个。在哥伦布之后，美洲再也没有被遗忘。之后的探险者已经不能宣称他们拥有这个发现。但就另一种看法来说，哥伦布发现美洲的重要性在很大程度上源于人们后来在美洲所学到的和所做到的。因此，科学理论和发现的重要性源于它们能使我们理解和预测到什么。

第6章 涉及货币及更多复杂偏好的离散模型

这一章重点讨论了公司和员工之间的多对一匹配模型，并把大学录取模型从两个重要方面进行了推广：允许公司针对员工群体设置更多类别的偏好和明确地将货币加入模型——因此薪酬作为博弈结果的一部分，而不是在模型中作为工作描述的一部分。当然，当我们关注的模型将这两方面结合起来讨论的时候，我们也需要明确公司和员工的这些偏好如何影响不同工作任务和薪酬之间的组合。6.2 节讨论了 Kelso 和 Crawford 提出的一种既涉及复杂偏好又涉及薪酬可协商性的模型。（我们将薪酬设置为一个离散变量，此后这将作为一种自然的建模设定。比如说，合同不能精确地将薪酬的概念描述到最小的单位。下一章则将薪酬作为一个连续变量，这种假设也存在一些优势。）但是我们先构建了一个更简易的模型，在这个模型中，我们在将薪酬作为工作描述里模糊的一部分的同时又检验了一些复杂的偏好。在整个章节中，我们将在模型中继续使用如下这个简化假设——员工都不关心其公司雇用的其他员工是谁。

6.1 有“可替代”偏好的大学录取模型

我们在第 5 章的大学录取模型中注意到，当大学对在学生群体上的偏好响应于对个体学生的偏好时，稳定匹配集合非空；但是当不响应时，集合可能为空（详见例 2.7）。在这一节中，我们将讨论一种比响应偏好更弱的条件，尽管如此，但它依然能保证稳定匹配集合的非空性以及在第 5 章中讨论过的许多性质。其基本思路就是，只要公司对员工群体的偏好认为，作为个体的员工之间是替代的而非互补的，稳定匹配集合就非空。结果表明：这种条件使延迟接受算法的运行与我们假设大学有响应偏好时是相同的。

令两种元素的集合分别为 n 家公司 $F=\{F_1, \cdots, F_n\}$ 和 m 位员工 $W=\{w_1, \cdots, w_m\}$。为了简便，所有公司拥有同样的配额，也就是均为 m，因此每家公司在理论上可以雇用所有的员工。这也使得我们可以通过稍微简便的方法去描述这些匹配方式，因为不需要了解每家公司的配额，比如，一家公司没有雇用任何员工的情况被匹配 m 个自己。

定义 6.1　一个匹配 μ 是一个从集合 $F\cup W$ 到所有 $F\cup W$ 子集的函数，满足：

(1) 如果 $\mu(w)\notin F$，那么对于所有员工 w 和 $\mu(w)=w$ 有 $|\mu(w)|=1$；

(2) 对于任何公司 F，有 $|\mu(F)|\leqslant m$[如果 F 没有与任何员工匹配，则 $\mu(F)=\phi$]；

(3) 当且仅当 w 在 $\mu(F)$ 中时，$\mu(w)=F$。

类似大学入学问题，员工对公司个体有偏好，并且公司对 W 的子集也有偏好。为了使算法简便，我们假设所有的偏好都是严格的。因此，员工 w 的偏好可以被一个可接受他的公司代表，比如 $P(w)=F_i, F_j, F_k, w$，并且一家公司的偏好可以由员工可接受的子集代表，比如 $P^{\#}(F)=S_1, S_2, S_3, \cdots, S_k, \phi$，其中每个 S_i 都是 W 的子集。每个参与人通过比较自身在不同匹配下的匹配对象来比较不同的匹配。所有参与人的偏好都表示为 $P=(P^{\#}(F_1), \cdots, P^{\#}(F_n), P(w_1), \cdots, P(w_m))$。注意公司的偏好就是其在员工集合上的偏好。

面对一个员工的集合 S，每家公司 F 都能确定其最偏好雇用 S 的哪个子集。我们就将这种 F 从 S 里做出的选择记作 $Ch_F(S)$。也就是说，对于 W 的任何子集 S，F 的选择集合都是 $Ch_F(S)=S'$，即 S' 属于 S 并且对于所有属于 S 的 S'' 来说，都有 $S'\geqslant_F S''$。由于我们已经假设偏好都是严格的，所以在所有可雇用员工的集合 S 中，总存在唯一集合 S' 是 F 最想雇用的员工集合。(当然，S' 可能等于 S，也可能是空集。) 我们现在可以说明我们的假设，即公司将员工当作可替代的而非互补的。

定义 6.2　公司 F 在员工群体上的偏好具有可替代性要求，对于任何包括员工 w 和 w' 的集合 S，若 w 在集合 $Ch_F(S)$ 中，则 w 在 $Ch_F(S-w')$ 中。

也就是说，若 F 有可替代偏好，那么若 F 从 S 中选择的偏好集合包括

w，则 F 从任意 S 的子集中选择的偏好集合也包括 w。[重复运用定义可得，若 $w \in Ch_F(S)$，则对于任何 S 中的任意使 $w \in S'$ 的 S' 有 $w \in Ch_F(S')$。]这很好地阐释了公司将 w 和其他在 $Ch_F(S)$ 中的员工当作替代品而非互补品的含义：当某些其他员工变得不可雇用时，公司依然想继续雇用员工 w。

因此，可替代性排除了公司将员工当作互补品的可能性，即如美国橄榄球队的例子：队里想雇用一名会远距离传球的队员和一名能远距离接球的队员，但如果他们中只有一人可以被雇用，那公司会更愿意雇一名完全不同的队员。回顾在例 2.7 中的这种互补性存在于公司 F_1 的偏好中，因为其偏好为 $Ch(\{w_1, w_3\}) = \{w_1, w_3\}$，但是 $Ch(\{w_3\}) = \phi$。也就是说，F_1 愿意雇用 w_1 和 w_3，但是若 w_1 不能被雇用，则 F_1 对 w_3 也不再感兴趣。我们将会发现例 2.7 中的稳定匹配集合是空集与否与这种互补性相关，也就是说，和此例中的公司没有可替代偏好相关。

注意，响应偏好具有可替代性。在大学录取模型中，对于含有配额 q 的大学，任何学生群体的选择集合要么是集合中最偏好的可接受学生 q，要么是所有集合中的可接受学生：是哪种情况取决于配额的大小。

若 $w >_w \mu(w)$，则匹配组合 μ 被个体员工 w 破坏；若 $\mu(F) \neq Ch_F(\mu(F))$，则匹配组合 μ 被单个公司 F 破坏。注意，无须个体不理性 F 就可能破坏 μ，因为可能存在不等式 $\mu(F) >_F \phi$。根据我们对破坏的定义，F 可以在不影响 $\mu(F)$ 中其他员工的情况下，解雇一些其选择的在 $\mu(F)$ 中的员工。

类似地，若 w 和 F 在 μ 下没有互相匹配，但是都更偏好 F 雇用 w 这种情况，即，如果 $\mu(w) \neq F$ 并且满足 $F >_w \mu(w)$，且 $w \in Ch_F(\mu(F) \cup w)$，则 μ 被员工-公司组合 (w, F) 破坏。如果公司有响应偏好，那么这种定义和我们在大学录取模型中所用到的是一样的。我们也将继续用同样的方法定义稳定匹配。

定义 6.3 若匹配 μ 没有被任何个体参与人或者任何员工-公司组合 (w, F) 破坏，则 μ 是稳定的。

由于目前破坏是根据公司在员工集合上的偏好定义的，这种稳定性的定义和之前章节中的定义有一点不同。尽管如此，这依然是一种结对稳定性的定义，因为它所讨论的最大组合是员工-公司组合。所以我们依然要讨论在不考虑到更大组合的情况下，是否会遗漏什么重要结论。事实证明，结对稳定性依然是足够的，正如在响应偏好的情况下，我们能发现稳

定匹配集合 $S(P)$ 等于群体稳定匹配集合。事实上，核 $C(P)$ 和在弱占优定义下的核 $C_W(P)$ 此时的定义，与 5.7 节中出现过的类似定义是相同的，并且在响应偏好的情况下，我们不难发现 $C(P)$ 包含 $S(P)$，而 $S(P)$ 又包含 $C_W(P)$。下面我们将证明命题 5.36 推广到当前模型的情况。

命题 6.4　当公司有可替代偏好(并且所有偏好都是严格的)时，有 $S(P)=C_W(P)$。

证明：一方面，若 μ 不在 $S(P)$ 中，则 μ 被某个个体或者组合(w，F)破坏。若它仅被 F 破坏，那它将被一个满足 $\mu'(F)=Ch_F(\mu(F))$ 的匹配 μ' 通过组合 $A=\{F\cup\mu'(F)\}$ 弱占优。若 μ 仅被 w 破坏，那么它被满足 $\mu'(w)=w$ 的 μ' 通过组合 $A=\{w\}$ 弱占优。并且如果 μ 被组合(w，F)破坏，那么它将被满足 $\mu'(F)=Ch_F(\mu(F)\cup w)\neq\mu(F)$ 的 μ' 通过组合 $A=F\cup\mu'(F)$ 弱占优。[若 $w'\in\mu'(F)$，则要么有 $w'=w$，要么有 $w'\in\mu(F)$，因此要么 $F>_{w'}\mu(w')$，要么 $\mu(w')=\mu'(w')$。]因此，$S(P)$ 包含 $C_W(P)$。

另一方面，若 μ 通过一个组合 A 被 μ' 弱占优，那么在 A 中存在某个参与人偏好 μ' 甚于 μ。由于 μ 被某个个体破坏时是不稳定的，则立即证毕，因此我们假设 μ 没有被任何一个个体破坏。假设 A 中的某个员工 w 偏好 μ' 甚于 μ，并令 $F=\mu'(w)\neq\mu(w)$。那么 $\mu'(F)>_F\mu(F)$，因为偏好是严格的。因此在集合 $Ch_F(\mu'(F)\cup\mu(F))$ 中存在一个 w' 满足 w' 不在 $\mu(F)$ 中(否则 μ 就被 F 自身破坏了)。因此 $w'\in\mu'(F)$，进而 $w'\in A$ 且 $F=\mu'(w')\neq\mu(w')$，并且由于偏好是严格的，有 $\mu'(w')>_{w'}\mu(w')$。根据可替代性，w' 在 $Ch_F(\mu(F)\cup w')$ 中，所以 μ 被(w'，F)破坏并且不稳定。如果有某个 A 中的公司 F 更偏好 μ'，那么存在某个员工 w 在 $Ch_F(\mu'(F)\cup\mu(F))$ 中并且不在 $\mu(F)$ 中，否则，F 自身将破坏 μ。因此 w 在 A 中，并且由于严格偏好假设，w 偏好 $F=\mu'(w)$ 甚于 $\mu(w)\neq F$。但是根据可替代性，$w\in Ch_F(\mu(F)\cup w)$，因此(w，F)会破坏 μ。综上所述，$S(P)$ 被包含于 $C_W(P)$。

现在我们可以陈述主要结论了。

理论 6.5　当公司具有可替代偏好时，稳定匹配集合总是非空的。

在证明之前，我们将用一个例子来帮助阐述某些问题。

例 6.6　假设公司具有可替代（但不响应）偏好。有 2 家公司和 3 个工人，他们的偏好如下：

$$P^{\#}(F_1)=\{w_1,w_2\},\{w_1,w_3\},\{w_2,w_3\},\{w_3\},\{w_2\},\{w_1\}$$
$$P^{\#}(F_2)=\{w_3\}$$
$$P(w_1)=F_1,F_2$$
$$P(w_2)=F_1,F_2$$
$$P(w_3)=F_1,F_2$$

注意

$$\mu=\begin{matrix}F_1 & F_2\\ \{w_1,w_2\} & \{w_3\}\end{matrix}$$

是唯一的稳定匹配

如果我们关注单个员工，我们会发现 F_1 偏好 w_3 甚于 w_2 甚于 w_1。但是 $P^{\#}(F_1)$ 的偏好在单个员工上不响应，因为即使单个来看 w_3 优于 w_2，也有$\{w_1, w_2\} > F_1\{w_1, w_3\}$。但是这些偏好是可替代的。

在 5.1.1 节的讨论中，我们再次注意到，如果我们只是描述公司对于个体的偏好，那么大学录取这类问题可能并不是一个定义完备的博弈。事实上，如果我们仅仅根据对于个体的偏好定义稳定性，那么匹配 μ 在配对 (F_1, w_3) 上并不稳定，因为 w_3 偏好 F_1 甚于 F_2 且 F_1 偏好 w_3(单独) 甚于 w_2(单独)。但是 μ 在此例中并非不稳定，因为 F_1 偏好$\{w_1, w_2\}$ 甚于 $\{w_1, w_3\}$，$\{w_2, w_3\}$ 和$\{w_3\}$ 中的任何一个。

我们现在转到定理 6.5 的证明。证明将借助公司主动邀请的延迟接受算法，该算法仅需微调就可适用于当前的模型。首先，每家公司向它最偏好的员工集合发出邀请，每名员工将从那些向他们发出邀请的公司中，选择其最偏好的并拒绝其他公司的邀请。在接下来的每一步中，每家公司都会向那些它最偏好的员工集合发出邀请，这些员工包括之前邀请过的和还未拒绝邀请的，但不包括已经拒绝邀请的员工。每名员工将从至今为止那些向他们发出邀请的公司中，选择其最偏好的并拒绝其他公司的邀请。这种算法将在不存在拒绝邀请的时候自动停止，此时每家公司将与那些还没有拒绝其邀请的员工集合匹配。

定理 6.5 的证明：我们将会证明由刚刚描述的算法得出的匹配 μ 是稳定的。关键的一点是，我们注意到，因为公司有可替代的偏好，因此没有公司会后悔自己在算法接下来的步骤中提供职位给那些未拒绝之前邀请的员工。也就是说，在算法的每一个步骤中，每家公司都会向它最偏好的员工集合发出邀请，并且此集合中并没有包含任何已经拒绝过其邀请的员工。因此我们考虑一种组合，即能满足 $w \in Ch_F(\mu(F) \cup w)$ 的公司 F 和员工 w。在算法的某些步骤中，F 向 w 发出邀请，然后被拒绝了，因此 w 偏好 $\mu(w)$ 甚于 F，并且 μ 没有被组合(w，F) 破坏。因为 w 和 F 的任意性，以及 μ 没有被任何个体破坏，所以 μ 是稳定的。

事实上，匹配 μ 是公司最优稳定匹配，这给公司提供了其最偏好的可获得的员工集合。

定理 6.7　当公司具有可替代偏好（并且偏好是严格的）时，公司主动邀请的延迟接受算法生成了一个公司最优稳定匹配。

我们将证明过程留给读者，读者可以依据定理 2.12 的证明自行证明。即在公司发出邀请的延迟接受算法中，没有公司被一个可获得的员工拒绝。

因为这个模型在公司和员工之间不对称，员工邀请的延迟接受算法并不一定就会产生一个类似的结果，然而事实表明类似的结果成立。当员工接受主动邀请的时候，算法的描述仅需要甚至更少的调整，因为员工依据偏好序列向公司发出邀请，并且公司可以在任何步骤从它还没有拒绝的员工中拒绝那些并不在公司选择集合中的参与人。我们可以得到如下结果。

定理 6.8　当公司具有可替代偏好（并且偏好是严格的）时，员工的延迟接受算法生成了一个员工最优稳定匹配。

证明中的关键步骤也将留给读者，此定理之所以成立主要是因为公司具有可替代偏好，当其看到当前步骤中发出邀请的员工名单时，没有公司会后悔自己在算法之前的步骤中拒绝了某个员工。

我们将用一个例子结束这一小节，并证明即使双方都有可替代偏好，这些结果也不能直接推广到多对多匹配情况下，即员工可能同时选择多份工作。这不是因为用类似方式定义的结对稳定匹配在那种模型中没有类似的性质，而是因为结对稳定匹配将不再是群体稳定的。

例 6.9　有可替代偏好的多对多匹配（Blair）

假设存在 3 家公司和 3 个员工（每家公司拥有 2～3 个配额），他们的偏好如下：

$$P^{\#}(F_1)=\{w_1,w_2\},\{w_2,w_3\},\{w_1\},\{w_2\},\{w_3\}$$

$$P^{\#}(F_2)=\{w_2,w_3\},\{w_1,w_3\},\{w_2\},\{w_1\},\{w_3\}$$
$$P^{\#}(F_3)=\{w_1,w_3\},\{w_1,w_2\},\{w_3\},\{w_1\},\{w_2\}$$
$$P^{\#}(w_1)=\{F_1,F_2\},\{F_2,F_3\},\{F_1\},\{F_2\},\{F_3\}$$
$$P^{\#}(w_2)=\{F_2,F_3\},\{F_1,F_3\},\{F_2\},\{F_1\},\{F_3\}$$
$$P^{\#}(w_3)=\{F_1,F_3\},\{F_1,F_2\},\{F_3\},\{F_1\},\{F_2\}$$

员工和公司此时在对方偏好中的角色是完全相同的，并且仅有一个（结对）稳定匹配 μ：

$$\mu(F_i)=\{w_i\},\ i=1,2,3$$

但是 μ 在全部参与人组成的组合下被 μ' 占优了，μ' 如下：

$$\mu'(F_1)=\{w_2,w_3\},\quad \mu'(F_2)=\{w_1,w_3\},\quad \mu'(F_3)=\{w_1,w_2\}$$
$$\mu'(w_1)=\{F_2,F_3\},\quad \mu'(w_2)=\{F_1,F_3\},\quad \mu'(w_3)=\{F_1,F_2\}$$

此例中的匹配 μ' 在核中（用传统方式定义的），但它并非结对稳定的。

6.2 一种考虑金钱和复杂偏好的模型

此部分展示了 Kelso 和 Crawford 的匹配模型的一个版本，也正是在此模型中我们第一次引入了有关可替代偏好的概念。在这个模型中，公司和员工对他们相互匹配的人以及薪酬的多少都具有偏好。所以市场结果将不仅仅包括这些匹配，还包括如何将每次匹配的获利转化为公司的盈利和员工的薪酬。

令参与人是有 m 个员工的集合 W，编号为 $i=1$，…，m，并且有 n 家这样的公司的集合 F，编号为 $j=1$，…，n，每家公司都可以招聘任何它想要招聘的员工数量（也就是说，这个等式中各家公司的配额都是 m），并且每个员工只能在一家公司工作。

这些员工的偏好将会以效用函数的形式表现出来，而这依赖于他们为谁工作和薪酬。在薪酬为 s_i 的时候为公司 j 工作对员工 i 的效用将会用一个严格递增的效用函数 $u_{ij}(s_i)$ 表示。（注意这里我们继续假设这些员工不关心和他们一起工作的同事是谁。）对于每一个员工 i，都会有一个向量 $\sigma_i\equiv(\sigma_{i1}$，…，$\sigma_{in})$ 与之对应，其中 σ_{ij} 代表员工 i 愿意为公司 j 工作的最低收入。也就是说，不管是在薪酬为 σ_{ij} 的情况下为公司 j 工作还是在失业（薪酬为零）的情况下，员工 i 的效用都是相同的。将员工 i 在失业情况下的效用记为 $u_{i0}(0)$。

对于每一家公司 j 和任何一个员工的子集 C，有一个非负的数 $Y^j(C)$ 代表当一家公司的员工恰是子集 C 时公司可以得到的收入总量。以下假设针对所有的员工 i 和公司 j：

(1) $Y^j(\phi)=0$；

(2) 对于任何不包含员工 i 的员工集合 C，$Y^j(C\cup\{i\})-Y^j(C)\geqslant\sigma_{ij}$。

第一个条件说明了每家公司都必须有一些员工才能从事生产，第二个条件说明了每个员工对于公司的边际贡献永远不小于使员工在工作和不工作时无差异的薪酬。对第二个假设需要再次解释一下，因为它并没有看起来的那么强。事实上，第二种情况可以被看成一个建模惯例，因为如果一个员工的边际效益比那个使他工作和不工作无差异的薪酬还低的话，那么这家公司不会雇用这个员工。在这个模型中，该员工将以 $\sigma_{ij}=0$ 的薪酬被雇用而不是失业。

因为以薪酬 σ_{ij} 招聘一个员工 i 永远不会损害公司 j，所以在这个模型中没有失业的员工(至少在核中没有)。因此一个匹配可以被认为是一个合作关系集合 $\{j, C^j\}$ 或者 $\{j\}$，这里 $\{j, C^j\}$ 表明为公司 j 聘请集合 C^j 中的员工，$\{j\}$ 记为公司 j 没有聘请员工。这个模型的结果包括：一个匹配 μ，以及对于每个在 μ 中的合作关系集合 $\{j, C^j\}$，将收入 $Y^j(C^j)$ 分配为 π_j(利润) 和 $\{s_i, i\in C^j\}$(薪酬) 的方案[满足 $Y^j(C^j)=\pi_j+\sum_{i\in C^j}s_i$]。如果公司 j 没有匹配，那么 $\pi_j=0$。我们将一个结果记作 (μ, π, s)，其中 π 是每家公司 j 的利润向量，s 是每家公司 $\mu(i)$ 付给每个员工 i 的薪酬向量。如果对每个员工 i 有 $s_i\geqslant\sigma_{i\mu(i)}$，并且对于每家公司 j 有 $\pi_j\geqslant 0$，那么结果 (μ, π, s) 是个体理性的。

我们将薪酬模拟为离散变量，因为存在某个薪酬的最小单位（比如每小时多少便士或者每年多少美元)。为了实现这一想法，我们假设所有的薪酬 s_i、收入 $Y^j(C^j)$ 和利润 π_j 都是建立在这种单位上的，因此只考虑它们是整数的情况。

一个个体理性的结果 (μ, π, s) 被称为核分配 (core allocation)，除非对于所有 C 中的员工，存在公司 j、员工子集 C 和整数薪酬 r_i 的向量 r，满足

$$\pi_j<Y^j(C)-\sum_{i\in C}r_i \quad 且$$

$$u_{i\mu(i)}(s_i)<u_{ij}(r_i)$$

如果某个（j，C，r）满足这两个不等式，那么结果（μ，π，s）则会被（j，C，r）破坏。第一个不等式表示相较于以目前的薪酬 s_i 雇用被 μ 匹配给它的员工集合，公司 j 可以通过以薪酬 r_i 雇用员工集合 C 来创造更大的利润。第二个不等式表示集合 C 中的每位员工 i 相较于继续以薪酬 s_i 待在公司 $\mu(i)$，更偏好以薪酬 r_i 为公司 j 工作。

若没有更多的限制，此模型中核可能为空。

例 6.10　核为空的例子

假设一个市场，包括公司 j，k 和员工 1，2。对于所有可能的员工子集，收入 $Y^j(C)$ 和 $Y^k(C)$ 的数额如下：

$$Y^j(\{1\})=4 \qquad Y^k(\{1\})=8$$
$$Y^j(\{2\})=1 \qquad Y^k(\{2\})=5$$
$$Y^j(\{1,2\})=10 \quad Y^k(\{1,2\})=9$$

两个员工对两家公司是无差异的，并且只在意自己的薪酬，因此对于两个员工 $i=1$，2，有 $u_{ij}(s_i)=s_i$，$u_{ik}(s_i)=s_i$，$\sigma_{ij}=\sigma_{ik}=0$。

两个员工都被雇用的唯一匹配是：

$$\mu_1=\begin{pmatrix} j & k \\ \{1,2\} & - \end{pmatrix} \quad \mu_2=\begin{pmatrix} j & k \\ - & \{1,2\} \end{pmatrix}$$

$$\mu_3=\begin{pmatrix} j & k \\ \{1\} & \{2\} \end{pmatrix} \quad \mu_4=\begin{pmatrix} j & k \\ \{2\} & \{1\} \end{pmatrix}$$

下面我们证明没有一种分配方案（π，s）可以使任何这些 μ_i 下的结果（μ_i，π，s）在核中。（容易看出，一个有失业员工的匹配不可能在核中。）

考虑 $s=\{s_1, s_2\}$，$\pi=\{\pi_j=10-\{s_1+s_2\}, \pi_k=0\}$ 和匹配 μ_1 的情况。这个结果会被（k，$\{1\}$，$r_1=s_1+1$）或者（k，$\{2\}$，$r_2=s_2+1$）破坏，否则就会有 $0=\pi_k\geqslant 8-(s_1+1)$ 和 $0=\pi_k\geqslant 5-(s_2+1)$，从而会有 $s_1+s_2\geqslant 11$，这就和 $\pi_j\geqslant 0$ 相悖。

现在考虑结果（μ_2，$\{\pi_j=0, \pi_k=9-(s_1+s_2)\}$，$\{s_1, s_2\}$）。为了使这个结果不被（$k$，$\{1\}$，$r_1=s_1+1$）或者（$k$，$\{2\}$，$s_2+1$）破坏，我们必须有 $9-(s_1+s_2)=\pi_k\geqslant 8-(s_1+1)$ 和 $9-(s_1+s_2)=\pi_k\geqslant 5-(s_2+1)$，所以 $s_1+s_2\leqslant 7$。但是结果（j，$\{1, 2\}$，$r_1=s_1+1$，$r_2=s_2+1$）将会破坏（μ_2，π，s），否则我们将会有 $0=\pi_j\geqslant 10-(s_1+s_2+2)$，然后会有 $s_1+s_2\geqslant 8$。

结果（μ_3，$\{\pi_j=4-s_1, \pi_k=5-s_2\}$，$\{s_1, s_2\}$）被（$k$，$\{1\}$，$r_1=$

s_1+1) 或者(j，{1，2}，$r_1=s_1+1$，$r_2=s_2+1$) 破坏，否则 $5-s_2=\pi_k\geqslant 8-(s_1+1)$ 且 $4-s_1=\pi_j\geqslant 10-(s_1+s_2+2)$，从而得到 $s_1\geqslant 6$。但这和事实 $\pi_j\geqslant 0$ 相悖。关于结果(μ_4，$\{\pi_j=1-s_2,\ \pi_k=8-s_1\}$，$\{s_1,\ s_2\}$) 被($k$，{2}，$r_2=s_2+1$) 或者{$j$，{1，2}，$r_1=s_1+1$，$r_2=s_2+2$} 破坏的证明，就留给读者作为练习。

注意，在这个例子中，这家公司 j 的技术反映在函数 Y^j 中，展现出一种规模效益，因为员工 1 和员工 2 为公司创造的收入比分别雇用每一个员工创造的收入的总和更多。这种规模效益会导致一些对于公司 j 的偏好的互补性，比如公司愿意在 $s_1=s_2=4$ 的薪酬上雇用这两个员工，但是如果员工 1 要求薪酬为 7，公司 j 就不愿意雇用这两个人中的任何一个了。也就是说，公司 j 如果以薪酬 4 雇用了员工 1，那么公司 j 也会愿意以薪酬 4 雇用员工 2，但是员工 1 没有被雇用时则不行（要价太高也不行）。

为了排除这类对于公司 j 的偏好的互补性，Kelso 和 Crawford 提出了对函数 Y^j 的一种约束。为了陈述此约束，我们需要介绍一些符号。

假设 $s=(s_1,\ \cdots,\ s_m)$ 是一个薪酬向量。记 $M^j(s)$ 为以下问题的解集：在所有可能的员工组集合 C 中选择 C^j 以最大化($Y^j(C)-\sum_{i\in C}s_i$)。

如果我们将 s 作为公司 j 为吸引员工 i 而支付的薪酬向量，那么这家公司的上述问题就是去选择(其中) 一个盈利最大的员工集合。现在考虑另一个薪酬向量 $\bar{s}$。令 $T^j(C^j)=\{i\mid i\in C^j$ 且 $\bar{s}_i=s_i\}$。也就是说，$T^j(C^j)$ 是在薪酬为 s 的情况下公司 j 的选择集合(之一) 中薪酬需求保持在 s 不变的员工集合。

Kelso 和 Crawford 的总替代（gross substitutes）假设是：

(3) 对每家公司 j，若 $C^j\in M^j(s)$ 且 $\bar{s}\geqslant s$，则存在 $\bar{C}^j\in M^j(\bar{s})$ 满足 $T^j(C^j)$ 属于 $\bar{C}^j$。

也就是说，若给定公司必须支付给员工 i 的薪酬 s 时，员工 i 在公司集合 j 中，那么其他员工的薪酬需求增长但员工 i 的薪酬需求不变时，公司将仍希望雇用员工 i。注意到相比 6.1 节中的简单模型，此时我们需要对“可替代性”进行更复杂的描述，原因有两个：首先，在这种模型中，偏好序列必须也考虑薪酬。其次，没有假设偏好为严格的，因此在任意薪酬需求向量下，可能存在多种员工集合是公司面临的选择问题的解。

在例 6.10 中，公司 j 不满足总替代假设。讨论薪酬 $s=(4,\ 4)$ 和 $\bar{s}=(7,\ 4)$ 这两个向量：在公司 j 的薪酬为 s 的情况下唯一被偏好的员工集合为$\{1, 2\}$，并且在薪酬为$\bar{s}$的情况下该集合为空。

我们现在可以做出如下陈述。

定理 6.11（Kelso and Crawford） 当所有公司满足总替代假设时，核非空。

为了证明定理 6.11，Kelso 和 Crawford（1982）提出了如下延迟接受算法的修改版。算法按照以下规则进行。

R(1)——公司开始面临一个薪酬集合$s_{ij}(0)=\sigma_{ij}$。允许薪酬在第t回合时，即$s_{ij}(t)$，除了下面提到的情况外，保持不变。在第 0 回合，每家公司向所有员工都发出邀请。条件（2）保证了这是无成本的。

R(2)——在每一个回合中，假设被允许的薪酬计划是$s^j(t)=[s_{1j}(t), \cdots, s_{mj}(t)]$，每一家公司向它们最偏好的员工集合中的成员发出邀请。也就是说，公司j向$C^j(s^j(t))$中的成员发出邀请，其中$C^j(s^j(t))$使$Y^j(C)-\sum_{i\in C}s_{ij}(t)$最大化。公司可以改变之前的选择，除了在以下情况下：任何在$t-1$回合内没有被拒绝的邀请，都得在t回合内保留。在总替代假设下，公司不会损失任何利润，因为其他员工的薪酬不可能减少，并且没有拒绝邀请的员工薪酬保持不变。

R(3)——每一个收到一份或多份邀请的员工都会试探性地接受他最偏好的那份邀请（把薪酬考虑在内）并拒绝其他邀请。然而，员工也可以在任何时候改变之前的选择。

R(4)——在之前的阶段没有拒绝的邀请依然保持效力。如果员工i在回合$t-1$中拒绝了j公司的邀请，那么$s_{ij}(t)=s_{ij}(t-1)+1$，否则$s_{ij}(t)=s_{ij}(t-1)$。在考虑他们的新薪酬的情况下，公司继续向他们最喜欢的员工发出邀请。

R(5)——当没有拒绝邀请的情况发生的时候，这个过程停止。员工继续接受那些他们还没拒绝的公司发出的依然还有效力的邀请。

定理 6.11 的证明： 我们将会证明算法得出的结果处在核中。

容易看出，在有限的回合之后此过程结束。如果$s=\{s_1, \cdots, s_m\}$是最终被员工接受的薪酬集合，μ是过程结束时的匹配，并且如果$\{C^j, j\}$属于匹配μ，那么通过$\pi_j=Y^j(C^j)-\sum_{i\in C^j}s_i$可以得到公司的盈利集合$\pi=\{\pi_1, \cdots, \pi_n\}$。

如果i和j被μ配对，那么根据 R(1) 和 R(4) 立即有：对任意$i=1$,

2，…，m，满足 $s_i \geqslant \sigma_{ij}$。从 R(2) 和公司不被强迫雇用任何人这一事实即可得出：对任意 $j=1$，2，…，n，有 $\pi_j \geqslant 0$。

当这个计算程序结束后，每一个员工都正好有一个邀请。另外，被 μ 分配给公司 j 的员工集合 C^j 给了公司 j 在薪酬 $s_{ij}(t^*)$ 下所有可能的员工子集所提供的最大利润，其中 t^* 表示计算程序结束的那个回合。也就是说，对于所有员工 C 的子集，有：

$$\pi_j \geqslant Y^j(C) - \sum_{i \in C} s_{ij}(t^*) \tag{1}$$

如果某个 (j, C, r) 破坏了 (μ, π, s)，其中 r 是整数薪酬的集合，那么我们应该有

$$u_{ij}(r_i) > u_{i\mu(i)}(s_i)\text{，对于所有 } C \text{ 中的 } i \tag{2}$$

$$Y^j(C) - \sum_{i \in C} r_i > \pi_j \tag{3}$$

根据 (2) 式和 R(3)，对于所有 C 中的 i，员工 i 必定从未从公司 j 那里收到过薪酬为 r_i 或更高的邀请。所以对于所有 C 中的 i，有 $s_{ij}(t^*) \leqslant r_i$。但是，接着有：

$$\pi_j < Y^j(C) - \sum_{i \in C} r_i \leqslant Y^j(C) - \sum_{i \in C} s_{ij}(t^*)$$

这与 (1) 式矛盾！

Kelso 和 Crawford 继续研究，发现当所有公司和员工都具有严格偏好时，算法所得出的结果会是公司最优核结果 (firm-optimal core outcome)。他们也证明了，若市场中出现了一家新公司，那么相较于原始市场的相关结果，每位员工在新市场的公司最优结果下至少与之前一样好。并且当一位员工被移出市场时，相较于原始市场的相关结果，每家公司在新市场的公司最优结果下至少与之前一样好。因此，后一个结果是婚姻和大学录取模型下定理 2.25 和定理 5.35 的先驱，它同时也与我们将在第 8 章和第 9 章中学习的包括货币的一对一匹配模型有相似的结果。

偏好满足总替代假设使得此模型引入的在群体上的潜在复杂偏好，可以被当成本书其他模型中介绍的更简单的偏好处理。因此我们必须注意到这是一个很强的假设。比如，假设不仅排除了在例 6.10 中公司具有的这种规模收益，而且排除了简单的消费预算约束。如果公司从生产到销售其产品需要一段时间，那么我们可以认为它会面临预算约束，这导致员工一定要在他们的劳动力产品能出售之前很久就被雇用（并获得支付）。在这种

情况下，可能存在公司借贷上限的实际约束，因此员工的薪酬需要从一个现有的资金流中支付。接下来的例子表示，即使公司生产技术满足总替代假设，预算约束的出现也可能引入互补性，进而导致核是空集。

例 6.12　预算约束条件下空核的例子（Mongell and Roth）

假设市场由如下 2 家公司 j，k 和 3 个员工 1，2，3 构成。

公司 j	公司 k
$Y^j(\{1\})=700$	$Y^k(\{1\})=600$
$Y^j(\{2\})=1\ 400$	$Y^k(\{2\})=1\ 500$
$Y^j(\{3\})=800$	$Y^k(\{3\})=1\ 100$
$Y^j(\{1,2\})=2\ 100$	$Y^k(\{1,2\})=2\ 100$
$Y^j(\{1,3\})=1\ 500$	$Y^k(\{1,3\})=1\ 700$
$Y^j(\{2,3\})=2\ 200$	$Y^k(\{2,3\})=2\ 600$
$Y^j(\{1,2,3\})=2\ 900$	$Y^k(\{1,2,3\})=3\ 200$
$Y^j(\{\emptyset\})=0$	$Y^k(\{\emptyset\})=0$
$\sigma_{1j}=400$	$\sigma_{1k}=300$
$\sigma_{2j}=700$	$\sigma_{2k}=1\ 000$
$\sigma_{3j}=400$	$\sigma_{3k}=700$

注意 Y^j 和 Y^k 是可分离的（两个员工的产出正是他们两个人各自产出的总和），因此对于两家公司来说，满足总替代假设。

现在给公司 j 和 k 分别施加一个预算约束：对于 $i \in C^j$，$\sum s_i \leqslant B^j=440$；对于 $i \in C^k$，$\sum s_i \leqslant B^k=1\ 075$。最终的结果一定要满足一家公司雇用的所有员工的薪酬总和不超过这家公司的预算要求。在此约束下，公司 k 将不再满足偏好总替代假设。考虑两个薪酬向量，即 $s=(300,\ 1\ 000,\ 700)$ 和 $\bar{s}=(380,\ 1\ 000,\ 700)$。当薪酬为 s 的时候，公司 k 里唯一最被偏好的员工集合(受它的预算限制）是$\{1,\ 3\}$。但是当薪酬需求是 $\bar{s}$ 的时候，公司 k 无法承担雇用员工集合$\{1,\ 3\}$ 的费用，因而选择集合$\{2\}$。这就是说，尽管员工 3 的薪酬需求没有变化，但这家公司仅在员工 1 的薪酬更低的时候愿意雇用员工 3。

这个例子中的核为空。一种将冗长的验算组织起来的方法首先证明了在员工 2 被雇用的条件下没有核，之后证明了在员工 2 没有被雇用的条件下也没有核。

注意，预算约束因此和我们在命题 5.22 中遇到的“性别数量限制”有完全不同的影响。那种歧视性配额之所以使核非空是因为此时偏好依然是替代性的，就像在 6.1 节所定义的。

6.3　文献指南

写这一章的主要动机来自 Kelso 和 Crawford（1982）的论文，这篇论文也被 Crawford 和 Knoer（1981）进一步拓展了。Crawford 和 Knoer 讨论了一种分配模型（详见第 8 章）的离散形式（还有连续形式），并建立了一种延迟接受算法证明此时核是非空的。Shapley 和 Shubik（1972）之前的证明运用了线性规划的方法。[Jones（1983）对 Kelso 和 Crawfordr 的算法做了多项式时间的调整。]

Kelso 和 Crawford 构建了 6.2 节中提到的模型，以及这个模型的连续形式。他们讨论了公司发出邀请的延迟接受过程，并且发现由于这个模型的自然不对称性，讨论员工发出邀请的情况难度更大。在 Roth（1984c，1985c）中，离散模型被重新构建，分别作为三种逐渐普遍的模型——一对一、多对一和多对多匹配模型——的中介。在多对多匹配模型中，员工可以选择多个职位，就像公司可以雇用多个员工那样，并且所有的参与人都具有满足总替代假设的偏好。模型的对称性使得证明员工最优结对稳定结果的存在性变得简单，并且也适用于所有三个模型。

之后 Blair（1988）研究了具有对称性的多对多匹配方式。他观察到，在这个模型中，（结对）稳定结果的集合不再与核相同。例 6.9 就引自这篇论文。关于这一点，Roth（1984c，1985c）中得出了一个错误结论，建议这些论文的读者在阅读多对多匹配方式的结果时，将文中的“稳定”换为“结对稳定”。Blair 证明了，当偏序关系合适时，（组合）稳定结果在这些模型中可以维持其格的性质。然而他也发现，在这种模型下的晶格不再总是满足分配律的格（distributive lattice）。

正如例 6.9 和例 5.24 所展示的，当我们从多对一匹配模型转到多对多匹配模型时，组合稳定结果和核之间的等式关系似乎不再成立。在这一点上，几乎没有更多的发现，比如对称性结构中的核，其非空时的条件，以及它和结对稳定结果集合之间的关系，这些都是开放性问题。当然，结对稳定结果集合的非空性以及其与核之间的关系都建立在偏好满足总替代假设的基础上。Kelso 和 Crawford 的论文对此假设进行了很好的解释，并且说明了此假设并不弱。[在这些模型中，预算约束能够使核为空集，这条结论来自 Mongell 和 Aoth（1986），例 6.12 也是引自这篇文献。] 那篇论文证明了即使核为非空的，预算约束的存在也会使核之前的很多结构的特点不再成立。总体上从数量方面讲，这种模型相对于大多数其他模型来说很少被学习和研究过，因此其局限性也没有被完全理解。然而 Crawford（1988）使用 Roth（1984c）中介绍的延迟接受算法的一般形式，已经将 Kelso 和 Crawford（1982）的在市场另一方增加新元素后的比较静态分析拓展到了 Roth（1984c，1985c）研究的一类市场中。Crawford 的论文还非常清晰地解释了为什么双边匹配模型对劳动力市场建模尤其有用。

Sasaki 和 Toda（1986）讨论了一种存在外部性时的一对一匹配模型（也就是说，参与人在匹配方式之间的偏好可能不仅仅取决于谁与他们配对），并且发现结对稳定结果在此种模型中也不一定存在于核中。Prasad（1987）则发现外部性的存在可能大大增加了这类问题在计算上的复杂性。

关于这类问题该如何延伸的另一个方向是由 Kelso 和 Crawford 提出的。他们注意到，他们的结果也在只包含员工不包含公司的单边市场中成立，而这些员工可以形成联盟并根据满足原模型中对厂商技术的假设的技术来生产产品。用这种方式理解，此模型的假设足以保证单边博弈的核是非空的。大体上来说，模型的双边性被放松后，我们对那些结果是否依然成立所知甚少。在其他一些满足核的非空性且放松双边性的方向上，Kaneko 和 Wooders（1982）以及 Quinzii（1984）进行了探索。

我们已知的关于本章中复杂偏好的经验研究来自 Roth（1989b）。本章 6.1 节中曾提到过的具有可替代偏好的简易模型的变化形式，被当作此类，并导致了命题 6.22 的出现，它涉及不同种类员工的配额。

第三部分

连续型货币变量的多对一匹配模型

第 7 章到第 9 章介绍了三种一对一匹配模型，其中货币起着重要的作用。与 6.2 节中探讨的模型不同，货币将以连续型变量的形式出现，这需要我们使用不同的数学工具集。这些章节的模型与我们之前处理的模型之间的一个更重要的区别在于偏好的属性，这里将假设个体对不同匹配的偏好基本上是货币性的。

第 7 章介绍了一个卖者与一个销售对象和许多买者之间的交换模型。该模型十分简单，因此无须太多技术要求即可进行分析。本书将详细探讨在婚姻问题中发现的现象也会出现在这些含有货币的模型中。我们还将与 1.2 节中关于拍卖中的策略性行为行为的讨论联系起来，特别是投标人联盟备选项。

第 8 章讨论了市场双边都有许多代理人这种情况的一般化。在该模型中，最优稳定（核）结果的存在与否以及核的格结构与线性规划的基本定理相关。第 9 章进一步拓展，允许代理人在他们的偏好中进行更复杂的权衡，以确定他们与谁匹配以及支付多少。我们将看到这个模型与婚姻市场的大多数定理相似。第 7 章讨论的最简单的模型会提供大部分直观的解释，同时第 9 章为其中最常见的模型提供了一些数学证明。

这些章节讨论的主题是：在一对一双边匹配模型中，货币起着突出的作用，结论与有关婚姻问题的结论非常相似。然而，即使在不同的设置下使用不同的数学工具，依然会获得类似结果，出现这一情况的原因仍然是一个有待探讨的数学问题。

第 7 章 单个卖者与多个买者的简单模型

考虑这样一个市场：市场中有一个卖者，他拥有一单位不可分商品；有 n 个买者，他们愿意以合适的价格购买此商品。每个买者 b 对此商品有货币价值为r_b的评价，这是买者愿意为此商品付出的最高价格；卖者同样对此商品有货币价值为r_s的评价，这是他愿意出售此商品的最低价格。我们把这些货币价值称为保留价格（reservation price）。每一个买者有足够支付他们的保留价格的现金。

我们可以举例解释保留价格：卖者手中有一份来自其他参与人的货币价值为r_s的报价（给出报价者不是当前市场的买者之一），如果卖者愿意将物品卖给该买者，他便会支付此价格。每个买者（我们认为他们只是商品买卖中的经销商，而非商品的最终消费者）从他的客户那里也能得到r_b的报价，即客户愿意购买此商品的价格。因为卖者知道自己至少能获得r_s，所以他不会以更低的价格出售。而每个买者也知道通过再次销售该商品，他们只能获取r_b（不会更多），所以他们也不会以更高的价格购买。

因此，如果卖者将该商品以价格 p 卖给买者 b（其中没有其他类型的货币支付），卖者能赚取 p，买者 b 能赚取（r_b-p），其他买者都只能赚取零。

需要特别注意的是，这里“没有其他类型的货币支付”。这是一个必要条件，因为这个模型中的经销商拥有货币资金，但是我们事先没有排除经销商之间的货币支付。也就是说，这种模式不仅允许成功购买的买者和卖者之间以购买价格进行货币支付，还允许不同买者之间以及单个卖者和多个买者之间进行转移支付。此模型有一个适用于所有货币模型的结论：在稳定结果（与核相同）下，没有转移支付的产生。因此，没有转移支付并非这个模型的假设条件，而是这个模型的结果。但是当我们考虑买者联盟可能做出的策略选择时，我们会发现这种转移支付会再次出现。

7.1 博弈的核

由于我们假设参与人对可能的交易的偏好能够转换成货币收益，因此我们可以在参与人收入的基础上描绘此博弈。首先，定义参与人集合为 $N=\{1, \cdots, n, n+1\}$，其中买者 b 均为集合 $\{1, \cdots, n\}$ 中的参与人，而卖者就是参与人 $n+1$。令 r_i，$i=1, \cdots, n, n+1$ 分别表示 n 个买者和一个卖者的保留价格。集合 N 的每一个非空子集 S，都被称作一个参与人联盟（coalition of players），实值函数 v 给出了联盟的价值 $v(S)$，表示联盟借助联盟成员的资源可获得的最大货币收益。在此博弈中，联盟函数（coalition function）v 可以定义如下：

当集合 S 不包括卖者 $n+1$ 时，$v(S)=0$；
当集合 S 包括卖者 $n+1$ 时，$v(S)=\max\{r_i$，任意 i 属于 $S\}$。

这就是说，不包括卖者的联盟在这个市场上是赚不到钱的，这是因为没有待售商品的所有权就不会出现有盈利的交易。任意包括卖者的联盟都能获得的收益是任意联盟成员拥有商品时收益的最大值。因此，博弈中可以获得的最大货币量为 $v(N)$，它等于买者和卖者保留价格的最大值。由于在这个模型中货币可以自由转移，因此联盟的价值体现了此收益在联盟成员之间分配的所有方式。一些记号在接下来的讲解当中会很有用：对任意实数向量 $x=(x_1, \cdots, x_n, x_{n+1})$ 和任意参与人联盟 S，可将 S 中参与人的总收益记作：

$$x(S) \equiv \sum_{i \in S} x_i$$

假设货币可以在参与人之间（以任何数量）自由转移，可定义博弈中参与人的全部可行支付集为 X，表示为

$$X \equiv \{x=(x_1, \cdots, x_n, x_{n+1}) \in \mathrm{R}^{n+1}，满足\ x(N) \leqslant v(N)\}$$

也就是说，可行支付向量 x 是满足参与人收益的总和不超过所有参与人最大可能盈利的支付组合。注意这是如何跟货币可以自由流通的假设相结合的。如果唯一可能发生的支付出现在卖者和一个（已成功购买的）买者之间，那么结果向量 X 就会只有两个非零的元素。然而，如果此成功购买的

买者再向其他买者进行支付，那就不再满足假设了。

在博弈论文献中，包含转移支付的联盟函数形式指的是博弈被一个数对（N，v）表示，其中包含参与人集合与联盟函数（有时也叫特征函数，characteristic function）。通常情况下文献研究此模型时主要关注 X 的子集 $\bar{X}$，这个子集应满足个体理性与帕累托最优，叫作分配集（set of imputations），即

$$\bar{X} \equiv \{x \in X, \text{满足 } x_i \geqslant 0 \text{ 对于 } i=1,\cdots,n \text{ 成立}, x_{n+1} \geqslant r_{n+1}, \text{且 } x(N)=v(N)\}$$

我们会看到，研究核时考虑全部可行支付向量的集合与只考虑分配集是一样的。

为了定义核，我们必须先定义支付向量 x 占优于另一支付向量 y 的意义。遵从定义 3.1，我们说对于任意两个可行支付向量 x，y，当且仅当存在一个参与人联盟 S 满足以下条件时 x 占优于 y：

对于所有 S 中的 i，$x_i > y_i$；
同时 $x(S) \leqslant v(S)$。

第一个条件说明联盟中的每个成员都偏好 x 甚于 y（因为在这个模型里，当且仅当$x_i > y_i$时，i 偏好 x 甚于 y）。第二个条件说明联盟 S 有能力实现（自己那部分）x，因为它有能力承担其成员在 x 下应得的支付。核是不被占优的支付向量集合，换句话说，就是集合 $C \equiv \{x \in X$，且不存在 X 中的其他 y 占优于 $x\}$。

以下命题的证明留给读者自行完成，它说明了（对于任何存在转移支付的联盟函数的博弈）核是由 $2^{n+1}-1$ 个线性不等式（每个不等式刻画了每个有 $n+1$ 个参与人的集合中的非空子集）决定的凸面多面体（可能是空集）。

命题 7.1　$C = \{x \in X$，且所有联盟 S 满足 $x(S) \geqslant v(S)\}$

在开始说明本章的主要结论之前，我们定义存在一组支付向量 $x=(x_1, \cdots, x_n, x_{n+1})$，如果它满足个体理性假设，同时存在一个买者$i \in \{1, \cdots, n\}$ 和价格 p（一个实数），满足 $p > x_{n+1}$，$r_i - p > x_i$，那么它是结对稳定的。（如果这样一个买者和价格确实存在，我们就说支付向量 x 在这个价格上被买者和卖者破坏，因为他们可以达成比 x 更好的交易。）

在一般化模型的框架里，此市场中任何例子都是以保留价格向量

$r=(r_1, \cdots, r_n, r_{n+1})$ 给出。为了描绘核和稳定支付向量集合的特征，将每个成员重新编号1^*，2^*，…，$n+1^*$ 会更加方便，新的序列满足 $r_{1^*} \geqslant r_{2^*} \geqslant \cdots \geqslant r_{n+1^*}$。这样一来，在新的排序中，参与人$1^*$ 是 N 中保留价格最高者(如果存在两个人数值相同，则是保留价格最高者之一)，而 $n+1^*$ 是参与人中保留价格最低者。

现在我们阐释本章的主要结果。

定理 7.2 (1) 对于任意保留价格 r，核总非空。

(2) 如果卖者不是保留价格最高者(即如果 $1^* \neq n+1$)，而且如果 $r_{1^*} > r_{2^*}$，则核可以表示为 $C=\{x$ 在 X 中满足 $x_{n+1}=p$，其中 $r_{2^*} \leqslant p \leqslant r_{1^*}$，$x_{1^*}=r_{1^*}-p$，对于除$1^*$ 和 $n+1$ 外所有的 i，有 $x^i=0\}$。

在任意其他条件下(即 $1^*=n+1$ 或 $r_{1^*}=r_{2^*}$)，有 $C=\{(0, \cdots, 0, v(N))\}$。

(3) 稳定的支付向量集等于核。

注意，能使卖者获得全部收益的向量 $x=(0, \cdots, 0, v(N))$ 总是在核中。(这一点可从占优的定义或命题 7.1 直接推出，借助它我们也可证明此定理的第一条结论)。

定理的第二条结论表明：当某买者具有唯一的（范围包括卖者）最高保留价格时，核会在卖者与买者之间分配收益，其中卖者的实际出价介于他自己的保留价格 r_{1^*} 和第二高的保留价格之间。除了买卖双方之间的支付 p（买卖双方的钱货交易）以外，不存在任何其他的货币转移。如果卖者的保留价格最高，或者有两个相等的最高保留价格（无论是两个买者还是一个卖者、一个买者），那么唯一存在于核中的支付向量使卖者的收益为 $v(N)=r_{1^*}$，使每个买者的收益为 0。(当卖者的保留价格最高时，类似于卖者物品未卖出的情况；当多于一个买者有相同的最高保留价格时，此支付向量意味着卖者将物品以保留价格的全价卖给任何一个买者。）我们把证明留给读者，以上定理可以完整地描述核，证明过程可以利用占优的定义或者命题 7.1 中的不等式得出。

定理中的第三条结论很容易得到。由于核中卖者收到的最终价格 p 总是大于等于 r_{2^*}，因此不存在买者可以支付更高的价格给卖者并且获利。反过来说，如果支付向量 x 不存在于核中，那么它可能是个体非理性的或在联盟 $\{1^*, n+1\}$ 上被占优，所以这是不稳定的。

现在我们转而考虑上述结果与第 2 章婚姻模型中类似结果的关系。

7.1.1　与婚姻模型中结果的关系

此模型下稳定结果的集合非空且等于核这一结论与婚姻模型中的定理 2.8 和定理 3.3 相同。我们也有对市场双方来说均是最优的稳定结果，正如定理 2.12 中那样：在这个简单的模型中，我们可以清楚地定义它们，因为卖者最优稳定结果即卖价 $p=r_{1^*}$，而买者最优稳定结果即卖价 $p=r_{2^*}$。在核中，市场双方的偏好是相反的（定理 2.13），因为卖者希望 p 高一些，但是当 p 低的时候所有买者的境况会变好。注意定理 2.13 中要求严格偏好的假设，但是定理 7.2 中没有要求。本模型（以及随后的其他一般模型）中严格偏好的作用可能来自我们认为结果是被定义在支付空间上的，在此空间中参与人有自然的严格偏好（即当且仅当$x_i=y_i$时，i 对 x 与 y 的偏好无差异）。

类似地，需要注意此模型的核是一个格(类似定理 2.16)，尽管是一个特别简单的格，因为结果在 p 上线性排序。因此对于此模型来说，我们没有类似定理 3.9 的结论，即在婚姻市场上，所有分配格都在核中。但在下一章要提到的存在许多卖者的市场中，我们将会看到一类更为复杂的格。

定理 2.22 指出，在婚姻市场中，单身集合在所有稳定匹配下相同。此时，情况有所不同。当$r_{1^*}>r_{2^*}$时，模型中存在唯一的匹配与核中的结果相对应，所以情况与定理 2.22 所述大致相同（只有参与人1^*在任何核内的结果中都会获得物商）。当$r_{1^*}=r_{2^*}$时，1^*或者2^*可以获得物商，但是结果的不同不会改变支付。如果 i 在任一核内的结果中收到的支付为$x_i=0$，那么他在其他任何核内的结果中收到的支付也为 0。实际上正是因为此我们才能控制描述的这个博弈中的匹配，只关注支付向量的集合。

定理 2.24 关注如下变化产生的影响：婚姻市场中的一方（例如男性）通过拓展其偏好来产生新的可接受配偶。与此类似，一些买者抬高保留价格（或者卖者降低保留价格），使之前无法接受的交易变得可接受。和在婚姻问题中一样，结果只能是使另一方参与人的情况得到改善。

定理 2.25 和定理 2.26 讨论的是婚姻市场有新成员（例如女性）进入时的情况。因为本章的模型中仅存在一个卖者，所以我们只讨论新买者进入时的情况。从定理 7.2 可以清楚地看出，新增的保留价格r_{i^*}不会损害到卖者的利益（如同定理 2.25），如果新进入的买者的保留价格最高，那么毫无疑问卖者将会获利（正如定理 2.26 所示）。

最后，定理 2.27 的结果表明，婚姻模型中任意一方的最优稳定结果对另一方是弱帕累托最优的，但显然，在此市场中对买者来说并不成立。这是由于在存在转移支付的模型中，强弱帕累托最优是相同的。我们在例2.31中也可以看到，即使在婚姻模型中，对某方最优的稳定结果也并不一定是强帕累托最优的。此时，如果成功购买者（1^*）以低于$r_{2^\cdot}$的价格p'成交，并给其他每一个竞拍者分享价格差$r_{2^\cdot}-p'$，那么每个买者的境况都会变得比买者最优稳定结果（$p=r_{2^\cdot}$）时更好。我们可以看出，在联盟面临策略性机会时，此例有重要的启示。

7.2 策略性问题

我们的第一个结果是一个不可能性结果，类似婚姻模型中的定理4.4。出于本节的目的，我们定义稳定匹配机制是这样一个函数h：对于保留价格的每一组向量$r=(r_1, \cdots, r_n, r_{n+1})$，在对应于（$N$，$v_r$）的博弈的核当中（其中$v_r$是由保留价格$r$决定的特征函数），选定一组支付向量$h(r)$。

定理7.3 不存在使每个参与人提供真实保留价格成为占优策略的稳定匹配机制。

证明：假设保留价格满足$r_{1^\cdot}>r_{2^\cdot}$并且$1^*\neq n+1$，即某个买者有唯一的最高保留价格。因此，核中的不同结果形成连续统，对应的价格p在区间$[r_{2^\cdot}, r_{1^\cdot}]$内。令$h(r)$为其中任意非买者最优结果的结果，即让$h(r)$对应价格$p^*>r_{2^\cdot}$。此时，买者$1^*$可以通过报出一个不同的保留价格$r'_{1^\cdot}$，使其满足$r_{2^\cdot}<r'_{1^\cdot}<p^*$，即可获利更多。在对应的博弈$v_{r'}$中（其与$v_r$只有$1^*$的保留价格不同），每个核中的结果［即$h(r')$］使得$1^*$能以低于$p^*$的价格得到商品（此时$1^*$的利润按照其真实的保留价格计算）。同样，如果在原博弈中$h(r)$是除卖者最优结果外的任何结果，即$p^*<r_{1^\cdot}$，那么卖者可以通过谎报其保留价格为区间$(p^*, r_{1^\cdot}]$中的任何r'_{n+1}获利。

有关定理7.3及其证明的三点讨论。第一，在此类有限博弈中不可能性定理是最强的：如果没有机制满足任何此类博弈定理的要求，那么不必说，在更大范围的博弈中也没有机制可以满足要求。所以此定理的结论可以直接用到下一章一般模型的分析中。第二，根据显示原则（回顾4.5.1节），实际上此定理表明无法产生任何种类的策略性博弈（不仅仅是个体提供自己的保留价格的博弈）使所有成员的占优策略产生核中的结果。

(如果我们将范围扩大到包含其他人偏好的不对称信息的博弈，如 4.5 节所示，那么这句话的含义更加明显，即我们可以删去上一句中的“实际上”。否则，我们要排除一些机制，例如，一些无论参与人做什么都会选择特定结果的恒定机制。）第三，注意定理的证明提到，当核中包括不止一个点时，有些参与人总有机会通过谎报自己的保留价格获利，这与婚姻模型中定理 4.6 的结论相似。

但是，正如婚姻模型中所展示的，通过运用为某一方选择最优结果的机制保证该方提供真实保留价格成为占优策略是可能的。这里我们将关注的机制是：对于任何保留价格，选择买者最优结果。这是一个著名的机制，其变种被运用到美国政府有价证券的拍卖上。它被叫作二级密封价格拍卖机制，且可以被大概描述为如下形式：每个买者在信封中写下一个数字（其出价或者提供的保留价格），同时他们不知道其他买者写了多少。卖者同时也写出一个数字。之后所有的信封被打开，按照$r_{1^*}\geqslant\cdots\geqslant r_{n+1^*}$排序，当卖者的数字严格地大于其他所有人时，此卖者作为成员1^*，此时交易无法达成。在其他情况下，买者1^*能够以$p=r_{2^*}$的价格买到商品。

这个机制有时也叫作 Vickrey 拍卖。Vickrey 在他 1961 年的著名论文中观察到了下述结果。

定理 7.4（Vickrey） 在一个二级密封价格拍卖（在提供的保留价格下总是产生买者最优的核结果）中，每个买者提供其真实的保留价格是其占优策略。

原因是显而易见的。假定一个买者 b 将他的真实保留价格定为r_b，成为确定的保留价格的向量 r 的一部分。那么在给定其他人提供的保留价格的条件下，b 如果谎报自己的保留价格，则既不能使自己得益，也不会使自己受损。如果 $b=1^*$，即其提供的保留价格最高，那么他会以 $p=r_{2^*}$ 得到商品，当r_{2^*}严格小于$r_b=r_{1^*}$时他将获利。当他提供的保留价格高于r_{2^*}时，结果不变。但是如果买者 b 的出价$r_b'<r_{2^*}$（我们仍将2^*理解为最初保留价格第二高的人），他将失去其利润，并且得到的支付为 0。（当$r_b=r_{2^*}$时会发生什么取决于平局生序规则的使用，但不会影响讨论。）现在假设 $b\neq1^*$，那么 b 得到的支付为 0。并且当其提供的偏好满足$r_b'\leqslant r_{1^*}$时，结果不变。B 能改变其支付的唯一方法是提供满足$r_b'>r_{1^*}$（当$r_{1^*}>r_b$时）的保留价格，但是在这种情况下，b 会以高于真实保留价格的价格去购买商品，从而遭受损失。所以让每位买者给出自己的真实保留价格是占优策略。

注意到此机制的一个重要特征是，竞买者的报价仅决定自己是否能赢得竞标，但是不决定自己需要支付多少钱。（在传统的一级密封价格拍卖中，提供真实保留价格是一个被占优策略。）当然，这不是全部论断。对于读者来说，考虑下面这个问题可以检验自己是否已理解上述内容：为什么三级密封价格拍卖（买者1^*获得商品但是支付价格r_{3^*}）并没有使买者提供真实的保留价格成为占优策略。

正如我们在定理 7.3 的证明中所看到的，使用此机制并不能使卖者提供真实保留价格成为一个占优策略。事实上，仅当所有买者提供的保留价格都更低时，卖者提供真实保留价格才是最优反应。否则，卖者最优反应永远是提供一个等于r_{1^*}的保留价格。因此，在买者最优稳定机制下，存在一个特殊的纳什均衡，其结果恰好是卖者最优的。这个发现对应于婚姻模型中的定理 4.6 至定理 4.17 和定理 4.11。

注意，和婚姻模型中一样，在此模型中，市场中没有占优策略的一方所采用的均衡策略可能依赖于许多在实际情况下难以搜集的信息。（如果拍卖商知道买者的最高保留价格，那么拍卖活动是没有意义的。）所以，正如婚姻模型中的情形，当面临这种结果时，我们遇到了完全信息模型中的局限性，但也正是这些苛刻的假设帮助我们获得了很多对这些模型其他方面的理解。为了在均衡问题上有更深入的理解，必须引进不完全信息模型（回忆 4.5 节）。在拍卖市场的案例中，此类尝试已经取得很大进展（参见 7.3 节列出的文献）。

二级密封价格拍卖获得广泛关注的原因之一在于其与增价竞拍（也叫作“英式拍卖”）这种常见机制的联系。下面考虑一个上述拍卖的简单版本。只要还有两个以上的买者仍然表示出兴趣，拍卖商就会一直抬价，并在倒数第二个竞价者放弃时停止。此时，如果价格高于拍卖商的保留价格，那么交易将会以买者的最后出价达成。如果倒数第二个竞价者放弃时的价格低于拍卖商的保留价格，那么拍卖商会表现得好像有一个竞价者一直叫价直到达到拍卖商的保留价格。这里有一个简单假设：竞价者无法看到哪些竞价者仍然在竞价。那么竞价者 b 在竞拍中面临的问题便是决定在价格达到什么水平时退出竞价。即他必须确定一个数字r_b，使其与其余的竞价者（以及卖者）的相应决定一起以一种类似于二级密封价格拍卖的方式决定最终的结果。所以这两次拍卖是策略等价的（strategically equivalent），并且参与人面临的激励是一样的。（大多数增价竞拍的情景与上述描述稍有不同，但是这里陈述的观点大致是准确的。）当所有参与人均采取坦率的策略时，结果是买者最优的，并且单个买者没有激励去采取策略性行为，但是卖者（拍卖商）有这样的激励。

当然，如果拍卖商在拍卖开始前不需要将保留价格公之于众，那么其谎报自己的保留价格（当竞拍价格已经超过其保留价格并且还有一个竞价者在场时仍然不停抬价）的激励是非常强烈的。请回想我们在 1.2 节讲到的纽约市对保留价格保密的争议。为了全面地讨论这个问题，我们将考虑一个不完全信息模型，因为想要谎报保留价格的拍卖商遇到的首要问题是评估竞价者的保留价格（未知）。(再一次回忆 4.5 节与 7.3 节。)

但是，在 1.2 节的讨论中，拍卖行也将对保留价格保密视为与竞价者联盟对抗的工具。我们现在转而讨论竞价者联盟可能采取的决策。

7.2.1　拍卖中的陪标集团

我们清楚地知道，无论是在二级价格密封拍卖还是在增价拍卖（几乎任何种类的拍卖）中，陪标集团（bidder rings）都可能通过控制报价压低价格。本节我们将考察二级价格密封拍卖时的情况。考虑保留价格向量 r，其中卖者的保留价格严格小于第二高的价格，所以卖价 $p=r_{2^*}$ 大于卖者（拍卖商）的保留价格。假设卖者的保留价格为第$k+1$高，就是说卖者是第$k+1^*$个参与人。此时，由1^*到k^*组成的联合竞价组合可以通过让2^*到k^*的出价低于卖者的保留价格，安排买者1^*去以$p'=r_{k+1^*}=r_{n+1}<r_{2^*}$的价格获得商品。

当然，如果事情到这里为止，买者1^*将会受益，但是共谋者2^*到k^*却不会。但是，由于此模型中允许金钱支付，所以1^*可以同 $k-1$ 个联盟成员分享利益，例如用钱向每人支付 $(r_{2^*}-r_{k+1^*})/k$。这种方法使得联盟 $\{1^*, \cdots, k^*\}$ 中所有 k 个成员均分利益。因此，陪标集团共谋通过统一行动低报竞价以共同获得并分享利益是可能的，尽管对于单个投标者来说以真实保留价格报价是最优策略。

注意该如何与婚姻模型的结果进行对比。在两个模型中，面对选择某方最优结果的稳定机制时，此方个人提供真实偏好是占优策略。在两个模型的机制下，没有联盟可以通过谎报偏好使得自己比提供真实偏好获利更多，除非联盟内部可以进行转移支付。这正是定理 4.10 的结论（我们在第 4 章中曾细致地将它总结出来），它在此模型中也同样有效：如果一些竞价者集团谎报保留价格，用保留价格 $\bar{r}$ 代替了 r，那么核中不存在相应的结果可以使所有联盟成员都得到改善。这是因为核中的结果考虑的转移支付仅仅包括购买支付而不包括其他形式的转移支付。但是正如我们刚刚所见，一个联盟可以通过谎报自己的偏好来获利，然后在成员中分享得利。

考虑到陪标集团成功控制价格时的结果并不在核中，我们想要知道是否存在某种组织联盟的方式使得没有人需要担心其他成员将不按计划行事。随后 Graham 和 Marshall 精心设计了一种方案，证明了确实存在这种组织方法。在他们的描述中，此方案好似由“联盟中心”（一个新引进的成员）进行组织。我们引用他们 1987 年的论文：

> 在拍卖开始之前，风险中立的“联盟中心”向每个联盟成员支付一个固定报酬……P。每个联盟成员 k 随后向“联盟中心”提供一份密封报价，并由“联盟中心”选出这些价格中的最高者和次高者。联盟中报价最高的成员随后被选为唯一的竞价者并在拍卖中正常出价。联盟中的其他成员被要求在拍卖中不递交出价或出价为零。若是联盟的唯一竞价者竞得商品，那么他仅需支付此时拍卖报价中次高的价格。此外，他还必须支付给联盟中心一笔钱，其数量等于内部报价与实际拍卖的次高价之差（如果价差为正）。

事实上，Graham 和 Marshall 是在不完全信息条件下对此方案进行描述的。但是我们主要关注的是包含占优策略的情况，所以我们可以利用完全信息模型继续研究以适应研究目标，同时也请记住在他人偏好的不完全信息条件下命题 4.25 的结论。

我们想要观察的结果是：如果联盟中每个成员面临的选择只是向联盟中心报价多少和在正式拍卖中报价多少，那么向联盟中心提供自己的真实偏好并在正式拍卖中按照联盟的指示行动是占优策略。同时，对联盟中的每个成员来说，加入联盟比独自参与拍卖结果更好。

为了看清这一点，注意整个拍卖机制（包括共谋方案）仍是一种二级价格拍卖（尽管有些竞价者被要求递交竞价两次），因为出价最高者（无论是在联盟内部还是在正式拍卖中）均需要支付次高的价格。定理 7.4 足以证明，对联盟成员来说最好的策略就是提供真实偏好给联盟中心，并且如果他不是出价最高者便不在正式拍卖中报价。为了说明联盟成员参与联盟可以获利更多，只要某个人的保留价格最高，无论是否加入联盟他都会竞得商品，但是成为联盟成员还能得到额外的报酬 P。

迄今为止我们还没有确定 P。只要 kP 不大于两个次高保留价格的差且差为正，联盟便可以自给自足。也就是说，“联盟中心”不会有损失，因为竞拍获胜者会给联盟中心一笔支付（当其他竞价者没有采用被占优策略时）。（若价差为负，P 一定为 0。）所以 P 将取决于谁会成为联盟成员。

（在 Graham 和 Marshall 的不完全信息情景中，P 是此收益的期望值，所以风险中性的联盟中心对收益和损失同等对待。）有关报酬 P 最重要的事是它是提前支付给联盟成员的，甚至早于他们向联盟中心提供保留价格和正式拍卖。因此，什么决定都不会影响 P，所以支付 P 不会影响他们的激励。（注意，如果 P 是根据他们提供的保留价格计算出来的，那么对联盟中心来说提供真实保留价格可能不再是最优策略。）

最后我们再强调一点，此方案不一定总能准确地描述我们观察到的联盟行为。正如 Graham 和 Marshall 所强调的，这里描述的方案在很多重要方面与实际观察到的行为不同。但是此方案为研究陪标集团的多种可能策略提供了一些思路。这些可能策略甚至可以在运用竞价者最优稳定机制时出现，这与个人投标时的情况形成了强烈对比。

7.3 文献指南

7.1 节中的结论大多是 von Neumann 和 Morgenstern（1944）的简单博弈原理的直接应用，他们用存在转移支付的联盟函数定义博弈，同时也定义了支付向量之间的“占优”关系。

7.2 节中的结果引用了更加现代的文献。Vickrey（1961）的论文被认为是此类研究的鼻祖，在他以后人们才开始研究其余有占优策略的机制。我们着重参考了 Graham 和 Marshall（1984，1987）最近的论文；Graham，Marshall 和 Richard（1987a，b）进行了许多更深入的研究。这些论文在不完全信息的假设下建立了拍卖行为模型。Milgrom 和 Weber（1982）以及 Myerson（1981，1983）在不完全信息博弈框架下研究了非合作行为拍卖模型。一些有关拍卖行为的实验研究可参见 Roth（1988a）。通常的不完全信息博弈论打开了探索该理论的方向，但是在这里我们没有讨论。沿此方向，Holmstrom 和 Myerson（1983），以及 Cremer 和 McLean（1985）提供了一些有用的不完全信息拍卖下的研究方法。Ashenfelter（1989）对实际拍卖案例进行了进一步的研究，同时指出了经常被理论忽略的实际考虑。

此时完全信息模型中买者最优稳定机制均衡是卖者最优结果。Thomson（1986）指出此结果也适用于其他种类的模型。

第8章 分配博弈

8.1 正式模型

本章将介绍一种模型，在这种模型中可能有很多卖者和买者，或者很多公司和工人。更正式的说法是，模型中有两组有限但不相交的参与人集合 P 和 Q，两个集合中分别包含 m 和 n 个参与人。P 中的成员有时被称为 P 参与人，Q 中的成员有时被称为 Q 参与人，字母 i 和 j 分别用来指代 P 参与人和 Q 参与人。$P\times Q$ 中每一个可能的组合（i，j）都被赋予一个非负实数 α_{ij}。可转移支付（side payment）的联盟博弈的函数形式可用（P，Q，α）表示，其中实数 α_{ij} 表示由一个 P 参与人和一个 Q 参与人组成的联盟 $\{i, j\}$ 的价值。更大的联盟的价值取决于联盟成员的两两组合可能产生的配对价值。就是说，联盟函数 v 是这样的：

(1) 当 $S=\{i, j\}$，i 在 P 集合内且 j 在 Q 集合内时，$v(S)=\alpha_{ij}$；

(2) 当 S 中只有 P 参与人或 Q 参与人时，$v(S)=0$；

(3) 对任意联盟 S，有 $v(S)=\max(v(i_1, j_1)+v(i_2, j_2)+\cdots+v(i_k, j_k))$。最大值由 $S_p\times S_q$ 中 k 个不同配对所有集合 $\{(i_1, j_1), \cdots, (i_k, j_k)\}$ 产生，其中 S_p 和 S_q 分别表示 S 中由 P 参与人和 Q 参与人组成的集合(也就是说，联盟 S 分别和集合 P、Q 的交集)。当然，在这个最大化问题中，配对数量 k 不会超过 $|S_P|$ 和 $|S_Q|$ 的最小值。

所以总的来说，博弈的规则是，在 $P\times Q$ 里的任意一组参与人(i，j)的

配对能够得到 α_{ij}，并且任何更大的联盟只有包含这样的配对时才有价值。联盟的价值可以在联盟的成员里以任何方式分配。因此，这个博弈的分配方式是在 $R^m \times R^n$ 里满足 $\sum_{i\in P} u_i + \sum_{j\in Q} v_j = v(P \cup Q)$ 的向量（u，v）。解释这个模型的最简单的方法是将实数 α_{ij} 的数量当作货币量，并且假设参与人的偏好只与他们的货币报酬相关。

我们可以将这种博弈看作将第 7 章中的模型拓展到多个卖者时的情形，其中 P 是潜在买者的集合，而 Q 是潜在卖者的集合，并且商品是不可分割的，每个卖者拥有一件，每个买者需要一件。如果每个卖者的保留价格是零，那么 α_{ij} 代表每个买者 i 对卖者 j 提供的商品的保留价格。在这个情况下，如果买者 i 以价格 p 向卖者 j 购买，并且在 i 和 j 之间没有任何其他金钱支付或收入，那么两个参与人的效用分别是 $u_i = \alpha_{ij} - p$ 和 $v_j = p$。更一般地，如果对于商品 j，每个卖者的保留价格为 c_j，每个买者的保留价格为 r_{ij}，我们可以将 α_{ij} 视作 i 和 j 之间交易的潜在收益，也就是说 $\alpha_{ij} = \max\{0, r_{ij} - c_j\}$。在这种情况下，如果买者 i 以价格 p 从卖者 j 那儿购买商品 j，并且无任何其他金钱支付，则买者和卖者的效用分别为 $u_i = r_{ij} - p$ 以及 $v_j = p - c_j$。（以这种方式标准化每个卖者的效用函数更方便，正如在前面的章节中那样，不妨令他自身物品的效用为零而非 c_j，从而效用 u_i 和 v_j 的和便是 α_{ij}。）注意参与人之间的转移并不局限于买者和卖者之间。例如，在 7.2.1 节中介绍的陪标集团中，买者可以在他们自己之间相互支付。

当然，依此类推，我们可以把 P 参与人和 Q 参与人看成公司和工人等其他角色。就像在婚姻模型中那样，我们在此研究最简单的情况——一对一匹配，即公司在约束下最多雇用一个工人。在这种情况下，α_{ij} 代表公司和工人的联合生产力，它在相应的公司和工人之间的转移代表薪酬。转移也可以在工人之间（工人们组成工会，在工会里就业成员的会费可以支付给失业成员）或公司之间发生。

注意到，由于货币是自由转移的，并且每个参与人的偏好被假定为货币数量，我们假定参与人的偏好是不严格偏好。也就是说，对于每一对商品和任何一个买者，都存在一组价格使得买者在购买两件商品中的任何一件时无差异。

对在给定矩阵 α 的条件下 $v(S)$ 的最大化问题的评估叫作最优分配问题，或简单地叫作分配问题，所以这种博弈叫作分配博弈。我们对集合 $P \cup Q$ 的价值尤其感兴趣，因为 $v(P \cup Q)$ 是参与人在此博弈中所能获得的最大报酬，进而决定了帕累托集合和分配方式。

考虑下面的线性规划（LP）问题 P_1：

$$\text{Maximize } \sum_{i,j} \alpha_{ij} \cdot x_{ij}$$

$$\text{s.t. (a) } \sum_{i} x_{ij} \leqslant 1$$

$$\text{(b) } \sum_{j} x_{ij} \leqslant 1$$

$$\text{(c) } x_{ij} \geqslant 0$$

注意，约束条件(a)(b)(c) 与定理 3.21 中的约束条件(1)(2)(4) 几乎相同。[其不同之处在于(a) 和(b) 中的不等式允许参与人是未匹配的。] 所以，我们可以举例解释 x_{ij}，例如，组合(i, j) 形成的概率。不等式(a) 要求对于 q 里的每一个 j，与某一个 i 相匹配的概率不超过 1。类似地，不等式(b) 要求对于 P 里的每一个 i 获得匹配的概率满足相同的条件。

正如在 3.2.4 节说明的(参见，例如，Dantzig，1963)，此类线性规划问题存在取值仅为 0 或 1 的解。[线性系统在(a)(b)(c) 约束下的极值点 x_{ij} 是整数，也就是说，每个 x_{ij} 等于 0 或者 1。] 因此，分数解在此线性规划中不存在，并且(连续) 线性规划问题等价于联盟中所有参与人的(离散) 分配问题，即求 $v(P \cup Q)$ 的解。那么$v(P \cup Q) = \sum \alpha_{ij} \cdot x_{ij}$，其中 x 是线性规划问题的最优解。

定义 8.1 对于(P, Q, α) 可行的分配是满足上述(a)(b)(c) 条件的矩阵 $x = (x_{ij})$(其中 x_{ij} 取 0 或 1)。

那么使用上述对 x 的解释，我们可以说，如果i 和j 形成合作关系，则 $x_{ij} = 1$，反之 $x_{ij} = 0$。如果$\sum_j x_{ij} = 0$，那么 i 是未匹配的；同理，如果 $\sum_i x_{ij} = 0$，那么j 是未匹配的。一个可行的分配x 和一个匹配μ(定义 2.1) 相对应：当且仅当$x_{ij} = 1$ 时$\mu(i) = j$。这等价于说，一位参与人i 或者j 在 x 下未被分配或在μ 下未被匹配(即单身)。

前述线性规划问题的任何一个最优解都叫作最优分配。

定义 8.2 如果所有可行的分配 x' 满足$\sum_{i,j} \alpha_{ij} \cdot x_{ij} \geqslant \sum_{i,j} \alpha_{ij} \cdot x'_{ij}$，那么一个可行的分配 x 对于(P, Q, α) 是最优的。

因为一个分配问题只有有限种分配方式，所以它的解总是存在。例如，考虑下面的分配问题：

$$\alpha=\begin{pmatrix}10 & 12 & 7\\ 6 & 8 & 2\\ 5 & 5 & 9\end{pmatrix}$$

有如下两种最优分配方式：

$$x=\begin{pmatrix}1 & 0 & 0\\ 0 & 1 & 0\\ 0 & 0 & 1\end{pmatrix} \quad 和 \quad x'=\begin{pmatrix}0 & 1 & 0\\ 1 & 0 & 0\\ 0 & 0 & 1\end{pmatrix}$$

满足等式 $\alpha_{11}+\alpha_{22}+\alpha_{33}=\alpha_{12}+\alpha_{21}+\alpha_{33}=27$。

定义 8.3　如果存在一种可行分配 x 满足 $\sum_{i\in P}u_i+\sum_{j\in Q}v_j=\sum_{\substack{i\in P\\ j\in Q}}\alpha_{ij}\cdot x_{ij}$，那么向量（$u$，$v$）（其中 u 属于 R^m，v 属于 R^n）是（P，Q，α）下的可行支付。

此时我们称（u，v）和 x 彼此相容，并且称（（u，v），x）是一个可行结果。再次注意，可行支付向量可能包含未分配到彼此的参与人之间的支付。

正如在前面章节的模型中那样，稳定性是关键。

定义 8.4　当且仅当满足以下条件时，可行结果（（u，v），x）稳定（或者说分配 x 和收益（u，v）稳定）：

（1）$u_i\geqslant 0$，$v_j\geqslant 0$；

（2）对于 $P\times Q$ 中所有的（i，j），$u_i+v_j\geqslant\alpha_{ij}$。

条件(1)（个体理性）反映的是参与人总是可以选择保持不被匹配。[回顾在这种情况下，对于所有的参与人 i 和 j 都有 $v(i)=v(j)=0$。] 条件(2) 要求结果不被任何其他配对破坏：如果某些参与人 i 和 j 不满足条件(2)，那么他们会愿意终止他们目前的合作（无论之前的分配情况如何）并形成一种新的合作关系，因为这可以为他们带来更高的收益。

根据可行性和稳定性的定义可得：

引理 8.5　令（（u，v），x）在（P，Q，α）下是一个稳定结果，那么

（1）对所有满足 $x_{ij}=1$ 的组合，$u_i+v_j=\alpha_{ij}$ 成立；

（2）在分配 x 下，对于所有未分配的 i，有 $u_i=0$；对于所有未分配的 j，有 $v_j=0$。

证明： 使 R（或 S）是所有在 x 下未被分配的 i（或 j）的集合。那

么，由于（$((u,v),x)$）的可行性，有：

$$\sum_{P}u_i+\sum_{Q}v_j=\sum_{P\times Q}(u_i+v_j)x_{ij}+\sum_{i\in R}u_i+\sum_{i\in S}v_j=\sum_{P\times Q}\alpha_{ij}\cdot x_{ij}$$

现在再使用稳定性的定义。

此引理表明：在一个稳定的结果之中，金钱支付仅仅发生在互相匹配的 P 参与人和 Q 参与人之间。（注意这是稳定性定义的结果，并不是模型的一个假设。）

8.2 分配博弈的核

考虑 P_1 的对偶线性规划问题 P_1^*，即在 $R^m\times R^n$ 里找到一对向量（$\boldsymbol{u}$，$\boldsymbol{v}$），使 $\sum_{i\in P}u_i+\sum_{j\in Q}v_j$ 最小，且对于 P 里的所有 i 和 Q 里的所有 j 满足：

（a*）$u_i\geqslant 0, v_j\geqslant 0$

（b*）$u_i+v_j\geqslant\alpha_{ij}$

因为我们知道 P_1 有解，所以 P_1^* 必然也有最优解。一个基本的对偶定理（Dantzig，1963）指出，对偶线性规划问题的目标函数必然取得同样的值。也就是说，如果 $\boldsymbol{x}$ 是一个最优分配且（u，v）是 P_1^* 的解，那么我们有：

$$\sum_{i\in P}u_i+\sum_{j\in Q}v_j=\sum_{P\times Q}\alpha_{ij}\cdot x_{ij}=v(P\cup Q) \quad (8.1)$$

这意味着（$((u,v),x)$）是一种可行结果。此外，由于（a*）保证了个体理性，（b*）保证了对于 $P\times Q$ 中所有的（i，j）有 $u_i+v_j\geqslant\alpha_{ij}$，（$((u,v),x)$）对于（$P$，$Q$，$\alpha$）是一个稳定结果。

另外，条件（b*）要求：

对于 P 中的所有 i，Q 中的所有 j，$u_i+v_j\geqslant v(i,j)$ 成立。

由 $v(S)$ 的定义可得，对于任何集合 $S=S_P\cup S_Q$，其中 S_P 包含于 P 且 S_Q 包含于 Q，有：

$$\sum_{i\in S_P}u_i+\sum_{j\in S_Q}v_j\geqslant v(S) \quad (8.2)$$

但是（8.1）式和（8.2）式恰恰是博弈的核的求解方式（回忆命题 7.1）：（8.1）式保证了（u，v）的可行性，（8.2）式确保它无法通过组建其他联盟得到改善。相反，核里的任何满足（8.1）式和（8.2）式的收益向量，都是 P_1^* 的解。

因此，我们有：

定理 8.6（Shapley and Shubik）　令(P, Q, α)为一个分配博弈。那么

(a) 稳定结果集合和(P, Q, α)的核相同。

(b) (P, Q, α)的核是相应的分配问题的对偶线性规划的解的（非空的）集合。

以下两个推论解释了为什么与先前考虑的离散模型不同，我们此时能够仅仅关注参与人的收益，而不是其背后的分配（匹配）。

推论 8.7　如果 x 是一种最优分配，那么它和任何稳定的收益(u, v)是相容的。

证明： 可由如下事实直接推出——如果(u, v)是一个稳定的收益，那么对于任何最优分配它都满足（8.1）式。

推论 8.8　如果$((u, v), x)$是一个稳定结果，那么 x 是一种最优分配。

证明： 根据如下事实即可得：

$$\sum_j u_i + \sum_j v_j = v(P \cup Q) = \sum_{i,j} \alpha_{ij} \cdot x_{ij}$$

正如在婚姻模型里一样，如果 i 相比另一个稳定收益(u', v')更偏好稳定收益(u, v)，其配偶会更偏好(u', v')（回忆推论 2.21）。

命题 8.9　令$((u, v), x)$和$((u', v'), x')$是(P, Q, α)下的稳定结果。如果 $x'_{ij}=1$，那么 $u'_i > u_i$ 意味着 $v'_j < v_j$。

证明： 假设 $v'_j \geq v_j$，那么有 $\alpha_{ij} = u'_i + v'_j > u_i + v_j \geq \alpha_{ij}$，矛盾。

命题 8.9 展示了在核中 P 参与人和 Q 参与人的利益是如何冲突的，下面的定理表明，在他们自己内部，P 参与人和 Q 参与人在核中有共同的利益。具体来说，在婚姻市场中，这个核是一个格；也就是说，核中的两点的最大下界（或最小上界）也在核中（回忆定理 2.16 和定理 3.8）。

定义偏序$(u', v') >_P (u, v)$，使得 P 中的所有 i 满足$u'_i \geq u_i$，且对至少一个 i 满足 $u'_i > u_i$。由命题 8.9 可知，对于稳定结果，如果$(u', v') >_{P(u,v)}$，那么对于 Q 中的所有 j 满足 $v'_j \leq v_j$，我们有：

定理 8.10（Shapley and Shubik）　配备偏序$\geq_P$的分配博弈的核形成了一个完全格（与格$\geq_Q$对偶）。

证明： 令 (u, v) 和 (u', v') 是核里的任意两个收益向量。令 x 是某种最优分配。令

$$\underline{u}_i=\min\{u_i, u'_i\} \quad \underline{v}_j=\min\{v_j, v'_j\}$$
$$\bar{u}_i=\max\{u_i, u'_i\} \quad \bar{v}_j=\max\{v_j, v'_j\}$$

我们将证明（$(\underline{u}, \bar{v})$，x）和（$(\bar{u}, \underline{v})$，x）也在核里。对于任意 i 和 j 我们有：

$$\underline{u}_i+\bar{v}_j=u'_i+\bar{v}_j\geqslant u'_i+v'_j\geqslant\alpha_{ij}$$

或

$$\underline{u}_i+\bar{v}_j=u_i+\bar{v}_j\geqslant u_i+v_j\geqslant\alpha_{ij}$$

根据推论 8.7，(u, v) 和 (u', v') 与 x 相容。显然 $\underline{u}_i\geqslant 0$ 且 $\bar{v}_j\geqslant 0$。接下来要证明 $\sum_i\underline{u}_i+\sum_j\bar{v}_j=v(P\cup Q)$。但是这可以直接得证：根据命题 8.9 和引理 8.5，即如果 $x_{ij}=1$，那么

$$\underline{u}_i+\bar{v}_j=u'_i+v'_j=\alpha_{ij}$$

或者

$$\underline{u}_i+\bar{v}_j=u_i+v_j=\alpha_{ij}$$

因此有：

$$\sum_i\underline{u}_i+\sum_j\bar{v}_j=\sum_{i,j}\alpha_{ij}\cdot x_{ij}=v(P\cup Q)$$

类似地，$(\bar{u}, \underline{v})$ 是稳定的。因此我们已经说明了这个核是一个格。由于它既是一个凸多边形又是一个紧集，因此它是一个完全格。

类似婚姻市场的情形，这意味着 P 和 Q 最优稳定结果是存在的。也就是说，在核里有一个顶点满足一方参与人获得最大收益且另一方获得最小收益，也存在另一个顶点满足相反的性质。这即定理 8.10 和命题 8.9 的直接结论。

定理 8.11（Shapley and Shubik） 存在一个 P 最优稳定收益 $(\bar{u}, \underline{v})$，它具有如下性质：对于任意稳定收益 (u, v)，满足 $\bar{u}\geqslant u$ 且 $\underline{v}\leqslant v$；存在一个有对称性质的 Q 最优稳定收益 $(\underline{u}, \bar{v})$。

8.3 一个多物品拍卖机制

在这一节中，我们将 P 解释为一组买者，将 Q 解释为一组物品。每

件物品 j 有一个保留价格 c_j。对于买者 i，物品 j 的价值是 $\alpha_{ij}\geqslant0$。一个可行价格向量 p 是从 Q 到 R^+ 的函数，它满足 $p_j=p(j)$ 且大于或等于 c_j。作为一种符号约定，我们在这一节中假设 Q 包含一件构造出来的"空物品" O，它对于所有买者的价值 α_{iO} 都是零且价格也为零。如果一个买者是未匹配的，我们就说他或她被分配给 O。（O 可以分配给多个买者。）在价格 p 下买者 i 的需求集合是

$$D_i\{p\}=\{j\in Q;\alpha_{ij}-p_j=\max_{k\in Q}\{\alpha_{ik}-p_k\}\}$$

这个价格向量 p 被称为"准竞争"（quasi-competitive）价格，当且仅当存在一个从 P 到 Q 的匹配 μ 满足：如果 $\mu(i)=j$，那么 j 在 $D_i(p)$ 内，并且如果 i 在 μ 下是未匹配的，那么 O 在 $D_i(p)$ 内。因此在准竞争价格 p 下，每个买者能够分配到其需求集内的一个物品。我们称匹配 μ 与价格 p 相容。如果 p 是准竞争的，μ 和 p 相容，且对于所有的 $j\notin\mu(P)$ 满足 $p_j=c_j$，则称组合（p，μ）是一个竞争性均衡。因此在一个竞争性均衡中，不仅每个买者获得一件在其需求集内的物品，而且未被卖出的物品的价格不会比它的保留价格更高。如果（p，μ）是一个竞争性均衡，p 即被称为一个竞争性或一个均衡价格向量。

不难发现，如果（p，μ）是一个竞争性均衡，那么相应的收益（u，v）是稳定的［其中对于 $j=\mu(i)$ 有 $u_i=\alpha_{ij}-p_j$，$v_j=p_j-c_j$］。存在 P 最优稳定收益等价于存在唯一的对 P 参与人而言最优的均衡价格向量，即它的每个价格元素至少与其他均衡价格向量中的元素一样小。这个价格叫作最小均衡价格。我们将描述一种算法来计算这个价格，它是基于第 7 章中 Vickrey 二级价格拍卖的一种更一般化的拍卖机制。（注意单一物品的 Vickrey 拍卖也能够产生最小均衡价格。）正如我们将在 8.4 节中看到的，单一物品拍卖和多物品拍卖共同具备的一个重要性质是提供真实的估价是买者的一个占优策略。

为了描述这种机制，我们将利用图论中的一个著名结果。令 B 和 C 是两个有限的互斥集（例如，买者和物品）。对于 B 里的每个 i，令 D_i 是 C 的一个子集（例如，D_i 是 i 在某些价格的需求集）。一个简单分配满足每一个买者 i 恰好分配到一个 D_i 中的物品 j，并且每个物品最多被分配给一个买者。（所以一个简单分配给每一个买者分配了一件物品，但不一定每件物品都被分配给了一个买者。）显然，如果存在一个简单分配，那么在 B 的每个子集 B' 中的每一个买者一定会匹配到一件不同的物品，所以在 $D(B')\equiv\bigcup_{i\in B'}D_i$ 中的物品数至少与 B' 里的买者数一样多。Hall 定理认

为，这个必要条件也是充分的。

定理 8.12（Hall 定理） 当且仅当对于 B 的每一个子集 B'，在 $D(B')$ 中的物品数量至少与在 B' 里的买者数量一样多时，存在一个简单的分配。

我们现在将要介绍的多物品拍卖机制可以在有限步内产生最小价格均衡。我们将所有的价格和估价取整数。在拍卖的第一步，拍卖师宣布一个等于保留价格向量 c 的价格向量 $p(1)$。每一位买者的竞标出价方式是宣布在价格 $p(1)$ 下，哪些物品（包括空物品 O）在其需求集之中。

步骤（$t+1$）：在竞标出价宣布后，如果在价格 $p(t)$ 下，每一位买者能够匹配到一个在其需求集内的物品，算法便停下。如果不存在满足条件的匹配，则根据 Hall 定理，存在过度需求集，即需要此物品集合中物品的买者数量大于集合中的物品数量。拍卖师选择一个最小的过度需求集（即一个过度需求集 S 其严格的子集均不是一个过度需求集），并且将此集合中的所有物品价格提高一个单位。其他价格不变，仍为 $p(t)$，由此便得到了 $p(t+1)$。（注意不存在满足要求的匹配意味着最小过度需求集不包含空物品 O，因为如果 O 在参与人的需求集中，则我们允许任意数量的参与人被匹配到 O。）

显然算法在某个步骤 t 时停止，因为一旦一件物品的价格变得比任何买者对它的估价更高，便没有买者想要它。依据这个算法得到的最终价格是一个准竞争价格向量。尽管现在不容易看出，但实际上它是最小均衡价格向量。

定理 8.13（Demange，Gale，Sotomayor） 令 p 是拍卖机制产生的价格向量。那么 p 是最小准竞争价格。

证明：用反证法证明。假设存在一个准竞争价格 q，满足 $p \not\leqslant q$。那么在拍卖步骤 $t=1$ 时，我们有 $p(1)=c$，因此 $p(1)\leqslant q$。令 t 为拍卖的最后一步且满足 $p(t)\leqslant q$，并且令 $S_1=\{j;\ p_j(t+1)>q_j\}$。令 S 是在 $t+1$ 阶段价格被抬高的最小过度需求集，从而 $S=\{j;\ p_j(t+j)>p_j(t)\}$，因此 S_1 包含于 S。此外，对 S_1 里的所有 j 有 $q_j=p_j(t)$（因为我们在处理整数）。我们将证明 $S-S_1$ 是非空且过度需求的，即 S 不是最小过度需求集，与拍卖规则矛盾。

定义 $T=\{i;\ D_i(p(t))$ 包含于 $S\}$。S 是过度需求的即意味着

$$|T|>|S| \tag{1}$$

定义 $T_1=\{i\in T$；价格 $p(t)$ 下 S_1 中 i 需要的物品不为空集$\}$。

我们知道，对于 T_1 中的所有 i 均满足 $D_i(q)$ 包含在 S_1 中。实际上，选择 S_1 和 $D_i(p(t))$ 中的 j。如果 $k\notin S$，那么在价格 $p(t)$ 处 i 偏好 j 甚于 k，因为 i 在 T 中，但是 $p_k(t)\leqslant q_k$ 且 $p_j(t)=q_j$。所以在价格 q 处，相对于 k，i 更偏好 j。另外，如果 k 在 $S-S_1$ 中，那么在价格 $p(t)$ 处 i 对 k 和 j 的偏好程度相同，但是 $p_k(t)<p_k(t+1)\leqslant q_k$[同样，$p_j(t)=q_j$]，所以在价格 q 处，相对于 k，i 更偏好 j，前述关系成立。现在既然 q 是准竞争的，在价格 q 处不存在过度需求集，就有：

$$|T_1|\leqslant|S_1| \tag{2}$$

现在根据(1)式和(2)式，$|T-T_1|>|S-S_1|$，所以 $T-T_1\neq\varnothing$，$T-T_1=\{i\in T;\ D_i(p(t))\in S-S_1\}$。因此，$S-S_1\neq\varnothing$ 和 $S-S_1$ 是过度需求的产生了矛盾。

定理 8.14（Demange，Gale，Sotomayor）　如果 p 是最小准竞争价格，那么存在一个匹配 μ^* 满足（p，μ^*）是一个均衡（所以 p 是一个竞争性价格向量）。

证明：令 μ 是一个与 p 相对应的匹配。若物品 j 未被 μ 匹配但 $p_j>c_j$，则称 j 定价过高。若（p，μ）不是一个均衡，则至少有一件定价过高的物品。我们将提出一个调整 μ 的过程以消除定价过高的物品。为了达到这个目的，我们构造了一个顶点是 $P\cup Q$ 的有向图。图中有两种弧。如果 $\mu(i)=j$，则存在一条从 i 到 j 的弧。如果 j 在 $D_i(p)$ 中，则存在一条从 j 到 i 的弧。现在令 k 是一件定价过高的物品。那么存在 i 使得 k 在 $D_i(p)$ 中，否则我们可以降低 p_k 并且仍然得到准竞争价格：这与 p 是最小准竞争价格矛盾。令 $\bar{P}\cup\bar{Q}$ 是所有能够从 k 起始直接到达的顶点。

情况 1：$\bar{P}$ 包含一个未被匹配的买者 i。令（k，i_1，j_2，i_2，j_3，i_3，…，j_l，i）是一条从 k 到 i 的路径。那么我们可以改变 μ，从而将 i_1 与 k，i_2 与 j_2，……，i 与 j_l 匹配。得到的新匹配仍然是有竞争力的，并且 k 不再定价过高，因此定价过高的物品数量减少了。

情况 2：在 $\bar{P}$ 里的所有 i 均是被匹配的。那么可知：在 $\bar{Q}$ 中一定存在某个 j 满足 $p_j=c_j$。否则，根据 $\bar{P}\cup\bar{Q}$ 的定义可知：如果 $i\notin\bar{P}$，那么 i 不需要任何在 $\bar{Q}$ 里的物品。因此，能够将 $\bar{Q}$ 里的每个物品的价格下调某个正数 δ 并且使其仍然是准竞争的，这与 p 的最小性矛盾。因此，选择 $\bar{Q}$ 中满足 $p_j=c_j$ 的 j 且令（k，i_1，j_2，i_2，…，j_l，i_l，j）。再一次通过将 i_1 与

k，i_2与j_2，……，j与i_l匹配改变μ，保持j未被匹配的状态。同样，定价过高的物品数量减少了。

8.4 激励

用（$\bar{u}$，$\underline{v}$）表示市场$M=(P, Q, \alpha)$中的买者最优稳定收益。在本节仍然可以简单地视P参与人为买者，Q参与人为卖者。（但是我们不再将未匹配的买者说成是需要一件构造出的无价值物品O，我们也不再要求价格是整数。）为了简单起见，我们令所有的保留价格c都为零，因此$\underline{v}$是最小均衡价格向量。令v是博弈的联盟函数，即对于每一个P中的S和Q中的R，以及所有的分配x，有$v(S, R)=\max\sum_{S\times R}\alpha_{ij}x_{ij}$。买者$i$在价格$\underline{v}$处的需求集的定义是$D_i(\underline{v})=\{j\in Q$，满足$\alpha_{ij}-\underline{v}_{ij}\geqslant 0$，$\alpha_{ij}-\underline{v}_{ij}=\max_{k\in Q}\{\alpha_{ik}-\underline{v}_{ik}\}\}$。（既然我们舍弃了无价值的物品，那么买者的需求集可能是空的。）

下面的引理展现了一种重要的机制，它将Vickrey价格密封拍卖进行了拓展并将价格设定为$\underline{v}$（即买者最优稳定结果）。两种机制给买者的支付都是其对联合价值的边际贡献。

引理 8.15（Demange；Leonard） 对于P中所有i，有：

$$\bar{u}_i=v(P,Q)-v(P-\{i\},Q)$$

证明： 令x是对于$M=(P, Q, \alpha)$的最优分配。构造顶点是$P\cup Q$的有向图。有两种类型的弧。若$x_{ij}=1$，则有一条从i到j的弧。若j在$D_i(\underline{v})$中且$x_{ij}=0$，则有一条从j到i的弧。令j是一个物品，其价格大于零，则存在一条有向路径自j开始，并结束于一个未被匹配的买者或价格为零的物品。为了看清这一点，假设不存在这样的路径，并记S和T分别为可从j出发达到的物品和买者的集合。那么对于S中的所有k，有$\underline{v}_k>0$成立。此外，如果$i\notin T$，那么S中没有物品是i在价格$\underline{v}$下所需求的。（如果i对k有需求，那么若$x_{ik}=0$，则存在一条从k到i的弧；若$x_{ik}=1$，则存在一条从i到k的弧。在这两种情况下，如果i不在T中，那么k不可能在S中。然而，我们可以对S中的所有k下调$\underline{v}_k$并仍形成一个均衡，这违背了$\underline{v}$的极小性。）

令i'是任意买者。如果i'被分配给某个物品j_1，那么我们可以考虑一条路径c，它从j_1起始，结束于未被匹配的买者i_s或价格为零的物品k（注

意 k 可能就是 j_1)。也就是说，$c=(j_1, i_1, j_2, i_2, \cdots, j_s, i_s)$ 或 $c=(j_1, i_1, j_2, i_2, \cdots, j_s, i_s, k)$。现在考虑 $M'=(P-\{i'\}, Q, \alpha)$ 中的分配 x'，其将 j_1 分配给 i_1，将 j_2 分配给 i_2，……，将 j_s 分配给 i_s，并且当 k 在路径中时保持 k 未被分配，否则 $P-\{i'\}$ 中每一个不在路径中的买者的分配与 x 保持一致。我们可以看出，结果 $((u^*, \underline{v}), x')$ 在 M' 下是稳定的，其中对于所有 $i \neq i'$ 有 $u_i^*=\bar{u}_i$。这可以由以下事实立即得出：对于所有 $t=1, \cdots, s$，$x'_{i_t j_t}=1$，j_t 在价格 $\underline{v}_{j_t}$ 下被 i_t 需求，且 $((\bar{u}, \underline{v}), x)$ 对 (P, Q, α) 是稳定的。那么 x' 是 M' 上的最优分配，所以：

$$\sum_{\substack{i\neq i'\\ j\in Q}} \alpha_{ij} x'_{ij} = v(P-\{i'\}, Q) \tag{a}$$

另外，

$$\sum_{\substack{i\neq i'\\ j\in Q}} \alpha_{ij} x'_{ij} = \sum_i u_i^* + \sum_j \underline{v}_j = \sum_{i\neq i'} \bar{u}_i + \sum_j \underline{v} = v(P,Q) - \bar{u}_{i'} \tag{b}$$

从(a) 和(b) 我们便得到了 $\bar{u}_{i'}=v(P, Q)-v(P-\{i'\}, Q)$。证明结束。

记 x' 为 $(P-\{i\}, Q-\{i\}, \alpha)$ 下的任何最优匹配，其中在 (P, Q, α) 下的任何最优匹配 x 下，i 被匹配给 j。那么，由 x 的最优性可知：

$$\sum_{\substack{l\neq i\\ k\neq j}} \alpha_{lk} \cdot x'_{lk} + \alpha_{ij} \leqslant \sum_{\substack{l\neq i\\ k\neq j}} \alpha_{lk} \cdot x_{lk} + \alpha_{ij}$$

进而有：

$$\sum_{\substack{l\neq i\\ k\neq j}} \alpha_{lk} x'_{lk} \leqslant \sum_{\substack{l\neq i\\ k\neq j}} \alpha_{lk} \cdot x_{lk} \tag{1}$$

另外，由 x' 的最优性可知：

$$\sum_{\substack{l\neq i\\ k\neq j}} \alpha_{lk} \cdot x_{lk} \leqslant \sum_{\substack{l\neq i\\ k\neq j}} \alpha_{lk} \cdot x'_{lk} \tag{2}$$

由 (1) 和 (2)，我们得到：

若 $x_{ij}=1$，则 $v(P, Q)=\alpha_{ij}+v(P-\{i\}, Q-\{j\})$ （∗）

需要注意的是，结合引理 8.15 和（∗）可知，如果买者 i 在拍卖中得到物品 j，则

$$\bar{u}_i = \alpha_{ij} - [v(P-\{i\}, Q) - v(P-\{i\}, Q-\{j\})] \tag{∗∗}$$

也就是说，买者 i 购买物品 j 的价格为

$$p_j=[v(P-\{i\},Q)-v(P-\{i\},Q-\{j\})]$$

这个价格不依赖买者 i 的任何估价 α_{ik}，此事实对下一个定理的证明十分关键。与 Vickrey 单物品二级价格拍卖情况相同，买者支付的价格与其提供的价格无关。这使我们能够证明以下定理：

定理 8.16（Demange；Leonard） 在多物品拍卖机制下，说真话是每个买者的占优策略。

证明：如果买者 i 说真话并在拍卖结束后得到物品 j，他（或她）的利润根据（＊＊）将是 $\bar{u}_i=\alpha_{ij}-[v(P-\{i\}, Q)-v(P-\{i\}, Q-\{j\})]$。假设买者谎报了其估价。如果在新的报价下，买者仍被分配到同样的物品 j，由于买者将支付相同的价格 p_j[由（＊＊）确定]，其真实收益仍是相同的。如果被分配到其他物品 k，买者将支付价格 $[v(P-\{i\}, Q)-v(P-\{i\}, Q-\{k\})]$，进而其真实利润为 $\bar{u}_i'=\alpha_{ik}-[v(P-\{i\}, Q)-v(P-\{i\}, Q-\{k\})]$。但是，根据（＊），有：

$$\begin{aligned}\alpha_{ik}+v(P-\{i\},Q-\{k\})&=\alpha_{ik}+\max_{x'}\sum_{\substack{t\neq i\\ l\neq k}}\alpha_{tl}\cdot x_{tl}'\leqslant v(P,Q)\\&=\alpha_{ij}+v(P-\{i\},Q-\{j\})\end{aligned}$$

所以 $\bar{u}_i\geqslant\bar{u}_i'$，而买者 i 并没有从谎报估价中获益。假设买者 i 是未被分配的，因为 $\bar{u}_i'=0\leqslant\bar{u}_i$，那么他或她也没有获益。

如果在真实估价下，买者 i 是未被匹配的，那么 $v(P-\{i\}, Q)=v(P, Q)$，所以如果他或她在谎报估价后被分配到了物品 k，则 $\bar{u}_i'=[\alpha_{ik}+v(P-\{i\}, Q-\{k\})]-v(P, Q)\leqslant v(P, Q)-v(P, Q)=0=\bar{u}_i$。因此，在所有情况下都有 $\bar{u}_i\geqslant\bar{u}_i'$，进而讲真话是 i 的占优策略。

8.5 新进入者的影响

在本节中，我们关注之前在婚姻市场中考察过的另外一个问题，即新进入者对稳定结果集合的影响。除了能够证明与婚姻模型中类似的结论之外，我们还会看到分配模型的特殊假设使我们能够得出一些更强的结论。

假设 P 参与人 i^* 进入市场 $M=(P, Q, \alpha)$。则新市场是 $M^{i^*}=(P\cup\{i^*\}, Q, \alpha')$，其中对所有 P 中的 i 和 Q 中的 j 满足 $\alpha_{ij}'=\alpha_{ij}$。第一个结果类似于婚姻市场中的定理 2.25，我们将在下一章介绍更一般的模型后给出

其证明(定理 9.12)。它比较了两个市场的最优稳定结果。

命题 8.17 (a) 令 $(\bar{u}, \underline{v})$ 和 $(\bar{u}', \underline{v}')$ 分别是 M 和 M^{i^*} 下的 P 最优稳定收益。那么对于 P 中的所有 i 有 $\bar{u}'_i \leqslant \bar{u}_i$ 且对于 Q 中的所有 j 有 $\underline{v}'_j \geqslant \underline{v}_j$。

(b) 让$(\underline{u}, \bar{v})$和$(\underline{u}', \bar{v}')$分别是 M 和 M' 下的 Q 最优稳定收益。那么对于 P 中的所有 i 有 $\underline{u}'_i \leqslant \underline{u}_i$，且对于 Q 中的所有 j 有 $\bar{v}'_j \geqslant \bar{v}_j$。

下一个结果（类似于婚姻市场中的定理 2.26）显示，存在一些可以使我们清楚地比较两个市场稳定结果的 P 参与人和 Q 参与人。

定理 8.18 强占优（Mo）

如果 i^* 在 M^{i^*} 中某个最优分配下被匹配，那么有一个 $P \cup Q$ 中的非空集 A，满足在新市场中的每个稳定结果下每个 A 中的 Q 参与人的收益都变大，每个 A 中的 P 参与人的收益都变小。也就是说，对于所有 M^{i^*} 下稳定的(u', v')和 M 下稳定的(u, v)，我们有：

(a) 若 P 参与人 i 在 A 中，则 $u_i \geqslant u'_i$；

(b) 若 Q 参与人 j 在 A 中，则 $v_j \geqslant v'_j$。

在证明这个定理之前，我们需要回忆引理 8.15：若$(\bar{u}', \underline{v}', x')$是 M^{i^*} 下的 P 最优稳定结果，则 $\bar{u}'_{i^*} = v(P \cup \{i^*\}, Q) - v(P, Q)$。

回想一下，引理 8.15 的证明中的核心思想是要证明，如果 i^* 被 x' 分配给某个参与人 j_1，那么存在一条从 j_1 起始的有向路径 $c = (j_1, i_1, j_2, i_2, \cdots, j_s, i_s, (j_{s+1}))$ 满足如下性质：

P1：如果 i_s 在 x' 下是未被匹配的，则 c 以 i_s 结束；如果 i_s 在 x' 下被匹配给 j_{s+1} 且 $\underline{v}'_{s+1} = 0$，则 c 以 j_{s+1} 结束；

P2：对于所有的 $m = 1, \cdots, s-1$，i_m 被 x' 分配给了 j_{m+1}；

P3：对于所有的 $m = 1, \cdots, s$，有 $\bar{u}'_m + \underline{v}'_m = \alpha_{mm}$（因为在价格 v' 下，j_m 在 i_m 的需求集合内）。

此外，如果 x 是（M 下）的分配，满足

（ⅰ）对于所有 $m = 1, \cdots, s$，$x_{mm} = 1$；

（ⅱ）如果 i 和 j 不在路径中且 $x'_{ij} = 1$，则 $x_{ij} = 1$；

（ⅲ）如果 j_{s+1} 在路径中，则他或她在 x 下未被匹配。

那么 x 是 M 下的最优分配，且结果（$\bar{u}$, $\underline{v}'$, x）的最优分配是稳定的，其中对所有 P 中的 i，有 $\bar{u}_i = \bar{u}'_i$。Mo 称如下路径 c 为“变化链”(turnover chain)：其最后一个元素是“挤出的” i_s 或“进入的” j_{s+1}。这

背后的思想是，若 x 和 x' 是 i^* 进入市场之前和之后的分配，则链 C 中包含的是那些分配结果被影响的参与人。如果 P 参与人 i_s 在 x' 下未被分配，那么他或她就被新进入市场的 P 参与人 i^* 挤出市场了。

定理 8.18 的证明有赖于路径 c 的存在性。下面的引理利用分配博弈的特殊假设（即所有的收益都是货币支付）来对比新参与人进入后变化链中参与人的收益变化。

对于每个 P 中的 i 和 Q 中的 j，定义“收益函数” B_i 和 B_j 如下。对于所有满足（u，v）对于 M 稳定和（u'，v'）对于 M^{i^*} 稳定的收益向量对（u，v）和（u'，v'），有：

$$B_i((u,v),(u',v'))=u_i'-u_i$$
$$B_j((u,v),(u',v'))=v_j'-v_j$$

引理 8.19 收益引理（Mo）

令 x' 是 M^{i^*} 上的最优分配。如果 i^* 是在 x' 下与某个 j_1 匹配且（j_1，i_1，j_2，i_2，…，j_s，i_s，（j_{s+1}））是一条满足性质 P1、P2 和 P3 的有向路径，那么

$$B_{j_1}\geqslant B_{j_2}\geqslant\cdots\geqslant B_{j_s}\geqslant B_{j_{s+1}}$$
$$B_{i_s}\geqslant B_{i_{s-1}}\geqslant\cdots\geqslant B_{i_1}$$

此引理比较了变化链中由新 P 参与人 i^* 进入所导致的参与人的“收益”变化。在我们完成定理 8.18 的证明后，便可以看出这些收益对链中的 Q 参与人是非负的而对 P 参与人是非正的。由此，这个引理说明，最大好处被与 i^* 匹配的 j_1 获得，而 j_2 获得的好处则略少，进而对于 Q 参与人链条中离 i^* 越远的参与人所获得的好处越少。同时，最大损失（即负收益）由与 j_1 匹配的 i_1 承担，并且对于其他 P 参与人而言离 i_1 越远损失越小。请注意我们在此做的比较是有意义的，因为我们考虑的是货币得失。（在婚姻模型中，不可能有类似的比较，因为这包含了，例如，需要比较我从第二选择到第三选择的收益变化与你从第七选择到第九选择的收益变化。）

引理 8.19 的证明： 令（u'，v'，x'）对 M^{i^*} 稳定，（u，v，x）对 M 稳定，其中 x 是通过规则（ⅰ）～（ⅲ）由 x' 定义的。

因为 $x_{11}=1$，所以由（u，v，x）的稳定性可得：

$$\alpha_{11}-v_1\geqslant\alpha_{12}-v_2 \tag{1}$$

因为 $x_{12}'=1$，所以由（u'，v'，x'）的稳定性可得：

$$\alpha_{12}-v_2'\geqslant\alpha_{11}-v_1' \tag{2}$$

由（1)+(2）我们得到：

$$v_1'-v_1\geqslant v_2'-v_2$$

用同样的方法，由 $x_{22}=1$ 和 $x_{23}'=1$，我们得到：

$$v_2'-v_2\geqslant v_3'-v_3$$

重复这个过程，我们可以得到：

$$v_1'-v_1\geqslant v_2'-v_2\geqslant\cdots\geqslant v_s'-v_s\geqslant v_{s+1}'-v_{s+1}$$

同理可得：

$$u_1'-u_1\leqslant u_2'-u_2\leqslant\cdots\leqslant u_s'-u_s$$

因为（u，v）和（u'，v'）是任意选择的，证毕。

定理8.18的证明： 考虑 i^* 在 M^{i^*} 下的任意满足P1、P2、P3的最优分配路径，它起始于此分配为 i^* 匹配的对象。我们用 A 表示此种路径中包含的所有参与人的全部并集。由于 i^* 在某些 M^{i^*} 下的最优分配中是被匹配的，所以 A 不是空集。A 中的任一路径都可以证明定理成立。

我们假设 x' 是M^{i^*} 的一个最优分配，其中 i^* 与 j_1 匹配。令 $c=(j_1$，i_1，…，j_s，i_s，$(j_{s+1}))$ 为某个从 j_1 出发，且满足P1、P2、P3的有向路径。令 x 是基于 x' 通过规则(i)～(iii)得出的 M 下的最优分配。令(u'，v'，x')和(u，v，x)分别表示 M^{i^*} 和 M 下的稳定结果。

情况1：路径 c 以 i_s 结束，所以 x'中的 i_s 是未被匹配的。那么 $u_s'=0$ 且 $u_s\geqslant u_s'$。因为（u，v）和（u'，v'）是任意选择的，所以 $B_{i_s}\leqslant 0$。由引理8.19可知，对于所有的 $m=1$，2，…，$s-1$，都有 $B_{i_m}\leqslant 0$。特别地，对于所有的 $m=1$，2，…，$s-1$，都有 $u_m\geqslant u_m'$。现在，因为对于所有的 $m=1$，…，s 都有 $x_{mm}=1$ 成立，由稳定性可知 $u_m+v_m=\alpha_{mm}$ 且 $u_m'+v_m'\geqslant\alpha_{mm}$，进而有（$v_m'-v_m$)+($u_m'-u_m$）$\geqslant 0$。我们已经知道 $u_m'-u_m\leqslant 0$，因此对于所有的 $m=1$，…，s 都有（$v_m'-v_m$）$\geqslant 0$。情况1得证。

情况2：路径 c 以 j_{s+1} 结束，所以 $v_{s+1}'=0$。进而 j_{s+1} 在 x 下是未被分配的。因此 $v_{s+1}=0$ 且 $v_{s+1}'=v_{s+1}$，依此可得 $B_{j_{s+1}}=0$。由引理8.19可知，$B_{j_m}\geqslant 0$，并且对于所有的 $m=1$，…，s，$(v_m'-v_m)\geqslant 0$ 成立。类似地，根据 $x_{s,s+1}'=1$，我们可以得到$(v_{s+1}-v_{s+1}')+(u_s-u_s')\geqslant 0$。

这样，我们就得到了 $u_s'-u_s\leqslant 0$。这意味着 $B_{i_s}\leqslant 0$，进而对于所有

$m=1$，…，s，$B_{i_m}\leqslant 0$。由此，对于所有 $m=1$，…，s，有 $u_m'-u_m\leqslant 0$，证毕。

这一节的最后一个结果描述了一个新参与人 i^* 进入后对博弈中的核的改变程度。存在一些参与人，其在两个博弈（有 i^* 和没有 i^*）之一中获得的核中的最低报酬等于另一个博弈的核中的最高报酬。

推论 8.20（Mo） 令 $(\bar{u}, \underline{v}')$ 表示 M^{i^*} 下的 P 最优稳定收益。令 $(\underline{u}, \bar{v})$ 表示 M 下的 Q 最优稳定收益。如果 i^* 在 M^{i^*} 下的某个最优分配条件下是被匹配的，那么在 $P\cup Q$ 中就存在一个非空集合 A，使得：

(a) 如果一个 P 参与人 i 在集合 A 中，那么 $\bar{u}_i'=\underline{u}_i$；

(b) 如果一个 Q 参与人 j 在集合 A 中，那么 $\underline{v}_j=\bar{v}_j$。

证明： 我们用定理 8.18 中的方法构造集合 A。已知 $(u^*, \underline{v}')$ 是 M 的一个稳定收益，满足对于 P 中所有 i，有 $u_i^*=\bar{u}_i'$。由 Q 的最优性可知，对于所有的 $j\in Q$ 有 $\underline{v}_j'\leqslant\bar{v}_j$ 且对于所有的 $i\in P$ 有 $\bar{u}_i'\geqslant\underline{u}_i$。现在我们由定理 8.18 得到：

$$\text{对于} A \text{ 中所有} i, \underline{u}_i\geqslant\bar{u}_i'\geqslant\underline{u}_i$$
$$\text{对于} A \text{ 中所有} j, \bar{v}_j\leqslant\underline{v}_j'\leqslant\bar{v}_j$$

由此可见，对于 A 中所有的 i 和 j，有 $\underline{u}_i=\bar{u}_i'$ 且 $\bar{v}_j=\underline{v}_j'$。

8.6 文献指南

分配博弈的模型由 Shapley 和 Shubik（1972）提出。本章展示的所有初步结论都来自此论文，尽管此处的证明不一样。

8.3 节参照了 Demange，Gale 和 Satomayor（1986）的论文。拍卖机制是分配问题下匈牙利算法的一个版本（可参见 Dantzig，1963）。Hall 定理来自 P. Hall（1935）。对 Hall 定理的两个证明来自 Gale（1960），其中考察了一些其他的线性分配模型。Demange，Gale 和 Sotomayor（1986）也研究了另一种拍卖机制，此机制是 Crawford 和 Knoer（1981）提出的延迟接受算法的一个版本，而后者又是我们在 6.2 节中介绍的 Kelso 和 Crawford 算法的一种特殊情形。他们清晰地发现，Crawford 和 Knoer 所观察到的此算法在离散情形下的结果可以被用来无限接近连续分配问题下的买者最优的核结果。他们证明了此算法下获得的最终价格存在上下界，进而可以无限接近最小均衡价格。Mo（1988b）考察了此情形下更一般的匈牙利算法，他定义了一个包含所有最小过度需求集合的过度需求集合，并称其为最大纯过度需求集合。Mo，Tsai 和 Lin（1988）发现，Demange，Gale 和 Sotomayor（1986）错误地认为 Gale（1960）的一个算法可以计算出最小过度需求集合，但是他们证明了此算法修改后可以计算最大纯过度需求集合。

8.4 节参考了 Leonard（1983）和 Demange（1982）的独立研究。定理 8.15 的证明来自 Demange，而定理 8.16 的证明来自 Leonard 的论文。

8.5 节中考虑了新进入者，这参考了 Mo（1988a）的研究，然而此处的证明有些不同。命题 8.17 的更一般形式将会在下一章证明。一种特殊形式（另一种分配模型的一般化推广）同时也由 Kelso 和 Crawford（1982）证明。正如在讨论其与定理 2.25 的联系时提到的，早期的相关结果由 Shapley 在线性规划的背景下获得。虽然大部分文献关注新进入者对于博弈的核的影响，但 Mo 和 Gong（1989）用 Shapley 值发现了类似的影响（即市场同一方的参与人是替代品而不同方的参与人是互补品）。[Shapley 值在考虑转移支付的情况下为每个博弈选择了唯一的分配（见 Shapley，1953b，以及此主题下的论文集 Roth，1988b）。]

Becker（1981）借助分配模型考察了婚姻市场和家庭经济，他在不同假设下利用稳定结果对应于最优匹配（分配，而且最优匹配通常是唯一的）这一事实来研究男女婚配问题。

Rochford（1984）将关于分配博弈的核中的某些内点称为“再谈判”过程中的不动点，要求在再谈判中每对匹配就支付问题讨价还价。Roth 和 Sotomayor（1988）根据著名的塔斯基不动点定理发现，那些核中的不动点同核一样也形成格，并且拥有 P 和 Q 最优元素。Moldovanu（1988）考察了更一般的分配模型下的类似再谈判过程。通过考察一个不同的再谈判过程，Crawford 和 Rochford（1986）开始关注核之外的结果。然而，Bennett（1988）基于一个类似的再谈判过程又将关注点重新拉回到核内。Kamecke（1989）研究了一个谈判和匹配的策略性模型，其中核中的点是均衡。

分配博弈的核的几何性质同样受到关注。Quint（1987a）考察了如何度量核有多“细长”，即双方的利益多么分化。Balinski 和 Gale（1987）证明了分配博弈中多面体核的顶点最多有 $\binom{2m}{m}$ 个，其中 $m=\min\{|P|,|Q|\}$。他们还描述了当 $|P|=|Q|$ 时，哪些博弈可以达到这些数字，也研究了 $|P|\neq|Q|$ 时的博弈。

Shubik（1984）将分配博弈包含进博弈论的入门介绍中。大量拓展和相关模型被研究出来，其中包括 Curiel（1988），Curiel 和 Tijs（1985），Kaneko（1976，1982），Kaneko 和 Wooders（1982），Kaneko 和 Yamamoto（1986），Kamecke（1987），Quint（1987b，1988a），Thompson（1980）（他使用的核的定义比较特殊）。Sotomayor（1986b）在标准的核的定义下讨论了 Thompson 的模型（允许多重匹配），并且发现此模型与分配博弈有很多不同。

Sotomayor（1988）考察了分配博弈的两个拓展，进而允许多对多匹配。他通过一个记录每家公司及其员工间转移支付的模型得出了与第 5 章类似的结果。即其模型与本章和下一章的一对一匹配情形之间的关系类似于之前讨论的大学录取模型和婚姻模型之间的关系。然而，当仅仅考虑每个参与人的加总支付时，核不再与稳定结果对的集合一致。

Quint（1988b）发现在某些条件下，超出“双边”的博弈可能有非空的核。

Samet 和 Zemel（1984）在具有转移支付的博弈（其中每个联盟的联盟函数由线性规划问题决定）下考察了线性规划和它们的对偶关系。Owen（1975）也研究了这种类型的博弈。

第 9 章　分配模型的一个推广

这一章介绍了更为一般化的分配博弈。在本章的分配博弈中，人们的偏好可以用非线性的效用函数表示。所以比起研究与谁匹配或者获得多少钱的分配模型来说，人们在这个模型中需要做的权衡更加复杂。当然，我们在婚姻市场中所证明的主要结论在此博弈模型中仍有类似的对应。

这个模型是 Demange 和 Gale（1985）的模型的变种。这里介绍的模型和他们的模型仅有的区别是对可行结果的定义。在本章的模型中，货币转移不仅可以发生在相互匹配的参与人之间，也可以发生在任意联盟成员之间（与之前两章讨论的单一买者模型类似）。除了使模型更加一般化之外，这个改变还能保证我们不会预先排除竞价联盟可能采取的策略性行为，即我们在 1.2 节和 7.2.1 节中所讨论的内容。但在货币转移可以发生在未匹配的参与人之间的情形下，Demange 和 Gale 模型得到的大多数结果几乎都没有受到影响，原因就是在分配博弈的稳定结果中都没有此类转移支付发生。也就是说，在稳定结果中我们所能看到的唯一转移支付只发生在两个相互匹配的参与人之间。

由于这个模型与婚姻模型有很多相似的结论，我们不再对他们在直觉上对应的现实情况做细节描述，而是简单指出它们与之前哪个结果类似。

9.1　模型

由两个有限不相交的参与人组成的集合 P 和 Q，分别有 m 个和 n 个元素。P 集合中的元素叫 P 参与人，Q 集合中的元素叫 Q 参与人。市场的一

个结果是将 P 参与人和 Q 参与人匹配。字母 i 和 j 将被分别用于标记 P 参与人和 Q 参与人。

定义 9.1 一个匹配 μ 是一个 $P\cup Q$ 到它自身的平方[即 $\mu^2(x)=x$]的一个双射(双射即一一对应的映射)，并且如果 $\mu(i)\neq i$，那么 $\mu(i)$ 在 Q 中；如果 $\mu(j)\neq j$，则 $\mu(j)$ 在 P 中。

每一个和自己匹配的参与人[$\mu(x)=x$]被称为未被匹配的且只有参与人不和自己匹配时才能说他是被匹配的。

参与人的偏好由效用函数给出：记 $u_{ij}(x)$ 为参与人 i 与 j 匹配且收到货币支付 x 时的效用函数，记 $v_{ij}(x)$ 为参与人 j 与 i 匹配且收到货币支付 x 时的效用函数。假设 u_{ij} 和 v_{ij} 是 R 映射到 R 上的连续递增函数。同时假设每一个没有匹配的 i 和 j 的效用分别是：$u_{ii}(0)=r_i$，$v_{jj}(0)=s_j$。[分配博弈是所有效用函数都是线性的时的特殊情形，其中 r_i 和 s_j 等于 0，u_{ij} 和 v_{ij} 具有 $u_{ij}(-x)=\alpha_{ij}-x$ 和 $v_{ij}(x)=x$ 的形式。]

需要注意的是，我们需要对参与人(每个 P 中的 i 和 Q 中的 j)的效用函数 u_{ij} 和 v_{ij} 做如下更强的假设：u_{ij} 和 v_{ij} 的值域为 R。也就是说，我们假设效用函数是关于 x 的无界函数。这也就意味着(与分配博弈类似)足够大的货币支付可以使任何匹配比其他匹配都好(在支付给定的情况下)。(这为什么是一个很强的假设呢？以你自己为例，如果你与现有配偶结婚就能得到 10 亿美元，那么是否仍存在一定数目的钱会让你情愿单身也不愿结婚？)因为效用函数是连续的，所以我们也假设没有参与人有严格偏好。

用 f_{ij} 和 g_{ij} 分别表示 u_{ij} 和 v_{ij} 的反函数，我们称之为补偿函数(compensation function)。因此，f_{ij} 表示的是在 i 和 j 匹配的情况下，为了达到效用等级 u，i 必须收到的金额。我们要求 $f_{ii}(r_i)=g_{jj}(s_j)=0$，$f_{ij}$ 和 g_{ij} 同样是 R 映射到 R 上的连续递增函数(之所以每个函数的定义域都为 R，是因为我们假设效用函数的值域也是 R)。

基于我们的研究目标，研究补偿函数更方便。函数 f_{ij}，g_{ij}，r_i 和 s_j 的集合分别由 f，g，r，s 表示，市场由 $M=(P, Q, f, g, r, s)$ 表示。

定义 9.2 M 中的可行支付 (u, v) 包括一个 R^m 中的向量 u(下标是 P 的元素)和一个 R^n 中的向量 v(下标是 Q 的元素)，且存在一个匹配 μ 满足：

$$\sum_{i\in P}f_{i\mu(i)}(u_i)+\sum_{j\in Q}g_{\mu(j)j}(v_j)\leqslant 0$$

也就是说，一个可行支付对应一个参与人间的匹配和可能实现的参与人之间的货币支付。但是外部的货币不能进入这个系统，货币支付金额的加总也不能是正数。

(u, v) 刻画了 P 参与人和 Q 参与人的效用等级。我们说一个匹配 μ 和 (u, v) 相容，或者说 (u, v) 有一个相对应的匹配 μ。一个结果 $((u, v), \mu)$ 由可行支付 (u, v) 和一个相容的 μ 决定。

定义 9.3　收益 (u, v) 被称为两两可行的（pairwise feasible），如果满足对所有的 P 参与人和 Q 参与人，都存在一个相应的 μ，使得如果 $\mu(i)=j$，则

$f_{ij}(u_i)+g_{ij}(v_j)\leqslant 0$（两两可负担性，pairwise affordability）；并且

如果 $\mu(i)=i$，则 $u_i=r_i$；

如果 $\mu(j)=j$，则 $v_j=s_j$。

在一个两两可行的结果 $((u, v), \mu)$ 中，每个匹配和未匹配的参与人都可以在不和其他无关参与人发生任何货币交易的情况下，负担他们自己的效用收益。显然，每个两两可行的收益都是可行的，但反过来并不成立。

定义 9.4　若满足以下条件，则可行支付 (u, v) 是稳定的：

$u_i\geqslant r_i, v_j\geqslant s_j$（个体理性）；

对于所有 $P\times Q$ 中的 (i, j)（无破坏配对），有 $f_{ij}(u_i)+g_{ij}(v_j)\geqslant 0$。

若后一个不等式不成立，则 (u, v) 可能被 $P\times Q$ 中的一些配对 (i, j) 破坏。这是因为 f_{ij} 和 g_{ij} 是连续递增的，我们可以找到一个可行支付 (u', v') 使 $u'_i>u_i$，$v'_j>v_j$，且 $f_{ij}(u'_i)+g_{ij}(v'_j)\leqslant 0$。[后一个不等式告诉我们，$i$ 和 j 可以在不向其他参与人索要货币支付的情况下为 (u'_i, v'_j) 筹集资金。]

如果一个匹配和某个稳定收益相容，我们就称之为一个稳定匹配。一个市场 M 下的结果被称为可行的或稳定的，要求其相应的收益也是可行的或稳定的。

下一个引理可由可行性和稳定性的定义得到。

引理 9.5　令 $((u, v), \mu)$ 是一个稳定结果。如果 $\mu(i)=j$，那么

$$f_{ij}(u_i)+g_{ij}(v_j)=0$$

如果 i 未被匹配，那么 $u_i=r_i$；如果 j 未被匹配，那么 $v_j=s_j$。所以

正如在本章的引言部分所提到的，稳定结果都是两两可行的：在一个稳定结果中，任何货币转移都只发生在相互匹配的参与人之间。

定义 $U_M \equiv \{u \in R^m$；存在 $v \in R^n$ 使（u，v）是稳定的$\}$，$V_M \equiv \{v \in R^n$；存在 $u \in R^m$ 使（u，v）是稳定的$\}$。

不难发现，当市场的规则是任何 P 参与人和 Q 参与人都只有在双方都同意时才能匹配且每个参与人都有保持不匹配的权利时，M 下稳定收益的集合等于 M 的核 $C(M)$。

在此，我们不证明这个模型中稳定结果的存在性。Crawford 和 Knoer（1981）发现他们在匹配模型中证明稳定结果的存在性时并没有用到模型的线性假设，因此他们的结论也直接适用于本模型。关于这个模型稳定结果存在性的明确证明由 Alkan 和 Gale（1988）给出，有关存在性的结果将在 9.4 节中讨论。

9.2 核

在这一节中，我们将研究稳定结果集合的"结构"性质，即广义分配博弈的核。对本节结果尽可能简单地概括如下，本模型核的拓扑性质和分配博弈中核的性质有很大的不同：在本章中核不一定是个凸集，同时，一个与给定匹配相容的稳定结果的集合甚至都不一定是连通的（虽然全部稳定结果的集合是连通的）。然而，婚姻市场中稳定结果之间的关系（例如市场的每一方都存在最优稳定结果）依然在现有模型和分配博弈中成立。并且在下一节中我们也会看到，在考虑参与人具有采用策略性行为的机会时，此结果也成立。

我们先来讨论一个例子。此例展示了从分配博弈拓展到现在的模型后，核的一些拓扑性质不再满足。

例 9.6　核为非凸的博弈（Roth and Sotomayor）

令 $P=\{p_1, p_2\}$，$Q=\{q_1, q_2\}$，其中保留价格 $r_1=r_2=0$ 并且 $s_1=s_2=-4\pi$。补偿函数为 $f_{11}(u)=u-\sin u$，$g_{22}=v+\sin v$。如果 $(i, j)\neq(1, 1)$，则 $f_{ij}(u)=u$；如果 $(i, j)\neq(2, 2)$，则 $g_{ij}(v)=v$。U_M 不是凸集，其形状如图 9.1 所示。

分配博弈的核的另外一个重要性质是，每个稳定匹配与每个稳定收益向量都是相容的。在此例中，这个结论不再是正确的。当 $\mu(p_1)=q_1$，$\mu(p_2)=q_2$，$\mu'(p_1)=q_2$，$\mu'(p_2)=q_1$ 时，收益 $(u, v)=(\pi/2, \pi/2+1;$

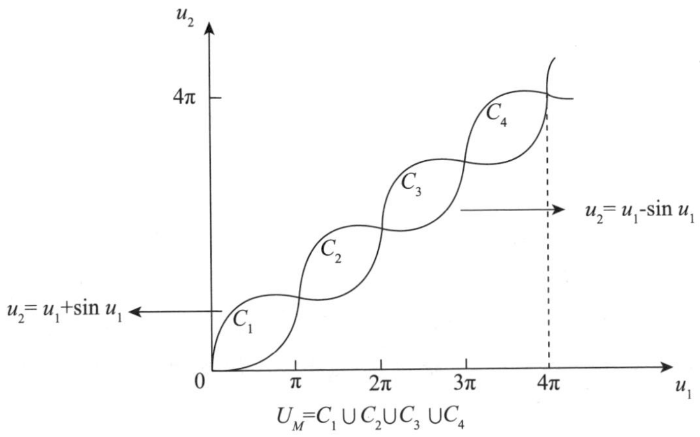

图 9.1

$1-\pi/2$，$-\pi/2$)和$(u', v')=(3\pi/2, 1+3\pi/2; -1-3\pi/2, -3\pi/2)$分别关于匹配$\mu$和$\mu'$是稳定的。然而，$\mu$和$(u', v')$不相容，$\mu'$和$(u, v)$不相容。在图 9.1 中，$C_1 \cup C_3$ 对应于和 μ 相容的 P 参与人的稳定收益，$C_2 \cup C_4$ 是和 μ' 相容的收益集合。我们可以看出，虽然 U_M 是连通的，但是这两个集合都不是连通集合。这就与分配博弈形成了对比，因为在分配博弈中同某个稳定匹配相容的 P 参与人的稳定收益集合是连通的，并且是整个 U_M。

下面的引理类似于婚配问题中的分解引理（即推论 2.21)。

引理 9.7　分解（Demange and Gale）

令$((u, v), \mu)$和$((u', v'), \mu')$为 M 中的稳定结果。令 $P^1=\{i \in P; u_i' > u_i\}$，$P^2=\{i \in P; u_i > u_i'\}$，$P^0=\{i \in P; u_i = u_i'\}$。类似地，可以定义 Q^1、Q^2 和 Q^0。那么，$\mu'(P^1)=\mu(P^1)=Q^2$ 且 $\mu'(P^2)=\mu(P^2)=Q^1$。此外，每一个 P^0 中被(μ 或者 μ') 匹配的参与人都与 Q^0 中的一个参与人匹配，反之亦然。

引理 9.7 说的是每一个在稳定结果中有偏好的人在两个结果下均是被匹配的，并且跟他匹配的人与他的偏好刚好相反。

证明： P^1中的所有 i 在μ'下都得到了匹配，因为 $u_i' > u_i \geq r_i$。类似地，在 Q^2 中的所有 j 在 μ 下也都得到了匹配，因为 $v_j > v_j' \geq s_j$。如果 i 在 P^1 中，那么 $j=\mu'(i)$ 就在 Q^2 中。这是因为不然的话，我们有：

$$0=f_{ij}(u_i')+g_{ij}(v_j')>f_{ij}(u_i)+g_{ij}(v_j)$$

这就和(u, v)的稳定性相矛盾。另外，如果j在Q^2中，那么$i=\mu(j)$就在P^1中，因为不然的话，我们有：

$$0=f_{ij}(u_i)+g_{ij}(v_j)>f_{ij}(u_i')+g_{ij}(v_j')$$

这就意味着(u', v')不稳定。因此，$\mu'(P^1)$包含在Q^2中，同时Q^2包含在$\mu(P^1)$中。我们得到$|\mu'(P^1)|\leqslant|Q^2|\leqslant|\mu(P^1)|=|\mu'(P^1)|$，这说明$\mu(P^1)=\mu'(P^1)=Q^2$。类似地，我们可以证明$\mu'(P^2)=\mu(P^2)=Q^1$。引理的最后一部分之所以成立是因为$\mu$和$\mu'$是一对一函数，所以$\mu(Q^1)=\mu'(Q^1)=P^2$，$\mu(Q^2)=\mu'(Q^2)=P^1$。

下述定理与婚配问题中的定理2.22类似。然而，它们也有两点区别。首先，定理9.8并未说如果i在某个稳定结果下无法匹配，那么i在所有的稳定结果下都不能得到匹配；相反，此定理说明，如果i在某个稳定结果下无法得到匹配，那么他或她在任何稳定结果中都将获得与未匹配条件下相同的效用，并且对每个稳定结果而言，都存在某个无法使i得到匹配的稳定匹配与其相容。其次，定理2.22的结论是建立在偏好是严格的这一假设之上，而此模型的假设是在某些价格之下任何一种匹配对每个人来说都是无差异的。

定理9.8（Demange and Gale） 如果$((u, v), \mu)$和$((u', v'), \mu')$是稳定结果，那么如果i(或j)在μ下是没有匹配的，则$u_i'=r_i$(或$v_j'=s_j$)。另外，存在稳定匹配$\bar{\mu}$使i(或j)是未被匹配的且与(u', v')相容。

证明： 假设i在μ下未被匹配。如果$u_i'>r_i=u_i$，参照引理9.7定义P^1。那么i就在P^1中，根据引理9.7，i在μ下得到匹配，矛盾！同理可得出j的情况。现在考虑(u', v')。我们将证明存在一个相容的$\bar{\mu}$使得i不被匹配。根据引理9.7，我们可以将$\bar{\mu}$定义如下：$P^1\cup P^2$和$Q^1\cup Q^2$部分和μ'一样，P^0和Q^0部分与μ一样。$\bar{\mu}$很显然和(u', v')是相容的，并且在其中获得匹配的参与人和μ相同。所以i在$\bar{\mu}$下是未被匹配的，同理可证明j的情况。证毕。

为了把M的核作为r和s的函数考察，我们将用$M(r, s)$代表我们关注的市场，其中r和s是可变的，但P，Q，f，g这些参数是固定的。下面的结果与婚姻模型和分配模型中的格结果类似(定理2.16、定理3.8和定理8.10)。(实际上，定理9.10是和之前的结论最相似的定理，但后面会用到下面这个更强的结果。)

引理9.9 (Demange and Gale) 令$((u, v), \mu)$对市场$M(r, s)$稳定,$((u', v'), \mu')$对市场$M(r', s')$稳定,其中$r \leqslant r' \leqslant u$,$s \leqslant s'$。那么

(a) $(u \vee u', v \wedge v') \equiv (u^+, v^-)$对市场$M(r,s)$稳定;

(b) $(u \wedge u', v \vee v') \equiv (u^-, v^+)$对市场$M(r',s')$稳定。

等价地,交换P和Q,若$r \leqslant r'$且$s \leqslant s' \leqslant v$,那么

(a) $(u \wedge u', v \vee v')$对市场$M(r,s)$稳定;

(b) $(u \vee u', v \wedge v')$对市场$M(r',s')$稳定。

证明: 定义引理9.7中所述的P^1和Q^2。因为对于P^1中的i有$u_i' > u_i \geqslant r_i'$,所有$P^1$的元素均在$\mu'$下得到匹配。类似地,因为对于$Q^2$中的$j$有$v_j > v_j' \geqslant s_j' \geqslant s_j$,所有$Q^2$的元素均在$\mu$下得到匹配。利用引理9.7中的证明思路,我们可得出,μ和μ'在P^1和Q^2中是一一对应的映射。为了证明(a)式,定义匹配$\bar{\mu}$如下:

P^1和Q^2中元素由μ'匹配;

$P-P^1$和$Q-Q^2$由μ匹配。

必须证明的是,$((u^+, v^-), \bar{\mu})$对市场$M(r, s)$稳定。个体理性是满足这些的,因为$r \leqslant r'$且$s \leqslant s'$。如果$u_i^+ = u_i$且$v_j^- = v_j$,或者$u_i^+ = u_i'$且$v_i^- = v_j'$,显然破坏配对也是不存在的。如果$u_i^+ = u_i$且$v_j^- = v_j'$,那么由稳定性可知:

$$f_{ij}(u_i^+) + g_{ij}(v_j^-) = f_{ij}(u_i) + g_{ij}(v_j') \geqslant f_{ij}(u_j') + g_{ij}(v_j') \geqslant 0$$

为了证明未匹配的参与人获得了恰好满足个体理性的收益,如果i在$\bar{\mu}$下未匹配,那么$i \in P - P^1$,所以$u_i' \leqslant u_i = u_i^+$。此外,$i$在$\mu$下也未匹配。因此,$u_i^+ = u_i = r_i$。如果$j$在$\underline{\mu}$下未匹配,那么$j \in Q - Q^2$,进而$v_j^- = v_j \leqslant v_j'$且$j$在$\mu$下未匹配。因此,$v_j^- = v_j = s_j$。接下来需要证明$((v^+, v^-), \bar{\mu})$是可行的,但这同样可以根据"两两可行的"这一事实直接得出。之所以两两可负担是由于(u, v)和(u', v')都是两两可负担的。

为了证明引理的(b)部分,定义$\underline{\mu}$满足:

P^1和Q^2由μ匹配;

$P-P^1$和$Q-Q^2$由μ'匹配。

证明两两可负担以及没有破坏配对的方法和之前一样。个体理性之所以成立是因为根据假设有 $u_i \geqslant r_i'$，并且根据 u' 的个体理性和 $v_j^+ \geqslant v_j' \geqslant s_j'$，有 $u_i' \geqslant r_i'$。为了证明未匹配的参与人获得的收益为 r_i 或者 s_j，考虑如果 i 在 $\underline{\mu}$ 下未匹配，那么 $i \in P - P^1$，进而 $u_i^- = u_i'$。另外，i 在 μ' 下未匹配，那么有 $u_i^- = u_i' = r_i$。如果 j 在 $\underline{\mu}$ 下未匹配，那么 $j \in Q - Q^2$，进而 $v_j' = v_j^+$ 并且 j 在 μ' 下未匹配。因此，$v_j^+ = v_j' = s_j'$。

定理 9.10（Demange and Gale） 集合 U_M 和 V_M 是有最大元素和最小元素的格。

证明： 格的性质从引理 9.9 的 $r' = r$ 且 $s' = s$ 这一特殊情况中很容易得出。容易看出，如果 $\mu(i) = j$，那么集合 U_M 和 V_M 是有界集：

$$r_i \leqslant u_i \leqslant f_{ij}^{-1}(-g_{ij}(s_j))$$
$$s_j \leqslant v_j \leqslant g_{ij}^{-1}(-f_{ij}(r_i))$$

另外，由 f 和 g 的连续性可知，集合 U_M 和 V_M 分别是 R^m 和 R^n 上的闭集。因此，U_M 和 V_M 是紧格（compact lattice），因此它们有最大和最小元素。

我们记 $\bar{u}$ 和 $\underline{u}$ 分别是 U_M 中的最大、最小元素，$\bar{v}$ 和 $\underline{v}$ 分别是 V_M 中的最大、最小元素。我们称（$\bar{u}$，$\underline{v}$）和（$\underline{u}$，$\bar{v}$）分别为 P 最优稳定收益和 Q 最优稳定收益。接下来的结果与婚姻市场中的定理 2.24 和定理 2.25 类似。[降低保留价格的参与人扩展他们的偏好，即使保留价格从很高的水平降低，参与人仍然可以被视为进入了市场（定理 9.12）。]

命题 9.11（Demange and Gale） 如果（$\bar{u}(r, s)$，$\underline{v}(r, s)$）是 $M(r, s)$ 中的 P 最优稳定收益，那么 $\bar{u}(r, s)$ 是关于 r 的增函数和关于 s 的减函数；$\underline{v}(r, s)$ 是关于 r 的减函数和关于 s 的增函数。

证明： 假设 $r' \geqslant r$，(u', v') 是 $M(r', s)$ 的稳定解。从引理 9.9 的(b)部分(交换 P 和 Q，并取 $s' = s$) 可得，$(u' \vee \bar{u}(r, s), v' \wedge \underline{v}(r, s))$ 在市场 $M(r', s)$ 中稳定，因此有 $\bar{u}(r', s) \geqslant \bar{u}(r, s)$ 和 $\underline{v}(r', s) \leqslant \underline{v}(r, s)$。假设 $s' \geqslant s$ 且 (u, v) 在市场 $M(r, s)$ 中稳定，由引理 9.9(a) 可知，取 $r = r'$，那么 $(u \vee \bar{u}(r, s'), v \wedge \underline{v}(r, s'))$ 在市场 $M(r, s)$ 中稳定，所以 $\bar{u}(r, s) \geqslant \bar{u}(r, s')$ 且 $\underline{v}(r, s) \leqslant \underline{v}(r, s')$。

下面是命题 9.11 的一种特殊情况，它进一步解释了新进入市场的参与人之间的关系。

定理 9.12（Demange and Gale） 如果一个新 Q 参与人进入市场，那么 $\bar{u}$ 不会减少，$\underline{v}$ 不会增加。如果一个新 P 参与人进入市场，那么 $\bar{u}$ 不会增加，$\underline{v}$ 不会减少。

证明： 考虑市场 $M(P, Q', f', g', r, s')$，其中 Q 在 Q' 中，对于所有在 P 中的 i 和所有在 Q 中的 j 有 $g'_{ij}=g_{ij}$，$s'_j=s_j$ 且 $f'_{ij}=f_{ij}$。我们将证明，对于所有 P 中的 i 有 $\bar{u}_i(r, s)\leqslant \bar{u}_i(r, s')$，对于所有 Q 中的 j 有 $\underline{v}_j(r, s)\geqslant \underline{v}_j(r, s')$。事实上，可以构造一个市场使之满足下列条件：从 Q 中选择 $s''_j=s'_j$，并且使所有在 $Q'-Q$ 中的 j 均有 $s''_j>s'_j$，使所有在 P 中的 i 均有 $g'_{ij}(s''_j)>-f'_{ij}(r_i)$。也就是说，不存在稳定匹配使 $Q'-Q$ 中的 j 在市场 M'' 中得到匹配。那么对于所有 P 中的 i 有 $\bar{u}_i(r, s)=\bar{u}_i(r, s'')$，对于所有 Q 中的 j 有 $\underline{v}_j(r, s)=\underline{v}_j(r, s'')$。由命题 9.11 可知，对所有 P 中的 i 有 $\bar{u}_i(r, s)=\bar{u}_i(r, s'')\leqslant \bar{u}_i(r, s')$，对于所有 Q 中的 j 有 $\underline{v}_j(r, s)=\underline{v}_j(r, s'')\geqslant \underline{v}_j(r, s')$。由对称性，我们可以证明定理的另一部分。

9.2.1　一些技术成果

推论 9.13 是从命题 9.17 中得出来的技术成果，在后文中非常有用。但是如果你只对主要结论感兴趣，那么在第一次阅读时可以忽略这些。

推论 9.13 若 $s\leqslant s'\leqslant \bar{v}$，则市场 $M(r, s')$ 中的每个稳定收益在市场 $M(r, s)$ 中也是稳定的。

证明： 显然，$(\underline{u}, \bar{v})$ 对于市场 $M(r, \bar{v})$ 是稳定的。我们将证明 $(\underline{u}, \bar{v})$ 是 $M(r, \bar{v})$ 中的 Q 最优稳定收益。实际上，可以令 (u, v) 在市场 $M(r, \bar{v})$ 下稳定。由引理 9.9(a)（交换 P 和 Q，取 $r'=r$，$s'=\bar{v}$）我们能得出 $(u\wedge \underline{u}, v\vee \bar{v})$ 在市场 $M(r, s)$ 中是稳定的。因此 $u\geqslant \underline{u}$ 且 $v\leqslant \bar{v}$，并且 $(\underline{u}, \bar{v})$ 是市场 $M(r, \bar{v})$ 中的 Q 最优稳定收益。由命题 9.11 和 $\bar{v}\geqslant s'$，我们可以得出：

$$\underline{u}(r,s')\geqslant \underline{u} \quad 且 \quad \bar{v}(r,s')\leqslant \bar{v} \tag{1}$$

现在，令 (u', v') 为市场 $M(r, s')$ 中的一个稳定收益，那么

$$u'\geqslant \underline{u}(r,s') \quad 且 \quad v'\leqslant \bar{v}(r,s') \tag{2}$$

由引理 9.9 (a) 和上述 (1) (2) 以及 $s\leqslant s'$ 可知：

$$(u',v')=(u'\vee \underline{u},v'\wedge \bar{v})在 M(r,s)中是稳定的$$

证毕。

引理 9.14 (Demange and Gale) 如果 $|P|\leqslant|Q|$，那么对于某个 Q 中的 j 有 $\underline{v}_j=s_j$。

证明： 此结论显然成立。我们只讨论唯一一种较为复杂的情况，其中 $|P|=|Q|$ 并且所有的 P 在 $(\bar{u},\underline{v})$ 下都得到了匹配。假设此时对于 Q 中的 j 都有 $\underline{v}_j>s_j$。显然 $(\bar{u},\underline{v})$ 在 $M(\bar{u},s)$ 下是稳定的。由推论 9.13 可得出（交换 P 和 Q），$(\bar{u},\underline{v})$ 在 $M(\bar{u},s)$ 下仍是 P 最优收益。现在考虑市场 $M(r^n,s)$，其中 $r^n=(\bar{u}+1)/n$。根据命题 9.11，我们可以得到：

$$\text{对于所有的 } n,\bar{u}(r^n,s)\geqslant\bar{u}(r^{n+1},s)\geqslant\bar{u} \text{ 且}$$
$$\underline{v}(r^n,s)\leqslant\underline{v}(r^{n+1},s)\leqslant\underline{v} \tag{1}$$

因此，$(\bar{u}(r^n,s),\underline{v}(r^n,s))$ 的序列是收敛的。令 (u^*,v^*) 是 $n\to\infty$ 时此序列的极限。由于匹配的数量是有限的，因此存在某个匹配 u^* 与全部的无限序列 $(\bar{u}(r^n,s),\underline{v}(r^n,s))$ 相容。从 f 和 g 的连续性可知，u^* 与 (u^*,v^*) 相容。由(1)式可知：

$$u^*\geqslant\bar{u} \text{ 且 } v^*\leqslant\underline{v} \tag{2}$$

所以在市场 $M(\bar{u},s)$ 中 (u^*,v^*) 是稳定的。由 $(\bar{u},\underline{v})$ 是 P 最优稳定收益可得：

$$u^*\leqslant\bar{u} \text{ 且 } v^*\geqslant\underline{v} \tag{3}$$

结合(2)式、(3)式可得到 $u^*=\bar{u}$ 和 $v^*=\underline{v}$。因此，对 Q 中的所有 j 有 $v_j^*>s_j$，因此当某个 N 充分大时，有 $\underline{v}_j(r^N,s)>s_j$ 对 Q 中的所有 j 成立。因此，P 中所有元素和 Q 中所有元素在 $(\bar{u}(r^N,s),\underline{v}(r^N,s))$ 时都是被匹配的。所以，$(\bar{u}(r^N,s),\underline{v}(r^N,s))$ 在市场 $M(\bar{u},s)$ 中是稳定的，但是对 P 中的所有 i 均有 $\bar{u}_i(r_N,s)\geqslant r_i^N>\bar{u}_i$，这就与 $(\bar{u},\underline{v})$ 是市场 $M(\bar{u},s)$ 中的 P 最优稳定收益矛盾。

引理 9.15 (Demange and Gale) 假设对于所有的 $j\in Q'$，Q' 属于 Q，有 $\underline{v}_j>s_j$，且令 $P'=\mu(Q')$，其中 u 是一个与 $(\bar{u},\underline{v})$ 相容的匹配。那么存在一对 (i,j)，使得 $f_{ij}(\bar{u}_i)+g_{ij}(\underline{v}_j)=0$，其中 $i\in P-P'$ 且 $j\in Q'$。

证明： 由引理 9.14 可知，$P-P'\neq\emptyset$。使用反证法：假设对于所有的 $i\in P-P'$，$j\in Q'$ 有 $f_{ij}(\bar{u}_i)+g_{ij}(\underline{v}_j)>0$。那么对于某个正数 λ，$\underline{v}_j-$

$\lambda > s_j$，并且

$$f_{ij}(\bar{u}_i)+g_{ij}(\underline{v}_j-\lambda)>0,\quad 其中\ i\in P-P'\ 且\ j\in Q' \tag{1}$$

令 $M'=(P', Q', f, g, r, s')$，其中 $s_j'=\underline{v}_j-\lambda$，令 $(\bar{u}', \underline{v}')$ 是 M' 下的 P 最优稳定收益。由引理 9.14 可知：存在 $k\in Q'$ 使得 $\underline{v}_k'=\underline{v}_k-\lambda$。我们将证明收益 (u^*, v^*) 对于最初的市场是稳定的，其中

$$\begin{aligned} u_i^* &=\bar{u}_i, i\in P-P' \\ &=\bar{u}_i', i\in P'; \\ v_j^* &=\underline{v}_j', j\in Q' \\ &=\underline{v}_j, j\in Q-Q'. \end{aligned}$$

事实上，唯一可能不稳定的配对 (i, j) 必须满足 $i\in P-P'$，$j\in Q'$ 或者 $i\in P'$，$j\in Q-Q'$。根据（1）式，第一种情况不可能。在第二种情况下，要注意 $(\bar{u}, \underline{v})$ 对 Q' 和 P' 的限制对 M' 是稳定的，所以对于所有的 $i\in P'$，有 $\bar{u}_i'\geqslant\bar{u}_i$。根据 $(\bar{u}, \underline{v})$ 的稳定性，可得到：

$$f_{ij}(\bar{u}_i')+g_{ij}(\underline{v}_j)\geqslant f_{ij}(\bar{u}_i)+g_{ij}(\underline{v}_j)\geqslant 0$$

然而，$\bar{v}_k^*<\underline{v}_k$，这与 $(\bar{u}, \underline{v})$ 的 Q 最劣性矛盾。

为方便起见，我们将用符号 $M(s)$ 来表示只有 s 可以变化的市场。

引理 9.16 (Gale) 令 V_M 中的 $v<v'$，令 $Q'=\{j\in Q, v_j'>v_j\}$。选择 $v<s^*<v'$，使得对于 $j\in Q'$ 有 $v_j<s_j^*<v_j'$。那么存在某个 (u^*, v^*) 在 $M(s^*)$ 下稳定，且满足对于某个 $j\in Q'$ 有 $v_j^*=s_j^*$ 且 $v^*<v'$。

证明： 令 μ 和 μ' 分别是 v 和 v' 的相容匹配。根据引理 9.7，有 $\mu(Q')=\mu'(Q')$。令 $P'=\mu'(Q')$，$(\bar{u}'', \underline{v}'')$ 为 $M'=(P', Q', f, g, r, s^*)$ 下的 P 最优稳定收益。定义 (u^*, v^*) 在 P' 和 Q' 上与 $(\bar{u}'', \underline{v}'')$ 一致并在 $P-P'$ 和 $Q-Q'$ 上与 (u, v) 一致；令 μ^* 为相应的匹配。根据引理 9.14，存在 $j\in Q'$ 使得 $\underline{v}_j''=s_j^*$。我们将证明 (u^*, v^*) 在 $M(s^*)$ 中稳定，即命题的第一部分。显然 (u^*, v^*) 是可行的。考虑到一个可能的破坏配对 (i, k)。如果 $k\in Q'$ 并且 $i\in P-P'$，那么 $v_k^*\geqslant s_k^*>v_k$。因此，如果 (i, k) 破坏 (u^*, v^*)，那么我们可以得到：

$$0>f_{ik}(u_i^*)+g_{ik}(v_k^*)>f_{ik}(u_i)+g_{ik}(v_k)$$

这就和 (u, v) 的稳定性矛盾。现在我们可以观察到，当 (u', v') 被限制在 P' 和 Q' 上时，(u', v') 对 M' 稳定。那么对 $i\in P'$ 和 $k\in Q'$，我们有

$$u_i^* = \bar{u}_i'' \geqslant u_i' \text{ 且 } v_k^* \leqslant v_k' \tag{1}$$

因此，如果 k 在 $Q-Q'$ 中，i 在 P' 中并且 (i, k) 破坏 (u^*, v^*)，那么我们可以得出

$$0 > f_{ik}(u_i^*) + g_{ik}(v_k^*) = f_{ik}(\bar{u}_i'') + g_{ik}(v_k) \geqslant f_{ik}(u_i') + g_{ik}(v_k')$$

这和 (u', v') 的稳定性矛盾。命题的第二部分 $v^* < v'$ 可以由下述事实得到。由 (1) 式可知，对于 $k \in Q'$，有 $v_k^* = \underline{v}_k'' \leqslant v_k'$；根据假设，对于 $k \in Q-Q'$ 有 $v_j^* = s_j^* < v_j'$。证毕。

命题 9.17 (Gale and Sotomayor) 对于所有 $[s, \bar{v}] = [s_1, \bar{v}_1] \times \cdots \times [s_n, \bar{v}]$ 中的 s' 来说，函数 $\underline{v}(s')$ 是连续的。

证明： 由推论 9.13 可知，对于所有的 $s' \in [s, \bar{v}]$，有 $\underline{v}(s') \in V_M$。如果 $\underline{v}(s')$ 在 s' 上不连续，由于 V_M 是紧集，那么存在序列 s^n 当 $n \to \infty$ 时 $s^n \to s'$，其中 $s^n \in [s, \bar{v}]$，满足

$$\underline{v}(s^n) \to v' \neq \underline{v}(s') \tag{1}$$

并且 $v' \in V_M$。因为 $\underline{v}(s^n) \geqslant s^n$，所以 $v' \geqslant s'$。因此，利用函数 $\underline{v}$ 的单调性可得

$$v' = \underline{v}(v') \geqslant \underline{v}(s') \tag{2}$$

从 (1) 式和 (2) 式中我们可以得到 $v' > \underline{v}(s')$。根据引理 9.16 定义 Q' 和 s^*，也就是说对于所有 Q' 中的 j 有 $\underline{v}_j(s') < s_j^* < v_j'$，并且对于所有在 $Q-Q'$ 中的 j 有 $\underline{v}_j(s') = s_j^* = v_j'$。那么对于足够大的 n 我们有

(a) $s^n < s^*$，因为当 $n \to \infty$ 时 $s^n \to s'$ 且 $s' \leqslant \underline{v}(s') < s^*$；

(b) $\underline{v}_j(s^n) > s_j^*$ 对于所有 Q' 中的 j 成立，因为当 $n \to \infty$ 时 $\underline{v}(s^n) \to v'$ 且 $v_j' > s_j^*$。

但是，引理 9.16 说明存在一个 $M(s^*)$ 下的稳定收益 (u^*, v^*)，使得存在某个 Q' 中的 j，满足

$$v_j^* = s_j^* \tag{3}$$

每一个在 Q' 中的参与人在 (u^*, v^*) 下都获得匹配，所以如果 $k \in Q$ 在 μ^* 下未被匹配，那么 $k \in Q-Q'$ 也在 μ 下未被匹配。根据定理 9.8，这说明 $\underline{v}_k = \bar{v}_k = s_k$，因为 s^n 在 $[s, \bar{v}]$ 中，所以 $s_k^n = s_k = s_k^*$。因此，$v_k^* = s_k^n$。由 (a) 可知，$s^n < s^*$，因此 (u^*, v^*) 在市场 $M(s^n)$ 下是稳定的。进

而由(3)以及$(\bar{u}(s^n), \underline{v}(s^n))$的$Q$最劣性可得出$s_j^* = v_j^* \geq \underline{v}_j(s^n)$。但这和(b)矛盾，证毕。

9.2.2 核的结构

定理 9.18 (Gale) 核是连通的。

证明：用C来表示市场M的核。定义$S \cup S' = C$，其中S和S'不相交，S'是闭集且$(\bar{u}, \underline{v}) \in S$。令$(u', v')$是$S'$中的$Q$最劣元素，即在$S'$中不存在$(u, v)$使得$v < v'$。我们将证明$(u', v')$在集合$S$的闭包中，进而$C$是连通的。

由于$v' \neq \underline{v}$，令$Q' - Q$为所有满足$v_j' > \underline{v}_j$的j，并且令$P' = \mu(Q')$，其中μ和(u', v')相容。选择任意的s^*，使得对所有Q'中的j均有$\underline{v}_j < s_j^* < v_j'$，对于其他$j$则有$s_j^* = v_j' = v_j$。由引理9.16可知，存在对于市场$M(s^*)$稳定的$(u^*, v^*)$满足$v^* < v'$且对$Q'$中的某些$j$元素有$v_j^* = s_j^*$。进而根据推论9.13可知，$(u^*, v^*)$在市场$M$下是稳定的。那么根据$(u', v')$是$Q$最小收益有$(u^*, v^*) \in S$。因此$(u', v')$的任何邻域均包含$S$中的点，所以$(u', v')$在$S$的闭包中。

定理9.18也可以利用函数$v(s)$的连续性证明。

以下结果类似于婚姻市场中的定理2.27。

定理 9.19：帕累托最优 (Demange and Gale)

令$(\bar{u}, \underline{v})$为P最优收益，(u, v)为任意Q中个体理性的两两可行支付。那么“对所有$i \in P$都有$u_i > \bar{u}_i$”并不成立。

证明：令μ是对应于(u, v)的匹配。如果对所有$i \in P$有$u_i > \bar{u}_i$，则对所有$i \in P$有$u_i > r_i$，所以所有P都在μ下被匹配。同理，对于$\mu(P)$中的j，有$v_j < \underline{v}_j$，否则对于某个$j \in \mu(P)$有$v_j \geq \underline{v}_j$，不妨称之为$j = \mu(i)$，则

$$0 \geq f_{ij}(u_i) + g_{ij}(v_j) > f_{ij}(\bar{u}_i) + g_{ij}(\underline{v}_j)$$

这与$(\bar{u}, \underline{v})$的稳定性矛盾！因此$\underline{v}_j > s_j$对Q中所有$|P|$元素成立，所以所有P都在$(\bar{u}, \underline{v})$下通过某个$\bar{\mu}$获得匹配。但$(\bar{u}, \underline{v})$仍然是$M' = (P, \bar{\mu}(P); f, g; r, s)$中的$P$最优收益。根据引理9.14，我们知道存在某些$j \in \bar{\mu}(P)$满足$\underline{v}_j = s_j$。如果$j \in \mu(P)$，则无法通过$(u, v)$的$Q$个体理性得到$v_j < \underline{v}_j$，矛盾！否则，$j$在$\mu$下是未被匹配的，所以存在

某个 $k\in\mu(P)$ 满足 k 在 $\bar{\mu}$ 下未被匹配。这就意味着 $v_k<\underline{v}_k=s_k$，这与 $(u,\ v)$ 的个体理性矛盾！

下面的引理与婚姻市场中的引理 3.5 对应。

引理 9.20：破坏引理（Demange and Gale）

令 $((u,\ v),\ \mu)$ 为 M 下的两两可行结果并令 $P^+=\{i\in P;\ u_i>\bar{u}_i\}$。那么存在一个 $i\in P-P^+$ 和一个 $j\in\mu(P^+)$，使得 $f_{ij}(u_i)+g_{ij}(v_j)<0$。

证明：设匹配 $\bar{\mu}$ 与 $(\bar{u},\ \underline{v})$ 相容。存在两种可能情况。

情况 1：$\mu(P^+)\neq\bar{\mu}(P^+)$。因此对于 P^+ 中的 i 有 $u_i>\bar{u}_i\geqslant r_i$，那么 P^+ 在 μ 下是被匹配的。在 $\mu(P^+)$ 中选择元素 j 且 $j\notin\bar{\mu}(P^+)$。不妨设 $j=\mu(p)$。因为 $u_p>\bar{\mu}_p$，则必然有 $v_j<\underline{v}_j$，因为不然的话，有

$$0\geqslant f_{pj}(u_p)+g_{pj}(v_j)>f_{pj}(\bar{u}_p)+g_{pj}(\underline{v}_j)$$

这与 $(\bar{u},\ \underline{v})$ 的稳定性相矛盾！所以 j 在 $\bar{\mu}$ 下被匹配，不妨设 $j=\bar{\mu}(i)$，其中 $i\in P-P^+$。根据可行性，$f_{ij}(\bar{u}_i)+g_{ij}(\underline{v}_j)\leqslant 0$，但是 $u_i\leqslant\bar{u}_i$，因为 $i\in P-P^+$，而且 $v_j<\underline{v}_j$，所以 f 和 g 是递增的，证毕。

情况 2：$\mu(P^+)=\bar{\mu}(P^+)$。按照情况 1 的证明，对所有 $i\in P^+$ 有 $u_i>\bar{u}_i$，这说明 $s_j\leqslant v_j<\underline{v}_j$ 对所有 $j\in\mu(P^+)$ 成立。根据引理 9.15，存在一个 $i\in P-P^+$ 和一个 $j\in\mu(P^+)$，使得 $f_{ij}(\bar{u}_i)+g_{ij}(\underline{v}_j)=0$。因此 $v_j<\underline{v}_j$ 且 $u_i\leqslant\bar{u}_i$，证毕。

评论 1：因为 $i\in P-P^+$，所以 $u_i\leqslant\bar{u}_i$。因为 $j\in\mu(P^+)$，所以存在某个 $p\in P^+$，使得 $\mu(P)=j$。于是，$u_p>\bar{u}_p$，根据 $(\bar{u},\ \underline{v})$ 的稳定性有 $v_j<\underline{v}_j\leqslant\bar{v}_j$。

接下来的结果正与婚姻模型中的定理 3.4 类似。

定理 9.21：强稳定性（Sotomayor）

令 $((u,\ v),\ \mu)$ 是 $M=(P,\ Q,\ f,\ g,\ r,\ s)$ 下不稳定的两两可行结果。那么要么存在一个配对 $(i,\ j)$ 满足

$$f_{ij}(u_i)+g_{ij}(v_j)<0 \tag{1}$$

还有一个稳定收益 $(u',\ v')$ 满足

$$u_i'\geqslant u_i \quad 且 \quad v_j'\geqslant v_j \tag{2}$$

要么 $((u,\ v),\ \mu)$ 不满足个体理性的要求。

需要注意的是，如果（u，v）不是个体理性的，某些参与人，例如 i，其收益满足 $u_i < r_i$，那么对于任何稳定的（u'，v'）有 $u_i' > u_i$。

定理 9.21 的证明：假设（u，v）是个体理性的，通过引理 9.20 我们只需考虑下面的情形：

$$\bar{u} > u \quad 且 \quad \bar{v} \geqslant v$$

事实上，假如对于某个 $i \in P$ 有 $\bar{u}_i < u_i$，那么在引理 9.20 中定义的 P^+ 集非空，引理中的配对(i, j)将满足引理9.20后的评论，因此(1) 式和 (2) 式在(i, j) 以及$(u', v') = (\bar{u}, \underline{v})$ 下成立。

现在考虑市场 $M^* = (P, Q, f, g, r, v)$。令$((u^*, v^*), \mu^*)$是 M^* 的 P 最优结果。从推论 9.13 可知，(u^*, v^*)对于 M 稳定，所以 $v^* \geqslant v$。

现在我们需要考虑三种情形。

情形1：存在某个 i 使得 $u_i^* > u_i$。那么 i 一定在某个 μ^* 下与某个 j 配对。由于 $v_j^* \geqslant v_j$，我们可以得出(i, j) 和(u^*, v^*) 满足(1) 式和 (2) 式。

情形2：存在某个 i 使得 $u_i^* < u_i$。那么破坏引理适用于 M^*，因为 $P^+ \neq \emptyset$。那么，存在一个配对(i, j) 满足 $f_{ij}(u_i) + g_{jj}(v_j) < 0$，$u_i < u_i^*$ 且 $v_j \leqslant v_j^*$。因此，(i, j) 和(u^*, v^*) 满足(1) 式和(2) 式。

情形3：$u^* = u$。由于(u, v) 对于 M 不稳定，这意味着存在某个 j 满足 $v_j^* > v_j$。那么 j 必然在某个 u^* 下与某个 i 匹配。显然(i, j) 和(u^*, v^*) 满足(1) 式和(2) 式，证毕。

9.3　激励

在本节中，我们将考虑稳定匹配机制下参与人的激励。此模型的稳定匹配机制是指一个函数，它在任何 P、Q 以及任何提供偏好(f, g, r, s)下为市场$M(P, Q, f, g, r, s)$产生一个稳定分配(stable allocation)。

根据定理 7.3 以及之后的评论可知，不存在一种这样的机制：在这样的机制下，提供真实偏好成为所有人的占优策略。

令(P, Q, f, g, r, s)为一个市场。如果$\{f', r'\}$ 和$\{g', s'\}$ 是被选择的策略，$((u, v), \mu)$是通过机制(P, Q, f', g', r', s')产生的稳定结果，那么如果 $\mu(i) = j$，则对 P 参与人的转移支付是 $f_{ij}'(u_i)$，当 i 未被匹配时其为0；如果 $\mu(i) = j$，对 Q 参与人的转移支付是 $g_{ij}'(v_j)$，当 j 未

被匹配时为 0。每一个参与人的效用是根据其真实效用函数和他或她的匹配对象以及收到的货币转移支付得到的。因此，在$((u, v), \mu)$下的真实收益是

$$u_i^* = \begin{cases} f_{ij}^{-1}(f'_{ij}(u_i)), \text{若 } \mu(i)=j \\ r_i, \text{若 } i \text{ 未被匹配} \end{cases}$$

$$v_j^* = \begin{cases} g_{ij}^{-1}(g'_{ij}(v_j)), \text{若 } \mu(j)=i \\ =s_j, \text{若 } j \text{ 未被匹配} \end{cases}$$

需要注意的是，此时的结果直接由稳定匹配机制得到，并且仅考虑了两两可行的货币转移。

定理 9.22（Demange and Gale） 令$((u', v'), \mu)$为任意市场$M'(P, Q, f', g, r', s)$的稳定结果并且令P'为谎报偏好的参与人的集合。令$(\bar{u}, \underline{v})$为$M=(P, Q, f, g, r, s)$下的P最优稳定收益并令(u^*, v^*)为在$((u', v'), \mu)$下的真实收益。那么，在P'中至少有一个i使得$\bar{u}_i \geqslant u_i^*$。

定理 9.22 可由下面的结果直接得到。下面的结果实际上类似于婚姻模型中的定理 4.11。

定理 9.23（Sotomayor） 令$((u', v'), \mu)$为市场$M'=(P, Q, f', g', r', s')$下的稳定结果。令$P' \cup Q'$为谎报自己偏好的参与人的集合。令$(u^*, v^*)$为$((u', v'), \mu)$下的真实收益。那么，在原市场下存在一个稳定收益$(u, v)$，使得在$p'$中至少有一个$i$满足$u_i \geqslant u_i^*$或在$Q'$中至少有一个$j$满足$v_j \geqslant v_j^*$。

证明：假设$P' \cup Q'$中全部参与人的收益在市场M'中某个结果$((u', v'), \mu)$下都严格好于其提供真实偏好时的任何稳定结果。

记(u^*, v^*)为结果$((u', v'), \mu)$下的真实收益。那么

$$u_i^* > \bar{u}_i, \ i \in P'$$
$$v_j^* > \bar{v}_j, \ j \in Q' \qquad (1)$$

显然，结果$((u^*, v^*), \mu)$在原市场下是两两可行的，因为根据(u', v')在M'中的两两可行性，如果$\mu(i)=j$，那么$f_{ij}(u_i^*)+g_{ij}(v_j^*)=f'_{ij}(u'_i)+g'_{ij}(v'_j) \leqslant 0$。根据破坏引理，如果$P' \neq \emptyset$，那么在$P \times Q$中就会存在一组$(i, j)$使得$f_{ij}(u_i^*)+g_{ij}(v_j^*)<0$；根据引理后的评论，还会有$\bar{u}_i \geqslant u_i^*$和$\bar{v}_j \geqslant v_j^*$。

这就意味着$(i, j) \notin P' \cup Q'$，因此$u_i^* = u_i'$，$v_j^* = v_j'$；$f_{ij}' = f_{ij}$，$g_{ij}' = g_{ij}$。然而，$f_{ij}'(u_i') + g_{ij}'(v_j') < 0$，这就与$M'$中$(u', v')$的稳定性相悖。如果$P' = \emptyset$，$Q'$非空，那么由对称性，结论也能被推出。

注意定理9.22并不意味着P联盟不能操控P最优稳定机制，因为可以在联盟中进行货币转移。这就是在1.2节和在7.2.1节详细讨论的情况。

但是需要注意的是，定理9.22确实意味着有如下和婚姻市场中定理4.7类似的结果。

定理9.24　市场一方的最优稳定机制使得市场另一方参与人提供真实偏好成为占优策略。

所以，我们可以做以下的总结：

命题9.25　当市场一方的最优稳定机制被使用时，为了使此方参与人可以形成一起谎报偏好的联盟并且能够共同获益，必须能够让直接获益方向非获益方进行转移支付。

对于单一卖方分配博弈这种特殊情况，通过定理7.3及其证明我们知道，任何一种稳定机制通常都会产生使某些参与人谎报偏好的激励。也就是说，在现在的模型中我们可以证明与婚姻市场中定理4.4和定理4.6类似的结果，同时也可以证明一些例如定理4.16和定理4.17中的均衡。根据Sotomayor的观察，此模型的均衡结果同婚姻模型结果的不同在于，虽然每个策略性均衡都对应一个稳定结果，但是并非每一个稳定结果都能通过策略性均衡得到。然而，同婚姻模型一样，均衡的结果在很大程度上依赖于参与人知道每一个人的偏好这一假设。因此，就像我们在4.5节中发现的一样，这些结果在放松了完全信息的假设后并不稳健。

9.4　文献指南

本章介绍的模型是由Demange和Gale(1985）提出的，但是本章中的模型与他们提出的模型的不同之处在于可行结果是本模型中定义的两两可行的。因此他们的模型不允许非相互匹配的参与人之间发生转移支付。而我们没有排除这种转移支付，这是为了使本章的模型成为一个更具一般性的分配博弈，而不是因为我们无意间忽略了这种现实中的联盟可能会采取的策略。然而，就像引言里说的一样，他们论文的大部分结果仍然成立，这是因为在稳定结果中唯一的转移支付产生于相互配对的参与人之间。因此，呈现在这里的证明与他们论文中的基本类似。

9.2节的例9.6来自定理Roth和Sotomayor（1988）。除了引理9.16、命题9.17和定理9.18及定理9.19外，其他的结果都来自Demange和Gale的论文。引理9.16来自Gale。命题9.17，即函数$v(s)$是连续的，由Demange和Gale分别独立证明。Gale的证明比Sotomayor的更短小简洁，因此被我们采用。这两个结果以及Gale对命题9.17的证明也出现在Roth和Sotomayor（1988）中。核的连通性也由Gale和Sotomayor分别独立证明，并且在Sotomayor（1987）中出现。定理9.21由Sotomayor证明。

在9.3节中，定理9.22来自Gale和Demange（1985）。类似4.4.2节中P最优稳定机制下的均衡策略的结果由Demange和Gale（1985）以及Sotomayor（1986a）发现。

Roth和Sotomayor（1988）研究了此模型核中的一族内点。他们的研究是基于上一章提到的Rochford（1984）的研究。

正如之前所述，Crawford和Knoer（1981）发现他们在分配模型中对稳定结果存在性的证明并没有运用模型的线性关系，因此也适用于此类模型。一个关于稳定结果存在性的直接证明由Quinzii（1984）给出。一个更简短的关于存在性的定理由Gale（1984）提出，他运用了更一般化的Knaster，Kuratowski和Mazurkiewicz引理。Alkan和Gale（1988）所给出的稳定结果存在性的证明仅仅依赖于线性规划和分配问题的对偶结果。Alkan（1988a）运用此种证明作为算法的基础。当效用函数是分段线性的时，此算法能在有限步骤内找到一个核中的内点，并能在一般连续效用情况下逼近一个核中的内点。Alkan（1988b）研究了一个类似模型下的多物品拍卖机制。

第四部分

结语

经过对前面内容的讨论和学习，我们可以对本书的题目，包括“建模”和“分析”进行解释。事实上，本书包含了很多定理，这就可以说明“分析”的组成。通过本书开篇对劳动力市场的详解和一些拍卖现象的介绍，可以部分地体现“建模”的内涵。当然，如果仅仅讨论这些内容，那么本书的前几章就已经可以说明问题了。然而相反的是，我们进一步分析了一系列非常相关的模型，如离散和连续、有无完全信息、有无货币激励、公司雇佣人数为一个或多个、存在简单或复杂偏好等情况下的模型。考虑如此多的情况是为了让读者更好地理解和解释模型。

建立和分析模型的本质是提炼建模情景的基本特征，然后利用模型获知该情景的重要性能。但是识别建模情景的重要性能以及判断哪种模型性能有效是需要富有“洞察力”的，这并不是一件容易的事。检验模型“洞察力”最常见的方法就是实证分析，即预测和组织我们所能观察到的内容的能力。这一方法几乎不能用其他方法替代，最终对此类理论的实际贡献的检验在于是否能够被用于理解其他类型的市场和双边匹配情景，市场表现和组织形式如何关联。迄今为止，该方法已经被用于了解美国和英国的医生从业市场。毫无疑问，当前理论架构的现状和亟须扩展的方向在很大程度上也来自这种实证研究。

但是，通过考虑一系列紧密相关的模型，我们可以了解哪些结论对模型的变化是稳健的。通过这种方式，我们还可以确定模型的哪些属性是具有“洞察力”的，哪些是出于简化模型或易处理性的考虑而引入（或遗漏）的特定假设的产物。例如，我们在一系列模型分析中发现，可能存在一个双边匹配的市场，对于市场一方的所有代理商而言是一种优势策略，并且表现得很直接，这意味着那些代理商无法策略性地操纵市场。但如果我们只关注婚姻模型，我们可能会得出这样的结论：即使这些代理人合谋也无法操纵市场。然而可以看到的是，如果我们在模型中引入许多细微的变化，后者的结论并不稳健，这暗示了该初始模型是具体假设的产物，而不是最本质且具有“洞察力”的。通过分析一系列模型，我们可以重新解释这个结果：为了使合谋能够有效地控制结果，他们必须以某种方式将收益分配给自己。类似地，如果我们只考虑完全信息模型，我们可能不会发现优势策略的结果比平衡的结果更加稳健。如果我们假设一对一匹配的模型是涉及多对一匹配情况的良好代理，那么我们就不会发现，即使是优势策略的结果，也不像稳定匹配的存在或策略证明稳定机制的不存在那样强大。

冒着被抨击的风险（在我们看来，现有文献经常对此模糊不清），在解释数学模型时，并非所有定理都是平等的。尽管它们都可能是某些模型假设的真实结果，但它们可能不是用于理解世界的同等可靠的工具。未能意识到这一点可能是一把双刃剑，它会导致数学家们倾向于得出错误的结论。由于这样的结论，实证分析倾向于拒绝有用的模型。

通过研究一系列相关模型，我们可以对每个模型的假设进行“概念上的敏感性分析”。这使我们有机会了解模型的哪些特性对于哪些结果是最重要的，从而考虑到特定结果可能的应用范围以及如何在实际情况中解释数学结果。这些结论可以与被建模的情景属性进行比较。（例如，在拍卖中存在投标同盟，即投标人的集合，他们在拍卖中勾结，通过压制竞争来获得更多的利润。）因此，一个问题的本质特征不仅可以通过经验观察，还可以通过对相关模型的分析得出。对不同数学假设和结果的重要性进行权衡和解释的过程是建模和分析的重要组成部分。观察、建模和分析之间的基本关系是本书试图说明的部分。

正如我们在介绍中提到的，我们不仅分析了各种模型，还在分析中使用了一些非常特殊的工具。稳定性和策略性均衡作为主要的分析工具，是从传统的合作和非合作博弈论中得出的。同时应用它们，有助于解释为什么不用特别区分二者，因为这两种博弈论是互补的，而不是彼此的替代品。虽然为了讨论均衡，我们需要非常详细地识别博弈规则，但我们可以根据在某种程度上独立于市场的具体规则讨论匹配的稳定性。从这些研究中得出的一个现象是：当结果不稳定时，代理人有激励改变博弈规则，就像他们决定引入集中匹配程序，或者从一个程序中脱离出来一样。

最后，我们可以从现有的能够构建双边匹配市场的实证观察中得出什么结论？尽管其中一些被广泛解读为“博弈论有效”的证据，但我们的看法是需要一种更为谨慎的解释。第一，关于环境多样性的博弈论研究已经有了很大的不同，但是到目前为止，还没有多少实证文章可以被认为是对博弈论预测力的有效检验。毫无疑问，由于难以搜集博弈论所采用的有关机构和代理人的详细信息，很多有趣的实证研究（Bob Aumann 在本书的前言部分表达了相反的观点）开始对在实验室条件下进行的控制实验加入一些相对较新的实践。使双边匹配市场的实证研究与众不同的是，已经证明有可能确定可以找到必要信息的市场。这就引出了一个问题：对迄今为止观察到的市场进行验证时，理论是如何展开的?

即使在这里，答案也有点复杂。我们当然不能说经验证据支持了一个简单的假设，即双边匹配市场的结果将始终是稳定的，因为我们观察到市场采用不稳定程序并至少在某些时候产生不稳定匹配。甚至那些最终制定稳定匹配程序的市场，如美国医疗市场，以及那些在爱丁堡和加的夫之外运营的市场——在它们遇到这些问题之前也没有运行过这样的程序，这样做使它们制定的规则即使到今天还被成功使用。

然而，当我们从简单预测转向条件预测时，经验证据就更加清晰了。现有的证据强有力地支持了这样一种假设，即如果匹配市场以产生不稳定匹配的方式组织起来，那么它们就容易出现各种问题和市场失灵；如果市场以产生稳定匹配的方式组织起来，就可以避免上述问题。

因此，实证分析结果清晰地表明，博弈论关于组织市场的不同方式给代理人的激励，在决定这些市场的行为方式时扮演着重要的角色。正是这种个体激励与市场行为之间的密切联系，表明了尽管博弈论可能需要进一步发展为描述性理论，但在帮助我们理解和“设计相互作用的制度”方面发挥着至关重要的作用。

第 10 章　待解决问题和研究方向

在本书的结尾我们讲述一些开放性问题和未来可能的研究方向。由于本书强调分析和建模，下面提到的问题和方向也与这两方面相关。也就是说，对其中一些问题的推动需要相关的陈述和定理的证明，而其他问题需要构建新的模型。

(1) 由于许多初级劳动力市场和其他双边匹配情况并没有采用集中匹配程序，而且没有遇到由不稳定匹配导致的市场失灵，因此我们可以推测：可能一些市场是采用分散决策方法实现稳定结果的。对此类市场的研究将会遇到的一个主要问题就是如何构建分散决策下的稳定匹配模型。(我们注意到，定理 2.33 意味着，如果每个破坏配对以不为 0 的概率被选到，那么一个从任意匹配开始，通过不断满足随机选择的破坏配对得以持续的随机过程，必然以概率 1 收敛到一个稳定匹配。也许这种结果将成为分散式匹配模型的基石。)

(2) 3.2.2 节中我们研究了随着市场上男性和女性数量的增多，稳定匹配数量增长速度的变化情况。我们发现，它可能会呈指数增长。这是根据最坏的情况来分析的，因为存在其数量并不呈指数增长的例子。基于实际考虑，同稳定匹配数量与男女参与人（或者是多对一匹配模型中的公司和员工）数量的函数关系一样，其平均值可能也很有用。也就是说，对于一些关于偏好分布的假设（例如，简单假设所有参与人的偏好相互独立，并赋予每个可能配偶序列相同的概率），作为参与人数量函数的稳定匹配数量的均值和方差又是什么呢?

(3) 在第 4 章，我们看到在完全信息下均衡策略的求解十分依赖有关其他参与人偏好的信息，但当每个参与人对有关其他参与人偏好的信息假设更弱时，我们得到的关于均衡策略的结论就非常少。什么样的信息在计算均衡策略时是必需的？判断一个参与人谎报偏好的可能性需要什么样的信息和计算条件？[这些问题还没有受到太多关注，但是 Bartholdi，Tovey 和 Trick（1989）研究了投票问题中谎报所涉及的计算要求。]

（4）在劳动力市场模型中，如果夫妻双方都工作，能否对夫妻双方的偏好进行合理的假设，从而保证核非空（定理 5.11）？在什么条件下，两两稳定匹配总是在此市场的核中？找到一个算法来寻找稳定的核结果。

（5）找到一个对谎报偏好的纳什均衡的适当“精炼”（即其子集），从而获得比定理 5.18 更有力的结果——也许和定理 4.16 类似。为了刻画谎报偏好均衡的本质，需要研究合适的假设来限制参与人对于其他参与人偏好的信息。

（6）找到比可替代性更弱的条件来保证在复杂偏好下多对一匹配模型的核非空。寻找多对一和多对多的匹配中，使两两稳定结果在核中的充分必要条件（回忆例 6.9 和 5.24）。多对多匹配下核有什么性质？

（7）在婚姻模型中，当偏好严格时，对于市场中的双方都存在最优稳定匹配。在第三部分的模型中，当偏好并不严格时最优稳定匹配也存在。由于允许转移支付的一对一匹配模型结果与婚姻模型中的十分类似，这似乎说明我们可以精确找到两类模型的异同——但这还没有完成。也许两类问题的线性规划公式（第 8 章和 3.2.4 节）可以用来联系彼此。（注意，我们最近发现在婚姻模型中的严格偏好的特别之处可能在于排除了“弱破坏”配对，即只有一个成员严格偏好另一个匹配：在一个货币连续可分的市场中，这种配对不会导致问题，因为它们总是可以通过小额的转移支付转换为普通的破坏配对。）

（8）正如第 2 章和第 8 章的文献指南中所述，Becker（1981）研究了高度结构化的模型，其中他对参与人的偏好做出了很强的假设，进而研究了参与人是如何彼此匹配的。本书中的模型对偏好几乎不做假设，但是仍然揭示了稳定结果的大量结构，其中一些可以进行福利比较（例如，存在对市场每一方的最优稳定结果）。似乎这两类研究可以很好地结合。

（9）在第 4 章的文献指南中，我们提到了关于求职的文献，它对参与人未充分了解相关情况以确定自己偏好之前的参与人信息建模。正如前面说的，这种模型研究的是类似没有面试经验的医科毕业生所面临的问题。但是他们考虑参加哪些面试的策略性问题（当他们可以参加的数量有限时）显然与他们经历过这些面试并形成偏好之后的情形有关，而后者即我们研究的情况。因此，这两类研究似乎也可以很好地结合起来。

（10）社会学家提出过一个被称为“婚姻挤压”（marriage squeeze）的问题，其可以被（十分粗略地）描述如下：假设男性喜欢娶比自己小两岁的女性，女性喜欢嫁给比自己大两岁的男性。现在考虑当婴儿潮过去的时候会发生什么。在婴儿潮早期（或者之前不久）出生的男性发现，比他们小两岁的女性的数量比他们多，所以男性对理想配偶的竞争并不是很激烈。也就是说，婴儿潮早期出生的女性发现比她们稍微大一点的男性太少了。但人口高峰过后，随着每个性别的群体的人数下降，情况逆转了：出生在人口高峰时期末的男性发现比他们稍微年轻一点的女性很少。为了研究人口峰值前后不同的模式，需要建立一个模型来结合前述两种情况的特征。也就是说，当考虑特定婚配的可能性时，我们需要模型化参与人的偏好以及有关未来前景的信息。（偏好方面，比如男女的第二选择都是三岁年龄差时的情形与仅仅将女性的第二选择改为一岁年龄差时非常不同。）这种模型可以用来研究在各种情况下哪种男性娶哪种女性的问题，或者更大的问题，如人口构成是如何影响结婚年龄的（例如，通过影响最优搜索时长）。

（11）最后，在研究特定市场和双边匹配情况时也引出了很多实证问题。在 5.5 节，我们强调了对具有明确集中匹配过程的市场进行实证研究是十分方便的，同样，对于使用本书介绍的理论框架组织起来的不同市场也可以进行类似的研究。特别地，不同的匹配制度安排将提供检验这种理论的一些新机会。如果读者熟悉某些匹配过程，本书的作者也希望了解更多细节。

参考文献

引文后面的括号中的数字指的是该引文被引用于哪一章中。

Alkan Ahmet. 1986. Nonexistence of stable threesome matchings. *Mathematical Social Sciences*, 16, 207-9. {2}

1988a. Existence and computation of matching equilibria. Bogazici University. Mimeo. {9}

1988b. Auctioning several objects simultaneously. Bogazici University. Mimeo. {9}

Alkan, Ahmet, and David Gale. 1988. The core of the matching game. *Games and Economic Behavior*, 1990, 2, 203-12. {9}

Allison, Lloyd. 1983. Stable marriages by coroutines. *Information Processing Letters*, 16, 61-5. {3}

Arrow, Kenneth J. 1951. *Social Choice and Individual Values*. New York: Wiley, 2d ed. 1963, Cowles Foundation Monograph, Yale University Press. {4}

Ashenfelter, Orley. 1989. How auctions work. *Journal of Economic Perspectives*, 3, 23-36. {7}

Aumann, Robert J. 1964. Markets with a continuum of traders. *Econometrica*, 32, 39-50. {3}

Balinski, M. L., and David Gale. 1987. On the core of the assignment game. In *Functional Analysis, Optimization, and Mathematical Economics: A Collection of Papers Dedicated to the Memory of Leonid*

Vital'evich Kantorovich, Lev J. Leifman (ed.). Oxford: Oxford University Press, 1990, 274 - 89.{8}

Bartholdi, John J., III, and Michael A. Trick. 1986. Stable matching with preferences derived from a psychological model. *Operations Research Letters*, 5, 165 - 9.{2}

Bartholdi, John J., III, Craig A. Tovey, and Michael A. Trick. 1989. The computational difficulty of manipulating an election. *Social Choice and Welfare*, 6, 227 - 41.{10}

Becker, Gary S. 1981. *A Treatise on the Family*. Cambridge: Harvard University Press.{2, 8, 10}

Bennett, Elaine. 1988. Consistent bargaining conjectures in marriage and matching. *Journal of Economic Theory*, 45, 392 - 407.{8}

Bergstrom, Theodore, and Richard Manning. 1982. Can courtship be cheatproof? Personal communication.{4}

Bird, Charles G. 1984. Group incentive compatibility in a market with indivisible goods. *Economics Letters*, 14, 309 - 13.{4}

Birkhoff, Garrett. 1973. *Lattice Theory*. 3d ed. Vol 25 of *American Mathematical Society Colloquium Publications*. Providence: American Mathematical Society.{3}

Blair, Charles. 1984. Every finite distributive lattice is a set of stable matchings. *Journal of Combinatorial Theory* (Series A), 37, 353 - 6.{3}

1988. The lattice structure of the set of stable matchings with multiple partners. *Mathematics of Operations Research*, 13, 619 - 28.{6}

Brams, Steven J., and Philip D. Straffin, Jr. 1979. Prisoners' dilemma and professional sports drafts. *American Mathematical Monthly*, 86, 80 - 8.{4}

Brissenden, T. H. F. 1974. Some derivations from the marriage bureau problem. *The Mathematical Gazette*, 58, 250 - 7.{3}

Cassady, Ralph, Jr. 1967. *Auctions and Auctioneering*. Berkeley: University of California Press.{1}

Checker, Armand. 1973. The national intern and resident matching program, 1966 - 72. *Journal of Medical Education*, 48, 106 - 9.{1}

Crawford, Vincent P. 1988. Comparative statics in matching markets.

Journal of Economic Theory, 54, 1991, 389 - 400.{6}

Crawford, Vincent P., and Elsie Marie Knoer. 1981. Job matching with heterogeneous firms and workers. *Econometrica*, 49, 437 - 50.{6, 8, 9}

Crawford, Vincent P., and Sharon C. Rochford. 1986. Bargaining and competition in matching markets. *International Economic Review*, 27, 329 - 48.{8}

Cremer, Jacques, and Richard P. McLean. 1985. Optimal selling strategies under uncertainty for a discriminating monopolist when demands are interdependent. *Econometrica*, 53, 345 - 61.{7}

Curiel, Imma J. 1988. Cooperative game theory and applications. Ph. D. diss., Katholieke Universiteit van Nijmegen.{8}

Curiel, Imma J., and Stef H. Tijs. 1985. Assignment games and permutation games. *Methods of Operations Research*, 54, 323 - 34.{8}

Dantzig, George B. 1963. *Linear Programming and Extensions*. Princeton: Princeton University Press.{8}

Dasgupta, Partha, Peter Hammond, and Eric Maskin. 1979. The implementation of social choice rules: some general results on incentive compatibility. *Review of Economic Studies*, 46, 185 - 216.{4}

Debreu, Gerard, and Herbert Scarf. 1963. A limit theorem on the core of an economy. *International Economic Review*, 4, 235 - 46.{3}

Demange, Gabrielle. 1982. Strategyproofness in the assignment market game. Laboratoire d'Econometrie de l'Ecole Polytechnique, Paris. Mimeo.{8}

1987. Nonmanipulable cores. *Econometrica*, 55, 1057 - 74.{3}

Demange, Gabrielle, and David Gale. 1985. The strategy structure of two-sided matching markets. *Econometrica*, 53, 873 - 88.{2, 9}

Demange, Gabrielle, David Gale, and Marilda Sotomayor. 1986. Multi-item auctions. *Journal of Political Economy*, 94, 863 - 72.{8}

1987. A further note on the stable matching problem. *Discrete Applied Mathematics*, 16, 217 - 22.{3, 4, 8}

Diamond, Peter, and Eric Maskin. 1979. An equilibrium analysis of search and breach of contract, I: steady states. *Bell Journal of Economics*, 10, 282 - 316.{4}

1982. An equilibrium analysis of search and breach of contract, II: a non-steady state example. *Journal of Economic Theory*, 25, 165 - 95.{4}

Dubins, L. E., and D. A. Freedman. 1981. Machiavelli and the Gale-Shapley algorithm. *American Mathematical Monthly*, 88, 485 - 94.{4}

Edgeworth, F. Y. 1881. *Mathematical Psychics: An Essay on the Application of Mathematics to the Moral Sciences*. London: Kegan Paul.{3}

Feder, Tomás. 1989. A new fixed point approach for stable networks and stable marriages. *Proceedings of the Twenty-first Annual ACM Symposium on Theory of Computing*, 513 - 22.{3}

Francis, N. D., and D. I. Fleming. 1985. Optimum allocation of places to students in a national university system. *BIT*, 25, 307 - 17.{3}

Gale, David. 1960. *The Theory of Linear Economic Models*. New York: McGraw Hill.{8}

1968. Optimal assignments in an ordered set: an application of matroid theory. *Journal of Combinatorial Theory*, 4, 176 - 80.{3}

1984. Equilibrium in a discrete exchange economy with money. *International Journal of Game Theory*, 13, 61 - 4.{9}

Gale, David, and Lloyd Shapley. 1962. College admissions and the stability of marriage. *American Mathematical Monthly*, 69, 9 - 15.{2, 5}

Gale, David, and Marilda Sotomayor. 1985a. Some remarks on the stable matching problem. *Discrete Applied Mathematics*, 11, 223 - 32.{2, 3, 4, 5}

1985b. Ms Machiavelli and the stable matching problem. *American Mathematical Monthly*, 92, 261 - 8.{2, 4}

Gardenfors, Peter. 1973. Assignment problem based on ordinal preferences. *Management Science*, 20, 331 - 40.{3}

1975. Match making: assignments based on bilateral preferences. *Behavioral Science*, 20, 166 - 73.{2}

Garey, M. R., and D. S. Johnson. 1979. *Computers and Intractability*. Freeman: San Francisco.{3, 5}

Gibbard, Alan. 1973. Manipulation of voting schemes: a general result. *Econometrica*, 41, 587 - 601.{4}

Gillies, D. B. 1953a. Some theorems on *N*-person games. Ph. D. diss., Princeton University.{3, 5}

1953b. Locations of solutions. In *Report of an Informal Conference on the Theory of N-Person Games*, Princeton University.{3, 5}

Graham, Daniel A., and Robert C. Marshall. 1984. Bidder coalitions at auctions. Duke University Department of Economics. Mimeo.{1, 7}

1987. Collusive bidder behavior at single-object second-price and English auctions. *Journal of Political Economy*, 95, 1217 - 39.{1, 7}

Graham, Daniel A., Robert C. Marshall, and Jean-Francois Richard. 1987a. Auctioneer's behavior at a single object English auction with heterogeneous non-cooperative bidders. Working paper no. 87 - 01, Duke University Institute of Statistics and Decision Sciences.{7}

Graham, Daniel A., Robert C. Marshall, and Jean-Francois Richard. 1987b. Differential payments within a bidder coalition and the Shapley value. *American Economic Review*, 80, 1990, 493 - 510.{7}

Granot, Daniel. 1984. A note on the room-mates problem and a related revenue allocation problem. *Management Science*, 30, 633 - 43.{2}

Green Jerry R., and Jean-Jacques Laffont. 1979. Incentives in public decisionmaking. Amsterdam: North-Holland.{4, 5}

Gusfield, Dan. 1987. Three fast algorithms for four problems in stable marriage. *SIAM Journal of Computing*, 16, 111 - 28.{3}

1988. The structure of the stable roommate problem: efficient representation and enumeration of all stable assignments. *SIAM Journal on Computing*, 17, 742 - 69.{2}

Gusfield, Dan, and Robert W. Irving. 1989. *The Stable Marriage Problem: Structure and Algorithms*. Cambridge: MIT Press.{3}

Gusfield, Dan, Robert W. Irving, Paul Leather, and M. Saks. 1987. Every finite distributive lattice is a set of stable matchings for a *small* stable marriage instance. *Journal of Combinatorial Theory A*, 44, 304 -9.{3}

Hall, P. 1935. On representatives of subsets. *Journal of the London Mathematical Society*, 10, 26 - 30.{8}

Harrison, Glenn W., and Kevin A. McCabe. 1989. Stability and preference distortion in resource matching: an experimental study of the marriage market. Department of Economics, University of New Mexico. Mimeo.{5}

Harsanyi, John C. 1967. Games with incomplete information played by "Bayesian" players, I: the basic model. *Management Science*, 14, 159 -82.{4}

1968a. Games with incomplete information played by "Bayesian" players, II: Bayesian equilibrium points. *Management Science*, 14, 320 - 34.{4}

1968b. Games with incomplete information played by "Bayesian" players, III: the basic probability distribution of the game. *Management Science*, 14, 486 - 502.{4}

Holmstrom, Bengt, and Roger Myerson. 1983. Efficient and durable decision rules with incomplete information. *Econometrica*, 51, 1799 -1819.{7}

Hull, M. Elizabeth C. 1984. A parallel view of stable marriages. *Information Processing Letters*, 18, 63 - 6.{3}

Hwang, J. S. 1978. Complete unisexual stable marriages. *Soochow Journal of Mathematics*, 4, 149 - 51.{2}

1986. The algebra of stable marriages. *International Journal of Computer Mathematics*, 20, 227 - 43.{2}

n. d. Modelling on college admissions in terms of stable marriages. Academia Sinica. Mimeo.{3, 4}

Hwang, J. S., and H. J. Shyr. 1977. Complete stable marriages. *Soochow Journal of Mathematical and Natural Sciences*, 3, 41 - 51.{2}

Hylland, Aanund, and Richard Zeckhauser. 1979. The efficient allocation of individuals to positions. *Journal of Political Economy*, 87, 293 - 314.{3}

Irving, Robert W. 1985. An efficient algorithm for the stable room-mates problem. *Journal of Algorithms*, 6, 577 - 95.{3}

1986. On the stable room-mates problem. Department of Computing Science, University of Glasgow. Mimeo.{2}

Irving, Robert W., and Paul Leather. 1986. The complexity of counting stable marriages. *SIAM Journal of Computing*, 15, 655 - 67.{3}

Irving, Robert W., Paul Leather, and Dan Gusfield. 1987. An efficient algorithm for the "optimal" stable marriage. *Journal of the ACM*, 34, 532 - 43.{3}

Itoga, Stephen Y. 1978. The upper bound for the stable marriage problem. *Journal of the Operational Research Society*, 29, 811－14.{3}

1981. A generation of the stable marriage problem. *Journal of the Operational Research Society*, 32, 1069－74.{3}

1983. A probabilistic version of the stable marriage problem. *BIT*, 23, 161－9.{3}

Jones, Philip C. 1983. A polynomial time market mechanism. *Journal of Information and Optimization Sciences*, 4, 193－203.{6}

Kalai, Ehud, and Dov Samet. 1985. Are Bayesian-Nash incentives and implementations perfect? MEDS Department, Northwestern University, Mimeo.{4}

Kamecke, Ulrich. 1987. A generalization of the Gale-Shapley algorithm for monogamous stable matchings to the case of continuous transfers. Discussion paper, Rheinische Friedrich-Wilhelms Universitat, Bonn.{8}

1989. Non-cooperative matching games. *International Journal of Game Theory*, 18, 423－31.

Kaneko, Mamoru. 1976. On the core and competitive equilibria of a market with indivisible goods. *Naval Research Logistics Quarterly*, 23, 321－37.{2, 8}

1982. The central assignment game and the assignment markets. *Journal of Mathematical Economics*, 10, 205－32.{2, 8}

1983. Housing markets with indivisibilities. *Journal of Urban Economics*, 13, 22－50.{2}

Kaneko, Mamoru, and Myrna Holtz Wooders. 1982. Cores of partitioning games. *Mathematical Social Sciences*, 3, 313－27.{6, 8}

1985. The core of a game with a continuum of players and finite coalitions: nonemptiness with bounded sizes of coalitions. Institute for Mathematics and its Applications, University of Minnesota. Mimeo.{3}

1986. The core of a game with a continuum of players and finite coalitions: the model and some results. *Mathematical Social Sciences*, 12, 105－37.{3}

Kaneko, Mamoru, and Yoshitsugu Yamamoto. 1986. The existence and computation of competitive equilibria in markets with an indivisible commodity. *Journal of Economic Theory*, 38, 118 - 36.{8}

Kapur, Deepak, and Mukkai S. Krishnamoorthy. 1985. Worst-case choice for the stable marriage problem. *Information Processing Letters*, 21, 27 - 30.{3}

Kelso, Alexander S., Jr., and Vincent P. Crawford. 1982. Job matching, coalition formation, and gross substitutes. *Econometrica*, 50, 1483 - 1504.{2, 6, 8}

Knuth, Donald E. 1976. *Marriages Stables*. Montreal: Les Presses de l'Université de Montreal.{2, 3}

Leonard, Herman B. 1983. Elicitation of honest preferences for the assignment of individuals to positions. *Journal of Political Economy*, 91, 461 - 79.{8}

Masarani, F., and S. S. Gokturk. 1988. On the probabilities of the mutual agreement match. *Journal of Economic Theory*, 44, 192 - 201.{2}

McVitie, D. G., and L. B. Wilson. 1970a. Stable marriage assignments for unequal sets. *BIT*, 10, 295 - 309.{2}

1970b. The application of the stable marriage assignment to university admissions. *Operational Research Quarterly*, 21, 425 - 33.{3}

1971. The stable marriage problem. *Communications of the ACM*, 14, 486 - 92.{3}

Milgrom, Paul R., and Robert J. Weber. 1982. A theory of auctions and competitive bidding. *Econometrica*, 50, 1089 - 122.{7}

Mo, Jie-ping. 1988a. Entry and structures of interest groups in assignment games. *Journal of Economic Theory*, 46, 66 - 96.{2, 8}

1988b. Global stability analysis of assignment games. Institute of Economics, Academia Sinica. Mimeo.{8}

Mo, Jie-ping, and Jyh-chi Gong. 1989. Shapley values and second differentials in the entry problem of game theory. Academia Sinica. Mimeo.{8}

Mo, Jie-ping, Pei-sung Tsai, and Sheng-chang Lin. 1988. Pure and minimal over-demanded sets: a note on Demange, Gale, and Sotomayor. Institute of Economics, Academia Sinica. Mimeo.{8}

Moldovanu, Benny. 1988. Stable bargained equilibria for assignment games without side payments. *International Journal of Game Theory*, 19, 1990, 171 - 91 {8}

Mongell, Susan J. 1988. Sorority rush as a two-sided matching mechanism: a game-theoretic analysis. Ph. D. diss., Department of Economics, University of Pittsburgh.{5}

Mongell, Susan J., and Alvin E. Roth. 1986. A note on job matching with budget constraints. *Economics Letters*, 21, 135 - 8.{6}

1989. Sorority rush as a two-sided matching mechanism. *American Economic Review*, 81, 1991, 441 - 64.{5}

Mortensen, Dale T. 1982. The matching process as a noncooperative bargaining game. In *The Economics of Information and Uncertainty*, J. McCall (ed.). Chicago: University of Chicago Press, 233 - 58.{4}

Moulin, Herve. 1986. *Game Theory for the Social Sciences*. 2d ed. New York: New York University Press.{4}

Myerson, Roger B. 1981. Optimal auction design. *Mathematics of Operations Research*, 6, 58 - 73.{7}

1983. The basic theory of optimal auctions. *In Auctions, Bidding and Contracting: Uses and Theory*, R. Englebrecht-Wiggans, M. Shubik, and R. Stark (eds.). New York: New York University Press.{7}

1985. Bayesian equilibrium and incentive-compatibility: an introduction. In *Social Goals and Social Organizations: Essays in Memory of Elisha Pazner*, L. Hurwicz, D. Schmeidler, and H. Sonnenschein (eds.). Cambridge: Cambridge University Press.{4}

Nash, John F. Jr. 1951. Noncooperative games. *Annals of Mathematics*, 54, 286 - 95.{4}

NIRMP Directory. 1979. Evanston, IL: National Resident Matching Program.{5}

NRMP Directory. 1987. Evanston, IL: National Resident Matching Program.{5}

Owen, Guillermo. 1975. On the core of linear production games. *Mathematical Programming*, 9, 358 - 70.{8}

Peleg, Bezalel. 1978. Consistent voting systems. *Econometrica*, 46, 153 - 70.{4}

1984. *Game Theoretic Analysis of Voting in Committees*. Econometric Society Monographs. New York: Cambridge University Press.{4}

1988. Axiomatizations of the core. In *Handbook of Game Theory*, R. J. Aumann and S. Hart (eds.). Forthcoming.{3}

Prasad, Kislaya. 1987. The complexity of games II: assignment games and indices of power. Department of Economics, Syracuse University. Mimeo.{6}

Proll, L. G. 1972. A simple method of assigning projects to students. *Operational Research Quarterly*, 23, 195 - 201.{3}

Quinn, Michael J. 1985. A note on two parallel algorithms to solve the stable marriage problem, *BIT*, 25, 473 - 6.{3}

Quint, Thomas. 1987a. Elongation of the core in an assignment game. Technical report, IMSSS, Stanford University.{8}

1987b. A proof of the nonemptiness of the core of two-sided matching markets. CAM report no. 87 - 29, Department of Mathematics, UCLA.{8}

1988a. An algorithm to find a core point for a two-sided matching model. CAM report no. 88 - 03, Department of Mathematics, UCLA.{8}

1988b. The core of an m-sided assignment game. *Games and Economic Behavior*, 3, 1991, 487 - 503.{8}

Quinzii, Martine. 1984. Core and competitive equilibria with indivisibilities. *International Journal of Game Theory*, 13, 41 - 60.{6, 9}

Rochford, Sharon C. 1984. Symmetrically pairwise-bargained allocations in an assignment market. *Journal of Economic Theory*, 34, 262 - 81.{8}

Ronn Eytan. 1986. On the complexity of stable matchings with and without ties. Ph. D. diss., Yale University.{5}

1987. NP-complete stable matching problems. Computer Science Department Technion-Israel Institute of Technology. Mimeo.{5}

Roth, Alvin E. 1982a. The economics of matching: stability and incentives. *Mathematics of Operations Research*, 7, 617 - 28.{2, 4}

1982b. Incentive compatibility in a market with indivisible goods. *Economics Letters*, 9, 127 - 32.{4}

1984a. The evolution of the labor market for medical interns and residents: a case study in game theory. *Journal of Political Economy*, 92, 991 - 1016.{1, 2, 4, 5}

1984b. Misrepresentation and stability in the marriage problem. *Journal of Economic Theory*, 34, 383 - 7.{4}

1984c. Stability and polarization of interests in job matching. *Econometrica*, 52, 47 - 57.{6}

1985a. The college admissions problem is not equivalent to the marriage problem. *Journal of Economic Theory*, 36, 277 - 88.{1, 5}

1985b. Common and conflicting interests in two-sided matching markets. *European Economic Review*, 27, 75 - 96. (Special issue on Market Competition, Conflict, and Collusion) {5}

1985c. Conflict and coincidence of interest in job matching: some new results and open questions. *Mathematics of Operations Research*, 10, 379 - 89.{6}

1986. On the allocation of residents to rural hospitals: a general property of two-sided matching markets. *Econometrica*, 54, 425 - 7.{1, 5}

(ed.). 1987. *Laboratory Experimentation in Economics: Six Points of View*. Cambridge: Cambridge University Press.{5}

1988a. Laboratory experimentation in economics: a methodological overview. *Economic Journal*, 98, 974 - 1031.{5, 7}

1988b. *The Shapley Value: Essays in Honor of Lloyd S. Shapley*. Cambridge: Cambridge University Press.{8}

1989a. Two-sided matching with incomplete information about others' preferences. *Games and Economic Behavior*, 1, 191 - 209.{4}

1989b. A natural experiment in the organization of entry level labor markets: regional markets for new physicians and surgeons in the U. K. *American Economic Review*, 81, 1991, 415 - 40.{1, 5, 6}

Roth, Alvin E., and Andrew Postlewaite. 1977. Weak versus strong domination in a market with indivisible goods. *Journal of Mathematical Economics*, 4, 131 - 7.{3}

Roth, Alvin E., Uriel G. Rothblum, and John H. Vande Vate. 1990. Stable matching and linear programming. *Mathematics of Operations*

Research, forthcoming.{3}

Roth, Alvin E., and Marilda Sotomayor. 1988. Interior points in the core of two-sided matching problems. *Journal of Economic Theory*, 45, 85 - 101.{8, 9}

1989. The college admissions problem revisited. *Econometrica*, 57, 559 - 70.{5}

Roth, Alvin E., and John H. Vande Vate. 1989. Incentives in two-sided matching with random stable mechanisms. *Economic Theory*, 1, 1991, 31 - 44.{4}

Roth, Alvin E., and John H. Vande Vate. 1990. Random paths to stability in two-sided matching. *Econometrica*, 58, 1990, 1475 - 80.{2}

Rothblum, Uriel G. 1989. Characterization of stable matchings as extreme points of a polytope. *Mathematical Programming*, forthcoming.{3}

Samet, Dov, and Eitan Zemel. 1984. On the core and dual set of linear programming games. *Mathematics of Operations Research*, 9, 309 -16.{8}

Sasaki, Hiroo. 1988. Axiomatization of the core for two-sided matching problems. Economics discussion paper no. 86, Faculty of Economics, Nagoya City University, Nagoya, Japan.{3}

Sasaki, Hiroo, and Manabu Toda. 1986. Marriage problem reconsidered: externalities and stability. Department of Economics, University of Rochester. Mimeo.{6}

Satterthwaite, Mark A. 1975. Strategy-proofness and Arrow's conditions: existence and correspondence theorems for voting procedures and social welfare functions. *Journal of Economic Theory*, 10, 187 - 217.{4}

Scotchmer, Suzanne, and Myrna Holtz Wooders. 1989. Monotonicity in games that exhaust gains to scale. University of California, Berkeley. Mimeo.{2}

Shapley, Lloyd S. 1953a. Open questions. In *Report of an Informal Conference on the Theory of N-Person Games*, Princeton University.{3, 5}

1953b. A value for *n*-person games. In *Contributions to the Theory of Games II*, H. W. Kuhn and A. W. Tucker (eds.). Annals of Mathematics Studies No. 28, Princeton: Princeton University Press, pp. 307 - 17.{8}

1962. Complements and substitutes in the optimal assignment problem. *Naval Research Logistics Quarterly*, 9, 45－8. (2, 8)

Shapley, Lloyd S., and Herbert Scarf. 1974. On cores and indivisibility. *Journal of Mathematical Economics*, 1, 23－8.{3}

Shapley, Lloyd S., and Martin Shubik. 1972. The assignment game I: the core. *International Journal of Game Theory*, 1, 111－30.{2, 6, 8}

Shubik, Martin. 1959. Edgeworth market games. In *Contributions to the Theory of Games*, Vol. 4, R. D. Luce and A. W. Tucker (eds.). Princeton: Princeton University Press.{3}

1982. *Game Theory in the Social Sciences: Concepts and Solutions*. Cambridge: MIT Press.{3}

1984. *A Game Theoretic Approach to Political Economy*. Cambridge: MIT Press.{8}

Sondak, Harris, and Max H. Bazerman. 1988. Matching and negotiation processes in quasi-markets. *Organizational Behavior and Human Decision Processes*, forthcoming.{5}

Sotomayor, Marilda. 1986a. On incentives in a two-sided matching market. Working paper, Department of Mathematics, Pontificia Universidade Catolica do Rio de Janeiro.{9}

1986b. The simple assignment game versus a multiple assignment game. Working paper, Department of Mathematics, Pontificia Universidade Catolica do Rio de Janeiro.{8}

1987. Further results on the core of the generalized assignment game. Working paper, Department of Mathematics, Pontificia Universidade Catolica do Rio de Janeiro.{9}

1988. The multiple partners game. *Equilibrium and Dynamics: Essays in Honor of David Gale*, William Brock and Mukul Majumdar (eds.). In preparation.{8}

Stalnaker, John M. 1953. The matching program for intern placement: the second year of operation. *Journal of Medical Education*, 28, 13－19.{1, 5}

Subramanian, Ashok. 1989. A new approach to stable matching problems. Stanford University. Mimeo.{3}

Thompson, Gerald L. 1980. Computing the core of a market game. *Extremal Methods and Systems Analysis*, A. V. Fiacco and K. O. Kortanek (eds.). Lecture Notes in Economics and Mathematical Systems no. 174, Berlin: Springer, pp. 312 - 34.{8}

Thomson, William. 1986. Reversal of asymmetries of allocation mechanisms under manipulation. *Economics Letters*, 21, 227 - 30.{7}

Toda, Manabu. 1988. The consistency of solutions for marriage problems. Department of Economics, University of Rochester. Mimeo.{3}

Tseng, S. S., and R. C. T. Lee. 1984. A parallel algorithm to solve the stable marriage problem. *BIT*, 24, 308 - 316.{3}

Vande Vate, John H. 1989. Linear programming brings marital bliss. *Operations Research Letters*, 8, 147 - 53.{3}

Vickrey, W. 1961. Counterspeculation, auctions, and competitive sealed tenders. *Journal of Finance*, 16, 8 - 37.{7}

von Neumann, John, and Oskar Morgenstern. 1944. *Theory of Games and Economic Behavior*. Princeton: Princeton University Press.{3, 7}

Wilson, L. B. 1972. An analysis of the stable marriage assignment algorithm. *BIT*, 12, 569 - 75.{3}

1977. Assignment using choice lists. *Operational Research Quarterly*, 28, 569 - 78.{3}

Wood, Robert O. 1984. A note on incentives in the college admissions market. Stanford University. Mimeo.{5}